경찰공무원법

김형훈 · 서정범

박영사

서 문

경찰공무원이란 직업은 상당한 소명 의식이나 사명감 없이 해내기 어려운 고된 직업임에 틀림없다. 물론 경찰공무원 또한 채용되어 교육을 받고 임용된 후, 복무를 하면서 승진 등과 같은 기쁨을 누리다가, 어느덧 나이가 들어 정년이 되면 연금을 받는 노후를 맞이하게 된다는 점에서는 일반 근로자들과 다를 바가 전혀 없다.

그러나 경찰공무원은 다른 직업에 비해서 재임 중 신체를 다치거나 질병에 걸릴 위험성이 높고, 업무수행의 난이도 또한 높으며, 때로는 직무수행 과정에서 발생한 일에 대하여 법적 책임을 져야 하는 경우도 빈번하게 발생한다. 뿐만 아니라 많은 동원근무로 인해 인생의 황금기에 가족과의 행복한 시간을 누릴 기회를 희생하여야 하는 경우도 많다. 오늘날에는 워라벨[1]의 시대를 맞아 경찰근무 또한 상당히 체계화되면서 형식적인 인력 동원이 많이 감소하는 추세를 보이고 있지만, 여전히 경찰공무원은 일반 근로자에 비해 열악한 업무환경이나 복지제도하에 놓여 있다.

따라서 경찰공무원에게 보다 안정적인 근무환경을 보장해줄 필요가 있으며, 이는 궁극적으로 경찰공무원이 그 본래의 직무인 공공의 안녕 또는 질서유지에 전념할 수 있도록 하는 데 도움이 된다. 한편 이를 위하여서는 무엇보다도 경찰공무원 스스로 각자에게 적용될 관련 신분법제를 보다 정확하게 이해할 것이 요구되며, 미래 세대의 경찰공무원들을 위해 관련 법령과 제도를 더 세심하게 손질해 나갈 의무를 짊어지고 있다.

물론 경찰공무원들이 법집행자로서 시민에 대해 활동하는 경우에 대하여는 많은 연구가 축적되어 있으며, 경찰공무원 자신들도 업무 수행과정에서의 경험을 통해 (경찰작용과 관련한) 경찰의 권한과 책임에 대하여는 상당한 노하우를 축적하고 있다.

---

1) work life balance(일과 삶의 균형)의 줄임말.

이에 반하여 경찰공무원이 국가와의 관계에 있어서 어떠한 신분법적 지위에 있는지의 문제, 즉 경찰공무원이 국가에 대하여 어떠한 신분상의 권리와 의무를 갖고 있는지의 문제에 대하여는 학계에서조차 많은 연구가 행해지지 않고 있으며,[2] 이로 인하여 정작 경찰공무원들도 자신들의 권리와 의무에 대해서 제대로 알지 못하고 있는 실정이다. 뿐만 아니라 경찰공무원들이 자신들의 권리와 의무에 대하여 알고 싶어도 관련 법령이 워낙 방대하고 복잡하여 쉽게 접근하지 못하고 있으며, 그로 인하여 자신의 신분에 관한 중요한 문제에 대해서도 정확한 답을 얻지 못하곤 한다.

경찰공무원의 권리와 의무에 대한 관련 규정은 과연 어디에 있는 것일까? 국가공무원법일까 경찰공무원법일까? 또는 이들 법률과 그에 부속하거나 그를 집행하기 위해 존재하는 대통령령, 총리령, 부령, 훈령, 예규, 지침 등과 같은 많은 형태의 법령이나 행정규칙들 중 과연 나와 관련된 권리와 의무는 과연 어느 단계의 규정에 근거하고 있는 것일까? 하는 가장 기본적인 문제에 접근하는 것부터 쉽지가 않다. 더욱이 훈령이나 예규, 지침 등 행정규칙은 경찰청이 발한 것만 아니라, 인사혁신처 등 관련 행정부처의 것도 경찰공무원에게 적용되어야 하는 복잡성도 존재한다.

본서는 이러한 사정을 직시하여 경찰공무원의 임용, 복무, 급여, 징계, 복지 등에 관한 각종 법령과 그에 대한 해석을 테마별로 종합하여 정리·제시함으로써, 경찰공무원들이 자신의 신분에 관한 법령의 내용을 손쉽게 알아볼 수 있도록 하려는 데에 1차적인 목적을 두고 있다.

한편 경찰공무원이 자신의 권리와 의무를 정확히 아는 것은 경찰공무원 자신의 정체성, 즉 자신이 누구인지를 정확히 알게 된다는 의미를 갖는다. 이것이 중요한 이유는 자신의 신분법적 위치를 정확히 파악하고 있는 경찰공무원이야말로 대외적으로도 경찰작용법의 '권한'을 잘 수행하며, 그에 대한 '책임' 또한 잘 이해할 수 있는 것이라는 점에서 찾아볼 수 있다. 자신이 갖는 권리와 의무조차 제대로 모르는 경찰공무원이 국가가 자신에게 부여한 권한을 제대로 행사할 수는 없을 것이기 때문이다. 본서가 추구하는 2차적 목적이 여기에 있다.

---

2) 현재 공무원법 관련 연구출간물로는, 법제처, 국가공무원법 주해, 2006.12(405면 분량); 이동규, 경찰 공무원법 해설, 법제처 지식창고, 2009.1.1., https://www.moleg.go.kr/mpbleg/mpblegInfo.mo?mid=a10402020000&mpb_leg_pst_seq=125192&currentPage=3&&keyField=ALL&keyWord=%EA%B2%BD%EC%B0%B0%EA%B3%B5%EB%AC%B4%EC%9B%90%EB%B2%95&yr=&mn=(2023.10.14. 방문) 정도이다.

앞에서 제시한 목적을 달성하기 위하여 본서는 다음과 같은 체계로 서술되어 있다. 먼저 공무원법과 불가분의 관계에 있는 행정조직법을 연결하는 차원에서 기본적인 경찰조직을 조감한 후, 경찰공무원의 개념과 관련 법제도상의 원칙들을 소개하도록 하겠다. 그리고 이를 토대로 하여 경찰공무원 관계의 발생·변경·소멸과 개별 경찰공무원의 권리와 의무, 복무와 책임 그리고 권리구제와 고충심사를 관련 쟁점과 더불어 살펴본다. 그런 다음 마지막으로 현직은 물론 퇴직자를 포함한 경찰복지 제도를 소개함으로써 그에 대한 이해를 도모하면서, 경찰공무원법에 관한 서술을 마무리하도록 하겠다.

본서가 이러한 형태를 갖추어 출간된 것은 많은 분들의 크고 작은 도움이 있었기에 가능했다. 먼저 본서의 내용을 이루고 있는 세세한 경찰공무원 관련 법령들의 소재를 보여주며, 그 내용에 대한 조언을 아끼지 않으신 많은 경찰공무원분들께 진심으로 감사를 드린다. 또한 어려운 출판 사정하에서 본서의 출간을 선뜻 허락하여 주신 박영사 안종만 회장님, 안상준 대표님, 까다로운 공저자들의 요구를 무리 없이 잘 반영하여 본서의 완성도를 높여 주신 박영사의 편집부 직원분들께도 감사의 말씀을 전한다.

국가는 영토, 국민, 주권을 기본 구성요소로 한다. 하지만 이렇게 성립된 국가가 제대로 유지되려면 그 어떤 조직보다 우선하여 군과 경찰이 있어야 한다. 따라서 든든히 바로 선 국가라면 경찰공무원들 스스로가 자신이 경찰공무원임을 자랑스러워할 수 있어야 한다. 본서가 경찰공무원들로 하여금 자신들에게 주어진 신분, 권리와 의무 및 관련된 법제도를 쉽게 개관하는 데 미약하나마 도움이 될 수 있게 되기를 그리고 경찰공무원의 신분과 관련된 법제도가 향후 나아갈 방향까지도 가늠할 수 있는 척도를 제공할 수 있기를 염원한다. 오늘도 일선에서 묵묵히 자신에게 주어진 업무를 위하여 주야로 헌신하고 있는 현장의 경찰공무원들에게 본서를 헌정한다.

2024.1.1.

甲辰年 청룡의 해를 맞아

共著者 識

목　차

제1장
경찰조직 _ 3

제2장
경찰공무원법 서론 _ 15

제3장
경찰공무원의 임용(발생·변경·소멸) _ 29

제4장
경찰공무원의 권리 _ 73

제5장
경찰공무원의 의무 _ 113

제6장
경찰공무원의 복무, 교육, 평가 및 상훈 _ 139

제7장
경찰공무원의 책임 _ 181

제8장

경찰공무원의 권익보장·불이익 처분에 대한 구제 _ 199

제9장
경찰공무원의 복지 _ 209

제1장

경찰조직

경찰공무원법

제1장

경찰조직

제1절 ┃ 개 설

　각 행정기관의 장과 그 보조기관이 소속 공무원을 지휘, 감독할 권한을 갖는 것에서 볼 수 있는 것처럼(「정부조직법」 제7조), 인사와 복무 등 신분법은 조직법 안에서 작동된다. 이러한 맥락에서 공무원법은 통상 행정조직법의 하부 영역으로서 다루어져 왔다. 물론 오늘날 다수의 행정법학자가 공무원법을 행정조직법에서 분리하여 별도의 영역으로 설명하는 흐름을 보이지만, 기본적으로 그간 공무원은 행정조직의 인적요소로서 취급되었다.[1]

　본서에서 다루는 경찰공무원법의 모든 내용도 경찰공무원이 속한 경찰조직을 전제로 서술될 수밖에 없으며, 경찰조직에 관한 서술은 본서에서 다루는 경찰공무원법의 모든 내용의 공통적 전제를 이룬다. 따라서 본서의 내용을 제대로 또 효과적으로 이해하기 위

---

1) 김용섭, 공무원의 개념과 구분 및 공무원법의 체계, 이화여자대학교 법학논집 제26권 1호, 2021.9, 260면.

해서는 경찰조직에 대한 이해가 반드시 선행되어야만 한다.[2]

　이에 본서의 주된 내용을 이루는 경찰공무원과 관련된 모든 법제에 대한 서술에 앞서, 제1장에서 (우리나라의) 경찰조직 그리고 그들이 담당하는 사무에 관하여 간단히 알아보기로 하겠다.

제2절 ┃ 경찰조직의 개관

Ⅰ. 행정안전부 소속의 경찰청

　행정안전부장관은 안전 및 재난에 관한 정책의 수립, 총괄, 조정 및 비상대비, 민방위와 방재에 관한 사무를 관장하며, 치안사무를 관장하기 위하여 그 소속으로 경찰청을 둔다(「정부조직법」 제34조[3]). 한편 행정안전부장관의 업무를 보조하기 위하여 행정안전부 내에 경찰국을 둔다(「행정안전부와 그 소속기관 직제」 제4조).[4]

---

2) 국내의 행정법 각론 교과서들이 대부분 공무원법을 행정조직법의 한 부분으로 설명하고 있는 것 또한 이와 무관하지 않다.

3) 「정부조직법」 제34조(행정안전부) ⑤ 치안에 관한 사무를 관장하기 위하여 행정안전부장관 소속으로 경찰청을 둔다. ⑥ 경찰청의 조직·직무범위 그 밖에 필요한 사항은 따로 법률로 정한다.

4) 경찰국장은 치안감으로 보하고, 행정안전부장관의 경찰청장에 대한 지휘·감독에 관한 사항, 국가경찰위원회 위원과 경찰청장의 임명 제청에 관한 사항, 국가경찰위원회 안건 부의(附議) 및 국가경찰위원회의 심의·의결 사항에 대한 재의 요구, 총경 이상 경찰공무원의 임용 제청, 시·도자치경찰위원회의 의결에 대한 재의 요구 및 시·도경찰청장의 임용 제청에 관한 사항 등을 담당한다.

⚖️ **행정안전부 내 경찰국 설치에 관한 문제**

행정안전부 내에 경찰국을 설치하는 것과 관련하여서는 많은 찬반 논의가 있었던 것이 사실이다. 이에 관하여 정부는 "「정부조직법」 제34조 제1항의 행정안전부장관 소관사무에 '치안'이 직접 명시되지 않고 있지만, 2022.8.2.자 경찰국 신설은 「정부조직법」 제7조 제4항에 근거하여 외청 체제를 통해 장관이 중요정책을 수립하기 위한 지휘·통제를 위한 것으로 문제될 것이 없다"라는 입장을 취하고 있다(2022.7.27., 법제처장 이완규). 다만 이러한 정부의 입장에 대해서는 행정안전부가 경찰에 대한 통제를 자처하는 것은 이례적이며, 역사적으로도 경찰법 제정 취지에 어긋난다는 비판이 있다.[5]

Ⅱ. 중앙행정기관으로서 경찰청

경찰청은 「정부조직법」에 따른 중앙행정기관이다(동법 제2조 제2항).

중앙행정기관의 보조기관은 차장, 실장,[6] 국장 및 과장으로 하되, 실장, 국장 및 과장의 명칭은 본부장, 단장, 부장, 팀장 등으로 달리 정할 수 있다(동조 제3항). 보조기관의 설치와 사무분장은 대통령령으로 정하되, 과의 설치와 사무분장은 총리령 또는 부령으로 정할 수 있다(동조 제4항).

정책기획, 입안, 연구, 조사, 심사, 평가, 홍보 등으로 보조기관을 보좌하는 보좌기관은 대통령령으로 정하여 설치하되, 과에 상당하는 보좌기관은 총리령 또는 부령으로 정할 수 있다(동조 제5항).

---

5) 노컷뉴스, '검찰 독립' 외쳤던 尹 … 행안부 통한 '경찰 통제' 적절한가, 2022.5.24.: "이승만 정부가 수립된 1948년 당시 치안국(경찰청 전신)은 내무부(행안부 전신)의 보조기관에 속했다. 하지만 부정선거 등 정권의 부당 행위에 경찰력이 동원되고 정치적 중립 문제가 끊임없이 불거지자 1987년 민주화 이후 1991년 경찰법이 제정됐다. 경찰청은 행안부의 외청(外廳)으로 독립관청화됐으며, 대신 경찰위원회 제도를 도입하면서 경찰의 민주적 통제 시스템을 구축했다. 이때 내무부 장관의 치안 관련 권한은 삭제됐다. 결국 경찰 통제 역할을 맡는 공식 기구는 '경찰위원회'인 셈이다. 원칙대로라면 행안부 장관은 직접 위원회를 꾸리기보다, 경찰위원회에 논의 요청을 하는 게 적절하다".

6) (보좌기관인) 기획조정실 이외의 (보조기관인) '실'은 '국'으로서는 목적달성이 곤란하다고 인정되는 경우에만 둘 수 있고(「행정기관의 조직과 정원에 관한 통칙」 제14조 제1항), '실' 밑에 '국'을 두는 경우는 국장의 보조기관은 둘 수 없다(동조 제5항).

Ⅲ. 경찰청장과 국가수사본부장

　국가경찰사무를 총괄하는 경찰청장은 국가경찰위원회의 동의를 받아 행정안전부장관의 제청으로 국무총리를 거쳐 대통령이 임명하되, 국회의 인사청문을 거쳐야 한다. 임기는 2년으로 중임할 수 없으며, 국회에 의하여 탄핵소추될 수 있다. 한편 경찰청장은 중대한 위험을 동반한 중요사건13)의 수사 이외에는 개별사건의 수사를 구체적으로 지휘할 수 없다(「국가경찰과 자치경찰의 조직 및 운영에 관한 법률」(이하 '경찰법'이라 한다) 제14조).

　국가수사본부장은 경찰의 수사에 관하여 각 시·도경찰청장과 경찰서장 및 수사부서 소속 공무원을 지휘·감독한다. 임기는 2년으로 하며, 중임할 수 없고 임기가 끝나면 당연 퇴직한다. 국가수사본부장은 국회에 의하여 탄핵소추될 수 있으며, 경찰청 외부에서 임용할 수 있다(동법 제16조).

---

7) "부속기관"이라 함은 행정권의 직접적인 행사를 임무로 하는 기관에 부속하여 그 기관을 지원하는 행정기관을 말한다.
8) "자문기관"이라 함은 부속기관 중 행정기관의 자문에 응하여 행정기관에 전문적인 의견을 제공하거나, 자문을 구하는 사항에 관하여 심의·조정·협의하는 등 행정기관의 의사결정에 도움을 주는 행정기관을 말한다.
9) "소속기관"이라 함은 중앙행정기관에 소속된 기관으로서, 특별지방행정기관과 부속기관을 말한다.
10) "하부조직"이라 함은 행정기관의 보조기관과 보좌기관을 말한다.
11) "보조기관"이라 함은 행정기관의 의사 또는 판단의 결정이나 표시를 보조함으로써 행정기관의 목적달성에 공헌하는 기관을 말한다.
12) "보좌기관"이라 함은 행정기관이 그 기능을 원활하게 수행할 수 있도록 그 기관장이나 보조기관을 보좌함으로써 행정기관의 목적달성에 공헌하는 기관을 말한다.
13) 「국가경찰과 자치경찰의 조직 및 운영에 관한 법률 제14조 제10항에 따른 긴급하고 중요한 사건의 범위 등에 관한 규정」.

Ⅳ. 경찰청 관련 위원회

국가경찰위원회는 행정안전부 소속 의결기관으로(동법 제7조), 국가경찰사무에 관한 주요 정책을 심의, 의결한다(동법 제10조). 부속법령으로는 「국가경찰위원회 규정」이 있다.

국무총리 소속으로 구성되었던 경찰제도발전위원회는 법적 근거없는 자문위원회로서 경찰행정 개선 및 경찰 업무역량 강화 등 경찰제도 발전방안 마련을 목적으로 하며, 국무총리 훈령(「경찰제도발전위원회의 설치 및 운영에 관한 규정」)[14]으로 2022.9.6.부터 6개월 시한부(연장시 1회에 한하여 6개월 연장 가능)로 설치되었다가, 2023.5.23. 1회와 6개월의 제한을 없애고 필요시 계속 연장 가능하도록 개정하였다(동 규정 제11조).

---

14) 2022.9.6. 제정 및 시행되었다. 동 훈령은 제2조에서 협의사항, 제3조에서 위원의 구성에 관하여 규정하고 있다.
   (1) 협의사항
     1. 국가경찰위원회의 성격·소속 및 권한 등에 관한 개선방안
     2. 자치경찰제 이원화 방안 도입 등 자치경찰제도 발전방안
     3. 정보활동의 개념·범위 등 「경찰관의 정보수집 및 처리 등에 관한 규정」의 개선방안
     4. 경찰권한의 민주적 통제방안
     5. 「형사소송법」의 개정에 따른 수사역량 강화방안
     6. 계급정년제 개선 및 경찰공무원 처우 개선방안
     7. 순경 등 공개경쟁시험을 통해 임용된 경찰공무원의 고위직 승진 확대, 근속승진제도 등 경찰인사제도 개선방안
     8. 그 밖에 위원회의 위원장이 경찰제도 발전을 위하여 필요하다고 인정하여 위원회의 회의에 부치는 사항.
   (2) 위원의 구성
     1. 국무조정실 국무1차장, 행정안전부차관, 인사혁신처차장, 경찰청차장 및 해양경찰청차장
     2. 다음 각 목의 사람으로서 국무총리가 위촉하는 사람
       가. 행정안전부장관이 추천하는 3명
       나. 해양수산부장관이 추천하는 1명
       다. 경찰청장이 추천하는 3명. 이 경우 1명은 국가경찰위원회가 추천하는 사람을 추천한다.
       라. 해양경찰청장이 추천하는 1명
       마. 법원행정처장이 추천하는 1명
       바. 대한변호사협회의 장이 추천하는 1명.

V. 경찰청의 하부조직

경찰청의 하부조직은 본부·국·부 또는 과로 한다(「경찰법」제17조). 경찰조직의 직제는 위 「정부조직법」 제2조와 「경찰법」 제17조, 제31조에 의하여, 「경찰청과 그 소속기관 직제」(이하 '직제'라 한다)로 그 행정기관의 설치와 소관업무 및 직급별 정원을 정하고(「행정기관의 조직과 정원에 관한 통칙」 제4조), 「경찰청과 그 소속기관 직제 시행규칙」(이하 '직제 시행규칙'이라 한다)으로 과(課)와 보좌기관의 설치와 소관업무 및 직급별 정원을 정한다(통칙 제4조의2).[15]

경찰청에 미래치안정책국, 범죄예방대응국, 생활안전교통국, 경비국, 치안정보국 및 국가수사본부를 둔다.[16] 경찰청장 밑에 대변인 및 감사관 각 1명을 두고, 경찰청 차장 밑에 기획조정관, 경무인사기획관 및 국제협력관을 둔다(직제 제4조). 범죄예방대응국장과 치안정보국장 밑으로 정책관을 두되 경무관으로 보한다(직제 제10조의3, 제14조). 생활안전교통국장 밑으로 한시적으로 여성안전학교폭력대책관을 두되 고위공무원단으로 보한다(직제 제67조). 국가수사본부에 수사국, 형사국 및 안보수사국을 둔다. 국가수사본부장 밑에 수사기획조정관 1명을 둔다(직제 제16조).[17] 수사국장, 형사국장 및 안보수사국장 밑에 정책관을 두고 경무관으로 보한다(직제 제19조, 제20조, 제22조).

VI. 시·도경찰청

각 시·도경찰청은 경찰청의 특별지방행정기관에 해당한다(「정부조직법」 제3조).

---

15) 경찰 각급 기관의 조직과 정원의 세부사항 및 조정절차, 경찰서 과의 하부조직 등에 관한 사항은 「경찰청과 그 소속기관 조직 및 정원관리 규칙」에서, 사무분장에 관하여는 「경찰청 사무분장 규칙」에서 정한다.

16) 2023.10.17. 개정 동변 10.30. 시행 직제령으로 치안상황관리관이 폐지되어 신설된 범죄예방대응국으로 편입되었고, 생활안전국과 교통국이 통합되었으며, 외사국이 폐지되고 국제협력관으로 대체되었다. 저자 개인적인 견해로는 외사국의 축소는 글로벌화되는 시대적 변화에 비추어 너무나 아쉬운 부분이다. 급증하는 외국인과 다문화의 유입에 대응할 경찰조직으로서 오히려 더 독립적인 기능으로서 강화되어야 한다고 본다.

17) 2023.10.17. 개정 동변 10.30. 시행 직제령으로 국가수사본부 밑의 사이버수사국과 국가수사본부장 밑의 과학수사관리관이 폐지되었다.

1. 시·도경찰청장

「경찰공무원법」[18]에도 불구하고 시·도경찰청장은 경찰청장이 시·도자치경찰위원회와 협의하여 추천한 사람 중에서 행정안전부장관의 제청으로 국무총리를 거쳐 대통령이 임용한다. 시·도경찰청장은 국가경찰사무에 대해서는 경찰청장의 지휘·감독을, 자치경찰사무에 대해서는 시·도자치경찰위원회의 지휘·감독을 받는다. 다만, 수사사무에 대해서는 국가수사본부장의 지휘·감독을 받는다. 시·도자치경찰위원회는 자치경찰사무에 대해 시·도경찰청장을 지휘·감독하기 위한 심의·의결할 시간적 여유가 없거나 곤란한 경우, 대통령령으로 정하는 바에 따라 지휘·감독권을 시·도경찰청장에게 위임한 것으로 본다(「경찰법」 제28조).

서울특별시, 부산광역시, 인천광역시 및 경기도남부의 시·도경찰청장은 치안정감으로, 그 밖의 시·도경찰청장은 치안감 또는 경무관으로 보한다(직제 제39조).

2. 시·도자치경찰위원회

시·도자치경찰위원회는 자치경찰사무를 독립적으로 수행하는 특별시장·광역시장·특별자치시장·도지사·특별자치도지사(이하 '시·도지사'라 한다) 소속의 합의제 행정기관이다(「경찰법」 제18조).[19] 시·도자치경찰위원회 위원장과 위원의 임기는 3년으로 하며, 연임할 수 없다(동법 제23조).

시·도자치경찰위원회에는 사무를 처리하기 위하여 필요한 사무기구를 둔다. 사무기구에는 「지방자치단체에 두는 국가공무원의 정원에 관한 법률」에도 불구하고 대통령령[20]으로 정하는 바에 따라 경찰공무원을 두어야 한다(동법 제27조).

자치경찰사무의 수행에 필요한 예산은 시·도자치경찰위원회의 심의·의결을 거쳐 시·도지사가 수립한다. 이 경우 시·도자치경찰위원회는 경찰청장의 의견을 들어야 한다(동법 제35조). 국가는 지방자치단체가 이관받은 사무를 원활히 수행할 수 있도록 인력, 장비

---

18) 「경찰공무원법」 제7조(임용권자) ① 총경 이상 경찰공무원은 경찰청장 또는 해양경찰청장의 추천을 받아 행정안전부장관 또는 해양수산부장관의 제청으로 국무총리를 거쳐 대통령이 임용한다.
19) 경기도의 경우 경기도남부자치경찰위원회와 경기도북부자치경찰위원회가 경기도지사 소속으로 구성된다(「자치경찰사무와 시·도자치경찰위원회의 조직 및 운영 등에 관한 규정」 제4조).
20) 「시·도자치경찰위원회에 두는 경찰공무원의 정원에 관한 규정」.

등에 소요되는 비용에 대하여 재정적 지원을 하여야 한다(동법 제34조).

⚖️ 자치경찰제의 도입과 업무흐름도

우리나라는 1개 국가로 구성된 단방국가(單邦國家)로, 2단계 자치계층(광역, 기초)을 설치하고 있다. 도 단위에 광역자치단체가, 시 단위에 기초자치단체가 구성된다. 2020년 12월 경찰법 전부개정안이 국회를 통과하여, 2021년 1월 1일부터 6월 30일까지 각 시·도의 시범운영을 거쳐, 7월 1일부터 전국에서 전면 시행하게 됨으로써, 광역단위에 자치경찰이 도입되었다.

(1) 사무분권

「경찰법」 제18조 이하에 의하면 우리나라의 자치경찰은 별도 경찰공무원으로 구성된 조직은 만들지 않고, 시·도에 자치경찰위원회만을 설치함으로써 발족하였다. 시·도자치경찰위원회는 시·도지사로부터 독립하여 자치경찰사무를 관장하는 7명의 합의제 행정기관으로, 자치경찰 사무에 대해 시·도 경찰청장을 지휘·감독한다.

결국 경찰사무는 크게 국가경찰사무와 자치경찰사무로 나뉘어, 국가경찰사무는 경찰청장이, 자치경찰사무는 시·도자치경찰위원회가 지휘·감독하도록 하고, 국가경찰이나 자치경찰사무에 속한 수사사무를 포괄하여 다시 국가수사본부장이 지휘·감독하게 되었다.

이에 따라 자치경찰 도입 후 전국 경찰사무의 체계는 아래와 같다.[21]

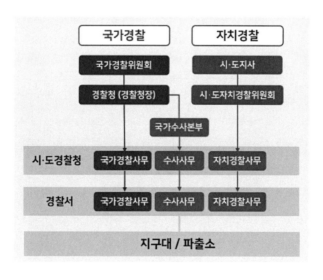

---

21) https://www.korea.kr/special/policyCurationView.do?newsId=148865005. 대한민국 정책브

동법 제4조 제1항 2호에서 시·도자치경찰위원회에 의하여 수행되어야 할 자치경찰사무를 규정하고 있는데, 주민 생활과 밀접한 지역의 생활안전, 교통·경비, 수사사무가 해당된다.[22]

(2) 주민자치

광역단위에서 자치경찰이 도입되었다고 하나 광역단위인 시·도경찰청의 경찰 지휘관은 주민에 의하여 선출되지도 않으며, 선출직 자치단체장이나 자치의회에서 경찰 지휘관을 임명하지도 않는다. 주민은 선거를 통하여 직접 또는 선출직을 통하여 간접적으로 치안에 관한 책임을 따져 물을 수가 없다.

또 합의제 행정기관으로서 자치경찰위원회가 주민을 대표하여 자치경찰사무를 지휘한다고 하나, 경찰사무의 지휘관이 합의제 행정기관이라는 개념은 현실에 맞지 않는 형식적 선언이라고 보아야 하고, 주민에 의해 선출되는 것도 아니며 지방의회나 지방자치단체장에 의해 전적으로 임명되지도 않아 민주적 정당성 확보가 불분명한[23] 자치경찰위원회가 오히려 자치경찰사무를 최종적으로 책임져야 할 지방자치단체의 자치경찰 지휘권 내지 감독권을 차단하는 기능을 하고 있다. 요컨대 우리의 자치경찰제도에는 주민자치성이 결여되어 있다고 볼 수 있다.

⚖️ 자치경찰사무

경찰사무는 「경찰법」에 의하여 동법 제3조에서 정하는 경찰임무 중 자치경찰임무를 제외한 임무를 수행하기 위한 국가경찰사무와 동법 제4조 제1항 2호에서 규정하는 자치경찰사무로 구분된다.

자치경찰사무에는 생활안전, 교통, 경비 및 일부 수사활동이 포함된다. 학교폭력, 가정폭력, 아동학대, 교통사고와 교통관련 범죄, 공연음란과 성적목적 다중이용장소 침입행위, 경범죄, 가출 및 실종아동 등과 관련된 범죄수사가 이에 해당한다. 자치경찰사무의 구체적 범위는 대통령령인 「자치경찰사무와 시·도자치경찰위원회의 조직 및 운영 등에 관한 규정」(제2조, 제3조)과 각 시·도 조례[24]로 정한다(동법 제4조).

리핑, 2021.11.19. 게재(2023.6.29. 방문).

22) <생활안전> 지역순찰, 범죄예방/주민참여 방범활동 지원/아동·여성·청소년 등 보호/안전사고·재해·재난 긴급구조지원 <교통·경비> 교통위반 단속/교통안전교육·홍보/교통안전시설 심의·설치·관리/어린이통학버스 신고, 통행허가/지역 다중운집행사 교통 및 안전관리 <수사> 학교폭력 등 소년범죄/가정폭력·아동학대/공연음란, 성적 목적 다중이용장소 침입/교통사고, 가출인·실종아동 수색 등.

23) 위원에 대한 임명을 시·도지사가 한다고 하나 7명의 위원 중 시·도지사 지명 1명, 시·도의회 추천 2명으로 과반수에도 미치지 못한다.

3. 서울경찰청장의 보조기관과 보좌기관

시·도경찰청장을 보조하기 위하여 서울특별시경찰청(이하 '서울경찰청'이라 한다)에 공공안전차장, 수사차장, 생활안전차장 등 3명의 치안감 차장을 둔다. 공공안전차장은 경무부, 경비부 및 치안정보부의 소관업무에 관하여, 수사차장은 수사부, 광역수사단 및 안보수사부의 소관업무에 관하여, 생활안전차장은 범죄예방대응부 및 생활안전교통부의 소관업무에 관하여 청장을 보조한다(직제 제40조, 제45조).

서울경찰청에 경무부·경비부·치안정보부·수사부·광역수사단·안보수사부·범죄예방대응부 및 생활안전교통부를 둔다(직제 제44조). 서울경찰청장 밑에 담당관으로 홍보담당관 및 청문감사인권담당관을 둔다(직제 시행규칙 제31조).

4. 타 시·도경찰청의 조직

경기도남부경찰청에는 경무부·공공안전부·수사부·광역수사단 및 생활안전부를 둔다(직제 제53조). 제주특별자치도경찰청에는 경무관 차장 1명을 둔다(직제 제40조). 세종특별자치시경찰청(이하 '세종경찰청'이라 한다)에는 경무기획과, 공공안전과, 수사과, 범죄예방대응과 및 생활안전교통과를 둔다(직제 시행규칙 제44조).

제주와 세종경찰청을 제외한 여타 14개 시·도경찰청에는 공공안전부, 수사부, 생활안전부를 둔다(직제 제58조). 여타 시·도경찰청의 하부조직에 관하여는 직제 시행규칙 제50조에서 상세히 규정한다.

시·도경찰청장 소속으로 차장(차장을 두지 않는 경우에는 시·도경찰청장) 밑에 시·도경찰청장 또는 차장을 보좌하는 직할대25)를 둘 수 있다(직제 제41조).

---

24) 「서울특별시 자치경찰사무 및 자치경찰위원회의 조직·운영 등에 관한 조례」(2021. 9. 30.) 등이 그 예에 해당한다.

25) 서울의 경우 공공안전차장 밑에 두는 101경비단, 기동단, 22경찰경호대, 국회경비대, 김포공항경찰대, 경찰특공대 및 202경비대를(직제 시행규칙 제31조), 인천의 경우 인천국제공항경찰단을 볼 수 있다. 서울의 지하철경찰대는 직할대가 아니라 범죄예방대응부 소속 부서이며(직제 시행규칙 제42조), 반부패범죄수사대, 공공범죄수사대, 금융범죄수사대, 마약범죄수사대 및 형사기동대는 광역수사단 소속 부서이다(직제 제49조의2, 직제 시행규칙 제40조의2).

VII. 경찰서

시·도경찰청장의 소관사무를 분장하기 위하여 시·도경찰청장 소속으로 259개[26]의 범위에서 경찰서를 둔다(직제 제42조).

경찰서장은 경무관, 총경 또는 경정으로 보하되, 경찰서장을 경무관으로 보하는 경찰서는 별도로 정한다(직제 제42조 및 별표3).[27] 전국의 총경 정원은 경찰청에 57명, 경찰청의 소속기관에 581명 등 총 638명[28]이다(직제 제63조, 제64조, 직제 시행규칙 제77조 및 별표5, 제78조 및 별표7).

경찰서장 소속으로 행정안전부령이 정하는 기준에 의하여 지구대 또는 파출소를 두며, 필요한 경우에는 출장소를 둘 수 있다(「경찰법」 제30조, 직제 시행규칙 제76조). 여타 경찰서의 하부조직에 관하여는 직제 시행규칙 제74조에서 상세히 규정하며, 경찰서 과의 하부조직 등에 관한 사항은 「경찰청과 그 소속기관 조직 및 정원 관리 규칙」[29]에서 정한다.

경찰서 직제 중 재무관, 지출관 등 회계사무를 처리하는 공무원에 대한 관직 지정은 「경찰 소관 회계직 공무원 관직 지정 및 회계사무 취급에 관한 규칙」에서 구체적으로 규율한다. 또 경찰기관의 협력단체나 협력자에 대한 규율들도 있다. 예컨대 경찰협력 목사, 승려, 신부 등에 관한 사항은 「경찰 위촉 성직자 운영규칙」에서 규정한다.

---

26) 전남경찰청 신안경찰서의 개서로 258개에서 259개로 변경. 2023.6.27. 개정.
27) 이와 관련하여 「경무관 경찰서장 보임 경찰서 운영규칙」이 있다.
28) 2023년 초 복수직급제 도입 후 579명에서 638명으로 59명이 증가하였고, 2024년 1월 복수직급제를 더 늘려서 총경 정원은 159명이 증원된 총 856명으로 늘었다.
29) 경찰청 훈령이다. 2023.10.30. 조직개편을 반영하여 동 훈령 제9조와 이에 따른 별표3으로 경찰서 과 단위 이하의 변경 내용이 담겨야 하나, 2024.1.10. 현재까지 동 훈령이 개정되고 있지 않다.

제2장

경찰공무원법 서론

경찰공무원법 서론

본장에서는 제3장 이하에서 상세하게 다루는 경찰공무원관계의 발생·변경·소멸, 경찰공무원의 권리와 의무, 경찰공무원의 복무, 경찰공무원의 책임, 불이익처분에 대한 구제 및 경찰공무원의 복지 등에 관한 제 문제를 효과적으로 이해하기 위하여 필요한 한도에서 경찰공무원법의 기본을 이루는 경찰공무원의 개념과 경찰공무원 제도의 기본원칙들에 대하여 간략히 서술하기로 하겠다.

제1절 ▮ 경찰공무원의 개념

일반적으로 공무원은 직접 또는 간접적으로 국민에 의하여 선출되거나 임용되어 국가나 지방자치단체와 공법상 근무관계하에 공권력을 행사하거나 공적 서비스를 제공하는 근로자를 의미한다.[1] 그러나 공무원의 개념은 "제도적 산물로서 매우 다의적이며, 「헌법」, 「국가공무원법」, 「형법」, 「국가배상법」, 「공무원연금법」 등 각 개별법의 태도에 따라 그 범위가 다르다."[2]

더욱이 공무원은 물론 경찰공무원의 개념 자체를 현행 법령에서는 직접 정의하고 있지 않으므로,[3] 본서에서 말하는 경찰공무원의 개념은 경찰관서 내에 근무하는 다른 공무원들과의 비교를 통해 그리고 작용법제상 경찰권의 주체인 경찰관과의 개념 구분을 통해 이해하여야 한다.

I. 다른 공무원 및 근로자들과의 비교

경찰관서는 다양한 근무자로 구성되고 있다. 경찰공무원, 일반직 공무원, 임기제 공무원, 고위공무원단 등 공무원법이 적용되는 공무원도 있지만, 무기계약근로자(공무직), 기간제근로자, 일반근로자와 같이 「근로기준법」만 적용되는 비공무원도 있다.

1. 특정직 공무원인 경찰공무원

국가공무원은 실적과 자격에 따라 임용되고 신분이 보장되며, 평생 동안(근무기간을 정하는 경우 그 기간) 공무원으로 근무할 것이 예정되는 경력직 공무원과 그 외의 특수경력직 공무원으로 구분한다.

---

1) 김용섭, 공무원의 개념과 구분 및 공무원법의 체계, 이화여자대학교 법학논집 제26권 1호, 2021. 9., 260면.
2) 법제처, 국가공무원법 주해, 2006.12., 37면, 39면: "공무원법상 공무원이란 권한있는 기관의 임명에 의해 공무원관계에 놓이는 자이며, 국법상 공무원 개념이라고도 한다. 배상법(책임법)상 공무원이란 지위나 성격을 불문하고 권한있는 기관에 의해 공무수행을 위탁받는 자를 말한다. 형법상 공무원의 개념은 공무의 종류가 아니라 공행정수행 자체가 핵심을 이룬다. 개념의 범위는 후자로 갈수록 넓어진다".
3) 김용섭, 공무원의 개념과 구분 및 공무원법의 체계, 이화여자대학교 법학논집 제26권 1호, 2021. 9., 272면: 현행 국가공무원법과 지방공무원법에서 공무원의 개념을 적극적으로 정의하고 있지 않다.

경력직 공무원은 기술·연구 또는 행정 일반에 대한 업무를 담당하는 <일반직 공무원>과 특수분야의 업무를 담당하는 <특정직 공무원>[4]으로 구분되는 바, 경찰공무원은 특정직 공무원에 속한다. 특수경력직 공무원은 <정무직 공무원>[5]과 <별정직 공무원>[6]으로 구분된다(「국가공무원법」 제2조).

2. 임기제 공무원과의 구분

임기제 공무원[7]이란 공무원인 기간제근로자라고 이해될 수 있다. 전문지식·기술이 요구되거나 임용관리에 특수성이 요구되는 업무를 담당하게 하기 위하여 경력직 공무원을 임용할 때에 일정기간을 정하여 근무하는 공무원을 말한다(「국가공무원법」 제26조의5). 이들에게는 승진, 파견, 정년, 명예퇴직 등이 적용되지 않는다(동법 제3조).

임기제공무원은 경력직 공무원의 정원에 해당하는 직위에 임용되는 <일반임기제 공무원>,[8] 특정 분야에 대한 전문적 지식이나 기술 등이 요구되는 업무를 수행하는 <전문임기제 공무원>, 통상적인 근무시간보다 짧은 시간(주당 15시간 이상 35시간 이하)을 근무하는 <시간선택제 임기제공무원>, 다른 공무원[9]의 업무를 대행하기 위한 1년 6개월 이내의 <한시임기제 공무원>으로 구분된다(「공무원임용령」 제3조의2).

한시임기제가 아닌 유형의 경우는 근무기간이 5년 이내가 되며, 근무성과가 탁월한 경우에 한하여는 5년을 초과하더라도 5년의 범위 내에서 다시 근무기간을 연장할 수 있다(동령 제22조의5).[10]

---

4) 법관, 검사, 외무공무원, 경찰공무원, 소방공무원, 교육공무원, 군인, 군무원, 헌법재판소 헌법연구관, 국가정보원의 직원, 경호공무원 등.

5) 선거로 취임하거나 임명할 때 국회의 동의가 필요한 공무원 나. 고도의 정책결정 업무를 담당하거나 이러한 업무를 보조하는 공무원으로서 법률이나 대통령령(대통령비서실 및 국가안보실의 조직에 관한 대통령령만 해당한다)에서 정무직으로 지정하는 공무원.

6) 비서관·비서 등 보좌업무 등을 수행하거나 특정한 업무 수행을 위하여 법령에서 별정직으로 지정하는 공무원.

7) 각 경찰관서의 운전요원의 경우가 이에 해당한다.

8) 중앙행정기관의 장은 계급별 또는 직무등급별로 100분의 20 범위에서 일반임기제공무원으로 임용할 수 있다(「행정기관의 조직과 정원에 관한 통칙」 제24조).

9) 휴직자, 30일 이상의 병가자, 30일 이상의 특별휴가자, 시간선택제 전환공무원 등을 말한다.

10) 통상 2년 근무 후 2년을 연장하면 퇴직된다.

3. 고위공무원단과의 구분

고위공무원단[11]이란 직무의 곤란성과 책임도가 높은 일반직 공무원, 별정직 공무원 및 특정직 공무원[12]의 군(群)을 말한다(「국가공무원법」 제2조의2). 고위공무원단은 1978년 미국의 공무원개혁법(Civil Service Reform Act)의 시행으로 시작되었고, 이후 여러 국가에 도입되고 있다. 우리나라에서는 성과주의의 관점에서 2006년 「국가공무원법」을 개정하여 처음 도입하였다. 통상 과거 1~3급에 해당하는 공무원들이 대상이며, 고위공무원으로 신규채용되거나 4급 이상 공무원이 고위공무원으로 승진임용되려면 역량평가를 받아야 한다.[13]

4. 일반근로자와의 구분

(1) 국가 고용 일반근로자: 기간제근로자 및 무기계약직

국가에 의하여 고용되는 기간제근로자와 무기계약직은 「근로기준법」만 적용될 뿐 공무원법이 직접 적용되지 않는 비공무원이나, 국가로부터 직무와 급여를 받는 근로자를 말한다. 기간제근로자와 무기계약직은 2007년 제정 및 시행된 「기간제 및 단시간근로자 보호 등에 관한 법률」(이하 '기간제법'이라 한다)에 의하여 보호받는다. 사용자는 계약기간을 정하는 기간제근로자를 사용할 수 있으나, 예외사유에 해당함이 없이 2년을 초과하여 사용하는 경우에는 기간의 정함이 없는 근로계약을 체결한 근로자로 보게 되어(동법 제4조), 정규직과 같은 법적 지위를 향유하게 되고, 이를 무기계약직이라고 구분한다.

공공기관의 무기계약직을 <공무직>이라고도 한다. 각 부처마다 관련 훈령을 두고 있는데, 많은 부처에서 공식적으로 공무직 근로자[14]라고 하는 반면, 경찰청에서는 무기계약근로자라고 칭한다(「경찰청 무기계약근로자 및 기간제근로자 운영규칙」).

무기계약의 대상은 특정되며(동 운영규칙 제2조의2),[15] 정년은 60세로 하되 환경미화원

---

11) 경찰청 여성청소년안전기획관이나 치안정책연구소 연구부장 등이 이에 해당한다.
12) 특정직 공무원은 다른 법률에서 고위공무원단에 속하는 공무원으로 임용할 수 있도록 규정하고 있는 경우만 해당한다.
13) 손윤석, 공무원의 개념과 종류에 대한 법적 고찰, 국가법연구 제17집 2호, 2021.6., 48면.
14) 예로 고용노동부 훈령인 「고용노동부 공무직근로자 운영규정」 등.
15) 사무원(행정업무), 시설관리원(시설, 보일러, 전기), 환경미화원, 영양사, 조리종사원, 의료업무종

의 경우는 65세로 한다(동 규칙 제20조).「공무원 인사기록·통계 및 인사사무 처리 규정」에 따라 인사 및 성과를 관리하며, 매년 5단계로 근무성적을 평정한다. 견책, 감봉, 정직, 해고 등의 징계를 적용할 수 있다(동 규칙 제18조, 제23조, 제26조의3).「6급 이하 실무직 공무원 대외직명제 운영 지침」을 준용하여 무기계약근로자와 기간제근로자의 대외직명은 <주무관>으로 한다(동 규칙 제39조의2).

기간제근로자는 무기계약이 되지 않도록 2년을 초과하지 않기 위하여 통상 1년 단위로 계약하고 1차 연장계약한 후에는 계약이 종료된다. 기간제근로자로는 경찰관서 청사방호직을, 무기계약근로자로는 경찰관서 청사환경직이나 일반행정 보조자를 볼 수 있다.

(2) 경찰기관의 복지법인 고용 일반근로자

국가에 의하여 직접 고용되지는 않지만 경찰관서에 근무하는 <일반근로자>로는 경찰관서 식당의 조리종사원을 볼 수 있다. 경찰관서에서 직접 고용하는 경우는 5인 이상 사업장으로서 2년 이상 근로시「기간제법」[16]에 의해 무기계약직으로 전환하여야 하나, 대개 경찰관서 식당은 별도의 복지법인을 설립하여 운용되고 피고용된 조리원이 5인 미만인 경우가 보통이므로 무기계약의 의무는 없게 된다.

영양사도 일반근로자로 채용할 수 있으나, 이 경우 식당의 수입으로 영양사 급여가 지급되어야 한다. 대개의 경우 영양사는 경찰관서에서 무기계약근로자로 직접 고용되고 있다.

Ⅱ. 작용법상 경찰권 주체와의 구별

1. 단독관청인 경찰관과의 구분

<경찰공무원>은 신분법상 권리와 의무가 귀속하는 주체를 말하며, <경찰관>은 작용법상 권한과 책임이 귀속하는 주체를 말한다.

사원(경찰병원), 주차관리원(경찰병원), 구내매점원, 청사방호직, 영상판독요원(무인교통단속장비 판독자).

16)「기간제법」제3조(적용범위) ① 이 법은 상시 5인 이상의 근로자를 사용하는 모든 사업 또는 사업장에 적용한다. 다만, 동거의 친족만을 사용하는 사업 또는 사업장과 가사사용인에 대하여는 적용하지 아니한다.

국가의 권한을 관청으로서 부여받은 개별 공무원을 '官'이라 통칭하는데,[17] 「경직법」과 「형사소송법」에서는 이렇게 단독관청의 기능을 수행하는 경찰공무원을 '경찰관' 또는 '사법경찰관'이라 칭한다. 단독관청인 다른 공무원의 예로는 소방관, 검찰관(검사), 방역관 등을 볼 수 있다.

따라서 경찰관의 정의는, "단독관청으로서 위험방지권한을 일반적으로 행사하는 경찰공무원"이라고 할 수 있다. 일반적이지 않은, 즉 경찰권 행사의 장소나 업무범위가 제한되는 청원경찰, 특별사법경찰관리, 위험방지에 관한 일부 권한을 가진 일반행정청 소속 공무원 등은 「경찰관 직무집행법」(이하 '경직법'이라 한다)에서 정하는 경찰관이 아니며, 「경직법」에서 정하는 경찰권을 법적 준용없이 행사할 수 없다.[18]

가장 기본적인 경찰작용법제를 규정하고 있는 「경직법」상 경찰의 권한은 예외적인 경우[19]를 제외하면 조직법상 소속 공무원과 기관에 대한 지휘감독권을 갖는 행정기관장[20]에 수권되지 않고, 「형사소송법」상 사법경찰의 권한과 마찬가지로 직접 개별 경찰공무원을 단독관청[21]으로 하여 수권되고 있다. 이러한 수권 형태는 현장에서의 임기응변적이며 즉시적인 대응이 요구되기 때문이다.[22]

이처럼 경찰공무원과 경찰관은 개념상 구분되어야 할 개념이지만, 경찰관이라는 개념이 경찰공무원과 동일한 인물을 대상으로 성립되므로 현실에서는 양자를 혼동하기 쉬우며, 심지어 법령에서도 양자를 엄격히 구분하지 못하고 혼용되는 경우를 많이 볼 수 있다. 예를 들어 「도로교통법」은 경찰관에 해당하는 개념을 모두 경찰공무원이라고 규정하고 있다.[23]

---

17) 경찰대학, 경찰관직무집행법, 2020, 17면.
18) 경찰대학, 경찰관직무집행법, 2020, 18-25면.
19) 「경직법」 제5조 제2항의 대간첩 작전지역이나 국가중요시설에 대한 접근·통행의 제한금지권은 경찰관서의 장에게 있다. 또 강제수단은 아니나 동법 제8조의 사실조회권도 경찰관서의 장에게 있다.
20) 행정기관장과 그 보조기관은 소속 공무원을 지휘, 감독할 권한을 갖는다(「정부조직법」 제7조).
21) 일반관청은 합의제와 독임제가 모두 가능하다. 단독관청은 구성원이 1인이므로 독임제일 뿐이다.
22) 古谷 洋一, 주석 경찰관직무집행법,제5판, 2000, 26면.
23) 「도로교통법」 제5조의 신호·지시권이나 동법 제44조 제2항의 음주단속을 위한 일제검문권 등에서 보듯이 경찰공무원이 경찰서장 등의 권한을 집행하는 것이 아니라 단독으로 권한을 행사하는 주체로 규정된 이상 경찰관으로 표현함이 더 바람직하였을 것으로 보인다.

한편 영국이나 독일의 경우 또한 이러한 구분을 전제로 하고 있다고 볼 수 있다. 즉, 영국의 경우 Constable은 순경이라는 계급을 지칭하기도 하지만 경찰관이라는 개념으로 사용되며, 경찰공무원을 가리키는 Police Officer와 구분된다. 경찰 최고지휘관도 Chief Constable이 된다. 또한 독일에서도 경찰공무원은 Polizeibeamte로, 경찰관은 Polizeivollzugsbeamte로 구분하여 사용하고 있다.

⚖️ **행정관청과 단독관청**

이곳에서의 서술 내용을 이해하기 위하여는 행정관청과 단독관청에 대한 이해가 전제되어야 한다고 생각되어, 행정관청과 단독관청의 의미에 대하여 간략히 서술하기로 한다.

(1) 행정관청

"행정(관)청"이란 행정에 관한 의사를 결정하여 표시하는 국가 또는 지방자치단체의 기관, 그 밖에 법령 또는 자치법규에 따라 행정권한을 가지고 있거나 위탁을 받은 공공단체나 그 기관 또는 사인을 말한다(「행정심판법」 제2조 제2항). 이는 관청에 관한 정의를 내리고 있는 유일한 법령이다. 소위 관청에는 조직법상 규정되는 행정기관의 장[24]이 포함됨은 물론, 작용법상 행정에 관한 의사를 결정하여 표시하는 기관들이 이에 해당한다. 통상 개개 공무원들은 행정기관의 장의 보조 또는 보좌기관이지만(「정부조직법」 제2조 제6항), 개별 작용법에서 권한을 부여하는 받는 경우 역시 관청의 지위에 서게 된다.

(2) 단독관청

소속 공무원을 가진 행정기관의 장이 행정관청이 됨이 통상이나, 개개 공무원이 관청을 구성하는 경우 이를 단독관청이라고 한다. 이는 의사결정자가 1인인지 복수인지에 따른 독임제 관청과 합의체 관청의 구분과는 다르다. 다만 단독관청의 경우 본질상 독임제 관청일 수밖에 없다. 동일한 경찰공무원이 행정기관장인 행정관청의 권한을 명에 의하여 집행하는 경우는 단순히 경찰공무원으로 불리는 데 그치지만, 자신의 권한을 직접 행사하는 경우 경찰관으로 규정된다. 여기서 단독관청은 1인 관청이라는 뜻일 뿐이며 권한행사에서 독립된 독립관청은 아니므로, 내부의 지휘감독에 위반한 직권행사는 외부적으로는 적법하지만 내부적으로는 징계의 대상이 될 수 있다.[25]

---

24) 지구대장과 파출소장은 「경찰법」 제30조 제3항에 의한 경찰서장의 소속기관일 뿐이므로 행정청은 아니다.

25) 同旨: 박상진, 현행 검찰조직 및 검찰권의 문제점과 개선방안, 사회과학연구 제15집, 건국대학교 사회정책연구소, 2002, 78면.

2. 행정기관장인 경찰관청과의 구분

총포소지허가와 같이 권한행사가 사실행위보다 주로 법률행위의 형식을 취하는 개별 경찰행정작용법에서는, 단독관청인 경찰관이 아니라 경찰청장이나 경찰서장과 같은 행정기관장인 경찰관청에게 경찰권이 수권됨이 보통이다.

이러한 행정기관장인 경찰관청도 신분법적 개념이 아닌 조직법과 작용법상 개념에 해당한다.

III. 소 결 - 경찰공무원의 개념 규정

앞에서 검토한 여러 내용을 종합하면 경찰공무원이란 "국가와 공법상 근무관계하에 위험방지와 범죄수사에 관한 경찰권을 단독관청으로서 직접 또는 경찰관청의 지시에 의하여 행사하거나 공적 서비스를 제공하는 근로자"를 말하는 것으로 개념지을 수 있다.

이러한 의미의 경찰공무원은 특수 분야의 업무를 담당하여 자격, 신분, 복무 등에서 특별법령이 규정되고 우선 적용되는 특정직 공무원으로서 일반직 공무원, 임기제 공무원 등과 구분되며, 공무원법의 적용이 없이 근로기준법만이 적용되는 비공무원인 무기계약근로자(공무직), 기간제근로자와도 구별된다.

IV. 경찰공무원의 정원과 총액인건비제

경찰청과 소속기관에 두는 경찰공무원의 정원은 대통령령[26]과 부령[27]에서 정하고 있다. 이때 중앙행정기관인 경찰청은 인건비 총액의 범위 안에서 조직 또는 정원을 운영하는 총액인건비제를 운영할 수 있다(「행정기관의 조직과 정원에 관한 통칙」 제29조). 정원의 변동은 총 정원의 7% 이내로 허용된다.[28]

또한 경찰청장은 직무의 종류 · 곤란성 및 책임도를 고려하여 업무수행상 문제가 없다고 판단되는 경우에는 경찰공무원의 경감, 경위, 경사, 경장, 순경의 정원을 각각 통합하

---

26) 「경찰청과 그 소속기관 직제」 제63조 내지 제65조.
27) 「경찰청과 그 소속기관 직제 시행규칙」 제77조 내지 제80조.
28) 「경찰청과 그 소속기관 직제」 제63조, 제64조.

여 운영할 수 있다(「행정기관의 조직과 정원에 관한 통칙」제26조).

제2절 ┃ 특수한 유형의 경찰공무원

Ⅰ. 전문직위제 경찰공무원[29)]

1. 전문직위의 지정·관리

경찰청장은 전문성이 특히 요구되는 다음 각 호의 직위를 전문직위로 지정·관리할 수 있다(「경찰공무원 인사운영 규칙」제36조).

(1) 기능별 핵심업무 중 장기간의 직무경험 또는 특수한 전문성이 요구되어 장기근무가 필요한 직위

(2) 기능별로 중요도가 높지만 기피되고 있는 업무로서 전문성 제고가 필요한 직위

(3) 대외적인 협상·교류·협력에 관한 업무를 주로 담당하는 직위

(4) 외국제도연구·외자구매·해외기술 도입 등 업무수행에 외국어 구사능력이 반드시 필요한 직위

(5) 그 밖에 경찰청장이 전문성이 특히 필요하다고 인정하는 직위

2. 전보의 제한 등

전문직위에 임용된 경찰공무원은 해당 직위에 임용된 날부터 3년의 범위에서 경찰청장이 정하는 기간이 지나야 다른 직위에 전보될 수 있다. 다만, 직무수행요건이 같은 직위 간의 전보 등 경찰청장이 정하는 경우에는 기간에 관계없이 전보할 수 있다. 전문직위의 지정, 전문직위 전문관의 선발 및 관리 등 전문직위의 운영에 필요한 사항은 경찰청장이 따로 정한다(「경찰공무원 임용령」제25조).

---

29) 치안정책연구소의 연구관으로 근무하는 경찰공무원 중 전문직위에 보하여진 예를 볼 수 있다. 일반 국가공무원의 전문직위제에 대하여는 「공무원임용령」(제43조의3)과 「공무원 임용규칙」(제54조의2 내지 제57조의3)을 참조.

전문직위 전문관으로 재직하는 동안에는 경감 이하 승진자 및 장기근속자를 대상으로 하는 경찰서 간 인사교류를 유보하되, 다만, 인사운영상 부득이한 경우는 예외로 할 수 있다(「경찰공무원 인사운영 규칙」 제40조).

3. 전문직위수당 등의 지급

전문직위 전문관으로 선발되어 전문직위에서 근무 중인 공무원에 대하여 예산의 범위에서 전문직위수당 및 외국어 가산금을 지급한다. 외국어 가산금을 지급받을 수 있는 사람은 외국어 능력을 직무수행요건으로 하는 전문직위에 선발된 전문직위 전문관으로서 외국어 능력이 「공무원 임용규칙」 별표2[30]에 따른 외국어 등급기준 가등급 또는 나등급에 해당되어야 한다(「경찰공무원 인사운영 규칙」 제38조).

II. 시간선택제 경찰공무원

시간선택제 공무원은 처음부터 통상적인 근무시간보다 짧은 주당 15~35시간을 근무하는 일반직 공무원을 신규채용하는 <시간선택제 채용공무원>(「국가공무원법」 제26조의2, 「공무원임용령」 제3조의3)과 통상적인 근무시간을 근무하는 공무원의 신청을 받아 지정하는 <시간선택제 전환공무원>(동법 동조 및 동령 제57조의3)으로 구분된다. 시간선택제 공무원의 정원은 주당 총 근무시간을 기준으로 40시간당 정원 1명으로 산정한다(「행정기관의 조직과 정원에 관한 통칙」 제24조).

경찰공무원의 경우 시간선택제로 채용은 불가하나 채용 후 전환은 가능하다(복무 관련 후술 내용 참조).

---

30) 2018.7.3. 동 별표가 삭제된 상태이다.

제3절 ▎경찰공무원제도의 기본원칙

Ⅰ. 민주적 공무원제

「헌법」은 "공무원은 국민 전체에 대한 봉사자이며, 국민에 대하여 책임을 진다(제7조 제1항)"고 규정함과 아울러 국민의 공무담임권을 기본권으로 규정함으로써(제25조) 우리의 공무원제도가 민주주의에 입각하고 있음을 명백히 하고 있다.[31]

Ⅱ. 직업공무원제

1. 신분보장

직업공무원제는 공무원의 신분보장을 통해서만 달성될 수 있다. 이러한 까닭에 「헌법」은 "공무원의 신분 … 은 법률이 정하는 바에 의하여 보장된다(제7조 제2항)"고 하여 공무원의 신분보장을 규정하고 있으며, 「국가공무원법」은 "공무원은 刑의 선고·징계처분 또는 이 법으로 정하는 사유에 따르지 아니하고는 본인의 의사에 반하여 휴직·강임 또는 면직을 당하지 아니한다(제68조)"고 하여 공무원의 신분보장을 구체화하고 있다.

2. 정치적 중립성

정권의 교체에도 불구하고 공무원의 지위가 안정되기 위하여서는 공무원의 정치적 중립성이 전제되어야 하는바, 이에 「헌법」은 "공무원의 … 정치적 중립성은 법률이 정하는 바에 의하여 보장된다(제7조 제2항)"고 규정하고 있다. 따라서 공무원에게는 정치운동이나 집단행위가 원칙적으로 금지되어 있다(「국가공무원법」 제65조, 제66조).

---

31) 同旨: 법제처, 국가공무원법 주해, 2006.12., 42면: "오늘날 직업공무원 제도는 민주주의와 법치주의를 실현시키는 매우 중요한 수단으로 인정되고 있다."

3. 성적주의

(1) 의 의

성적주의(Merit System)는 엽관주의(Spoils System)에 대립되는 개념으로 능력주의·중립성의 원칙 및 기회균등의 원칙을 그 핵심요소로 하는 공무원제도를 말하는바, 현행법은 "공무원의 임용은 시험성적·근무성적 그 밖의 능력의 실증에 따라 행한다(「국가공무원법」 제26조, 「지방공무원법」 제25조)"고 하여 성적주의를 명시하고 있다.

(2) 직위분류제와의 관계

직위분류제란 계급제에 대립하는 개념으로 "직위를 직무의 종류와 곤란성 및 책임도에 따라 직군·직렬·직급 또는 직무등급별로 분류하고는[32] 같은 직급 또는 같은 직무등급에 속하는 직위에 대하여는 동일하거나 유사한 보수를 지급하는 인사제도"를 말하는바, 이 역시 성적주의의 실현에 기여한다고 할 수 있다.

한편 「국가공무원법」은 아직까지 근본적으로 계급제에 입각하고 있으며, 단지 직위분류제를 실시가 쉬운 기관, 직무의 종류 및 직위부터 단계적으로 실시할 수 있도록 규정하고 있을 뿐이다(「국가공무원법」 제5조, 제24조).

4. 능률성

능률성을 직업공무원제의 내용의 하나로 열거하는 견해도 있는바, 특히 헌법재판소가 정년제도를 직업공무원제와 관련있는 것으로 판시한 바 있음은 주목을 요한다.

〈관련판례〉「국가공무원법상의 공무원정년제도는 공무원에게 정년까지 계속 근무를 보장함으로써 그 신분을 보장하는 한편 공무원에 대한 계획적인 교체를 통하여 조직의 능률을 유지·향상시킴으로써 직업공무원제를 보완하는 기능을 수행하고 있다」(헌법재판소 1997.3. 27. 선고 96헌바86 결정).

---

32) 여기서 직군이란 직무의 성질이 유사한 직렬의 군을 말하며, 직렬이란 직무의 종류가 유사하고 그 책임과 곤란성의 정도가 서로 다른 직급의 군을 말한다. 또한 직류란 같은 직렬 내에서 담당분야가 같은 직무의 군을 말하며, 직무등급이란 직무의 곤란성과 책임도가 상당히 유사한 직위의 군을 말한다(「국가공무원법」 제5조 제7호 내지 제10호).

제3장

경찰공무원의 임용
(발생 · 변경 · 소멸)

제3장

경찰공무원의 임용
(발생 · 변경 · 소멸)

본서는 「경찰공무원법」을 다루고 있지만, 이하의 서술(특히 경찰공무원의 임용, 경찰공무원의 권리와 의무, 경찰공무원의 책임, 경찰공무원의 권익보장)에서 상당 부분 「국가공무원법」을 근거로 설명하고 있다. 이는 경찰공무원이 특정직인 '국가공무원'이므로, 경찰공무원에게도 「경찰공무원법」이 적용을 배제하고 있지 않는 한 「국가공무원법」 규정이 준용되기 때문이다.[1]

연혁적으로 보면 1968년 제정된 「경찰공무원법」(1969.1.7. 공포)은 「국가공무원법」과 전면적으로 분리되어 경찰공무원의 권리와 의무 전반을 규정하고 있었다.[2] 하지만 1982년 개정법은 「국가공무원법」과 중복 부분을 삭제하고 경찰공무원에게만 적용될 내용으로 규정하게 되었다.[3]

---

1) 현행 「경찰공무원법」 역시 이러한 점을 분명히 밝히고 있다. 한편 「경찰공무원법」이 「국가공무원법」의 적용을 명문으로 배제하고 있는 사항에 관하여는 동법 제36조 참조.

2) 이동규, 경찰 공무원법 해설, 법제처 지식창고, 2009.1.1: "이때의 분리는 국가공무원법을 중심으로 한 인사제도가 상명하복의 계급구조와 강력한 지휘체계를 갖는 경찰공무원의 특수성을 고려하지 못하며, 임용결격사유 등을 엄격히 하기 위함이다."

3) 성홍재, 경찰공무원법상 징계처분의 위헌·위법성 여부에 대한 법리적 검토, 홍익법학 제17권 3호, 2016, 588면.

즉, 직업공무원제도를 구체화하는 일반법으로는 「국가공무원법」과 「지방공무원법」이 있으며, 「경찰공무원법」, 「교육공무원법」, 「소방공무원법」 등은 특별법관계에 놓인다.[4]

⚖️ 주요 외국의 공무원법

<미국>은 「연방법전」 5편(Title 5. Government Organization and Employees)에서 행정조직과 공무원에 관한 사항을 규율하는데, 우리의 「정부조직법」과 공무원관계법에 해당하며, 제III장(Part III - Employees)에서 공무원관계법을 규정하고 있다. 행정입법으로 방대한 규율사항을 두고 있다.[5]

<영국>은 공무원의 권리와 의무에 관련된 법률이 없었다가 「2010 헌법개혁과 거버넌스 법률」(Constitutional Reform and Governance Act 2010)을 제정하여 동법 제1부 제1장에서 대강을 규정하고, 하위 법령인 「공무원 관리규정」(1993년 Civil Service Management Code, CSMC)과 「공무원 복무지침」(Civil Service Code)에서 구체적인 내용을 두고 있다.[6] 연금에 관련하여서도 국가공무원 기본연금제도를 운영하여 왔지만, 2013년에 이르러서야 「2013년 국가공무원연금법」(Public Service Pensions Act 2013)을 제정하고 2015년에야 시행하였다.[7]

<독일>은 「연방공무원법」(Bundesbeamtengesetz)이 1953년에 처음으로 제정된 이후, 2009년에 전면개정되어 현재까지 적용되고 있다. 연방정부에게 폭넓은 위임입법의 권한을 부여하고 있다. 주정부 및 지방자치단체의 공무원들에게는 「주공무원법」(Landesbeamtengesetz)이, 또 영조물에 소속된 지방공무원들에게는 「공무원신분법」(BeamtStG)이 적용된다.[8] 공무원 징계에 대한 상세한 규율을 위해 「연방공무원 징계법」(Bundesdisziplinargesetz, BDG)를 두고 있다.

<프랑스>는 2022년 제정 및 시행된 「공무원 일반법전」(Code général de la fonction publique, CGFP)에서 공무원의 지위와 일반원칙을 규율한다. 이는 1983년 「공무원의 권

---

4) 법제처, 국가공무원법 주해, 2006.12., 41면.
5) 전주열/김수홍/김봉철/김성배/서보국, 해외 주요국의 국가공무원에 관한 법제분석, 법제분석지원연구 15-21-7, 한국법제연구원, 2015.11.13., 104면.
6) 전주열/김수홍/김봉철/김성배/서보국, 해외 주요국의 국가공무원에 관한 법제분석, 법제분석지원연구 15-21-7, 한국법제연구원, 2015.11.13., 42면.
7) 임준배/조민주, 영국 국가공무원연금 개혁과 후속조치, 외국 입법·정책 분석 제30호, 국회입법조사처, 2023.2.22., 7면. 2013년 법을 후속 보완한 것이 「2022년 국가공무원연금 및 사법부 정년 연장법」(Public Service Pensions and Judicial Offices Act 2022)이다(동 자료 8면).
8) 전주열/김수홍/김봉철/김성배/서보국, 해외 주요국의 국가공무원에 관한 법제분석, 법제분석지원연구 15-21-7, 한국법제연구원, 2015.11.13., 215면.

리와 의무에 관한 1983년 7월 13일 법률 제83−634호」(Loi n̊83−634 du 13 juillet 1983 portant droits et obligations des fonctionnaires)를 제1장으로 흡수 통합한 것이다.9)

<일본>은 우리와 법명이 같은 「국가공무원법」을 두고 있다.

이하 이 장에서 언급하는 공무원의 임용이란, "공무원관계의 발생에서 변동을 거쳐 소멸에 이르는 일련의 과정을 총칭한다. 따라서 공무원이 국가와 고용관계를 맺고 있는 동안 자신의 신분과 관련하여 이루어지는 대부분의 행위가 포함된다."10)

제1절 ┃ 경찰공무원관계의 발생(임명)

국가나 지방자치단체에 근무하는 모든 공무원관계를 전제로 공무원관계의 발생을 논하는 경우, 그것은 신규채용을 의미하며 ① 임명에 의하는 경우, ② 계약에 의하는 경우, ③ 선거에 의하여 선출되는 경우, ④ 법률에 의하여 당연히 성립하는 경우 등으로 나누어 고찰하여야 한다. 그러나 경찰공무원관계의 발생은 사실상 임명의 방식에 의하는 경우가 유일하므로, 이하에서는 임명에 관해서만 논하기로 한다.

Ⅰ. 경찰공무원의 임명11)의 의의

임명이란 국가 또는 지방자치단체가 특정인에게 경찰공무원으로서의 신분을 부여하며, 공법상의 근무관계를 설정하는 행위를 말한다. 임명의 성질에 관하여는 과거에는 공법상 근무관계의 설정으로서 공법적 효과의 발생을 목적으로 하는 공법상 계약으로 보는 견해(공법상 계약설)도 있었으나, 오늘날은 상대방의 동의를 전제로 하는 행정행위로 보는 것이 지배적 견해이다.12)

---

9) 강지은, 공무원의 비밀엄수의무와 비밀의 범위, 연세법학 제41호, 2023.2., 472−473면.
10) 법제처, 국가공무원법 주해, 2006.12., 119면.
11) 이하 '임명'이라고 한다.
12) 법제처, 국가공무원법 주해, 2006.12., 119면.

II. 보직과의 구별

임명은 처음으로 특정인에게 경찰공무원으로서의 신분을 부여하는 행위라는 점에서, 이미 경찰공무원의 신분을 취득한 자에게 일정한 직위를 부여하는 행위인 보직(補職)과 구별된다.

III. 임명의 유형

임명, 즉 경찰공무원의 신규채용에는 다음의 2가지 유형이 있다.

1. 공개경쟁채용(공채)

공개경쟁시험에 의한 신규채용의 대상 계급은 순경, 경위, 경정이다. 경위의 경우 공개경쟁시험 후 경찰대학 졸업과 경찰간부후보생 교육수료가 채용요건이다(「경찰공무원법」제10조 제1항, 제2항).

2. 경력경쟁채용(경채)

경력 등 일정 응시요건을 제한하여 같은 사유에 해당하는 다수인을 대상으로 경쟁의 방법으로 채용하는 시험으로 경찰공무원을 신규채용할 수 있다. 나아가 다수인을 대상으로 시험을 실시하는 것이 적당하지 아니한 경우에는 다수인을 대상으로 하지 아니한 시험으로도 경찰공무원을 채용할 수 있다.

경채의 세부 유형으로는 퇴직 경찰공무원의 재임용, 제주자치경찰공무원의 임용, 관련 자격증 소지자, 관련 실적자(근무, 연구, 전문지식), 5급 고시합격자나 2009년 이전의 사법시험 합격자의 경정 채용, 특수지 근무예정자, 외국어 능통자, 국가수사본부장의 외부 임용 등이 있다(동조 제3항).

Ⅳ. 임명의 요건

1. 소극요건(결격사유, 능력요건)

경찰공무원으로 임명되기 위하여서는 법정의 결격사유가 없어야 하는바, 이를 '능력요건'이라 한다. 「경찰공무원법」(제8조)이 규정하고 있는 결격사유는 다음과 같다.

(1) **국적 관련**: 외국인[13]과 복수국적자

(2) **법적 자격 관련**: 피성년후견인 또는 피한정후견인, 파산선고 받은 자

(3) **공무원으로서 징계경력 관련**: 파면 또는 해임처분을 받은 사람

(4) **공무원으로서 횡령 또는 배임죄 경력자**: 공무원으로 재직기간 중 직무 관련 횡령이나 배임죄를 범한 자로서 300만원 이상의 벌금형을 선고받고 그 형이 확정된 후 2년이 지나지 아니한 자

(5) **일반 범죄경력자**: 자격정지 이상의 형(刑)[14]을 선고받은 사람, 자격정지 이상의 형의 선고유예를 선고받고 그 유예기간 중에 있는 사람

(6) **특정 범죄경력자**: 성폭력범죄를 범한 자로서 100만원 이상의 벌금형을 선고받고 그 형이 확정된 후 3년이 지나지 아니한 자.[15] 미성년자에 대한 성폭력범죄나 아동·청소년대상 성범죄[16]를 저질러 형 또는 치료감호가 확정된 자(집행유예를 선고받은 후 그 집

---

13) 「국가공무원법」과의 차이: 국가기관의 장은 국가안보 및 보안·기밀에 관계되는 분야를 제외하고, 「전문경력관 규정」에 따른 전문경력관, 임기제 공무원 또는 특수경력직 공무원으로 외국인을 공무원으로 임용할 수 있다(「국가공무원법」 제26조의3, 「공무원임용령」 제4조).

14) 「형법」 제41조에서 정하는 형의 종류와 단계: 사형, 징역, 금고, 자격상실, 자격정지, 벌금, 구류, 과료, 몰수. 「형법」 제43조에서 정하는 자격상실과 자격정지의 대상과 내용: (자격상실의 대상) 사형, 무기징역 또는 무기금고의 판결을 받은 자 (자격상실의 내용) 공무원이 되는 자격, 공법상의 선거권과 피선거권, 법률로 요건을 정한 공법상의 업무에 관한 자격, 법인의 이사, 감사 또는 지배인 기타 법인의 업무에 관한 검사역이나 재산관리인이 되는 자격 (자격정지의 대상) 유기징역 또는 유기금고의 판결을 받고 그 형의 집행이 종료하거나 면제되지 않은 자 (자격정지의 내용) 공무원이 되는 자격, 공법상의 선거권과 피선거권, 법률로 요건을 정한 공법상의 업무에 관한 자격.

15) 「성폭력범죄의 처벌 등에 관한 특례법」에 의한 성폭력범죄 중 통신매체를 이용한 음란행위(동법 제13조)는 자기 또는 다른 사람의 성적 욕망을 유발하거나 만족시킬 목적으로 행하는 목적범이기는 하나, 문자(글)에 의한 성적 욕설이 경우에 따라 성폭력범죄에 해당할 수가 있고, 이 경우 위 공무원 임용결격은 물론 형 선고 후 10년 이내의 취업제한이 적용될 수 있다(「아동·청소년의 성보호에 관한 법률」 제56조).

16) 헌법재판소 2022.11.24. 선고 2020헌마1181 결정(헌법불합치): 「국가공무원법」 제33조 중 일반

행유예기간이 경과한 사람을 포함한다).

　이러한 「경찰공무원법」상의 임용 결격사유는 국가공무원법의 그것에 비해 훨씬 엄격하다. 즉, 「경찰공무원법」은 국적과 관련한 제한을 두며, 피한정후견인도 임용될 수 없다. 또한 공무원으로서 파면이나 해임처분을 받은 자는 기간 경과에 상관없이 결격이 된다. 뿐만 아니라 일반 범죄경력의 경우 금고 이상이 아니라 자격정지 이상의 형을 받으면 임용이 제한되며, 자격정지의 선고유예가 아닌 이상 기간 경과와도 무관하다.

　한편 「경찰공무원법」은 「국가공무원법」이 임용 결격사유로 규정하고 있는 "정보통신망 이용 음란 또는 불안감조성죄나 스토킹범죄를 범하여 벌금형을 받은 경우"를 임용 결격사유로 규정하고 있지 않으나, 「국가공무원법」과 「경찰공무원법」이 명문으로 적용을 배제하지 않는 한, 「국가공무원법」의 규정은 경찰공무원에게도 보충적으로 적용되므로,[17] 경찰공무원 임용에 있어서도 「국가공무원법」의 해당 규정이 추가적으로 적용된다고 보아야 할 것이다.

⚖️ **「국가공무원법」상 공무원 임용의 결격사유**

공무원 임용의 결격사유는 다음과 같다(「국가공무원법」 제33조).
(1) **법적 자격 관련:** 피성년후견인, 파산선고 받은 자, 자격상실 또는 정지자.
(2) **공무원으로서 파면 또는 해임경력자:** 파면 후 5년 미경과자, 해임 후 3년 미경과자, 미성년자에 대한 성폭력범죄나 아동·청소년대상 성범죄를 저질러 파면, 해임된 자.
(3) **공무원으로서 횡령이나 배임죄 경력자:** 공무원으로 재직기간 중 직무 관련 횡령이나 배임죄를 범한 자로서 300만원 이상의 벌금형을 선고받고 그 형이 확정된 후 2년이 지나지 아니한 자.
(4) **일반 범죄경력자:** 금고 이상의 실형을 선고받고 그 집행이 종료되거나 집행을 받지 아니하기로 확정된 후 5년이 지나지 아니한 자. 금고 이상의 형을 선고받고 그 집행 유예 기간이 끝난 날부터 2년이 지나지 아니한 자. 금고 이상의 형의 선고유예를 받은 경우에 그 선고유예 기간 중에 있는 자.

직 공무원 임용결격사유로 규정된 아동·청소년대상 성범죄에 「아동복지법」 제17조 제2호의 '아동에게 성적 수치심을 주는 성희롱 등이 포함된 것은 헌법에 합치되지 아니한다. 위 법률조항들은 2024. 5. 31.을 시한으로 입법자가 개정할 때까지 계속 적용된다.
17) 경찰공무원법이 경찰공무원에 대한 국가공무원법의 적용을 명문으로 배제하는 규정으로는 제36조(「국가공무원법」과의 관계) ① 경찰공무원에 대해서는 「국가공무원법」 제73조의4, 제76조 제2항부터 제5항까지의 규정을 적용하지 아니하며, 치안총감과 치안정감에 대해서는 「국가공무원법」 제68조 본문을 적용하지 아니한다.

(5) **특정 범죄경력자**: 성폭력범죄, 정보통신망 이용 음란 또는 불안감조성죄, 스토킹범 죄를 범한 사람으로서 100만원 이상의 벌금형을 선고받고 그 형이 확정된 후 3년이 지나지 아니한 사람. 미성년자에 대한 성폭력범죄나 아동·청소년대상 성범죄를 저질러 형 또는 치료감호를 선고받아 그 형 또는 치료감호가 확정된 자(집행유예를 선고받은 후 그 집행유예기간이 경과한 사람을 포함한다).

2. 적극요건(채용사유, 자격요건)

경찰공무원으로 임명되기 위하여서는 결격사유에 해당하지 않아야 될 뿐만 아니라, 적극적으로 일정한 자격을 갖추어야 한다. 특히 경찰공무원의 임명은 공개경쟁시험, 경력경쟁채용시험을 통해 자격을 실증하도록 되어 있다(「경찰공무원법」 제10조).

(1) 채용시험의 합격

제1차 채용시험은 신체검사, 제2차 채용시험은 체력검사이다. 제3차와 제4차는 필기시험으로 각 과목별로 40분 이상으로 하되, 제3차와 제4차를 병합하는 경우는 각 과목별로 20분 이상으로 한다. 제5차 채용시험은 적성검사이며, 제6차 채용시험은 면접이다. 면접은 1단계 집단면접과 2단계 개별면접으로 구분된다(「경찰공무원 채용시험에 관한 규칙」 제10조).

(2) 기준연령의 도달

경찰공무원의 신규채용시 제한하는 기준은 채용연령이 아닌 응시연령이다. 응시연령은 최종 시험예정일이 속한 연도를 기준으로 제한된다. 다만 1월 1일 생일로 응시상한연령을 1년 초과한 자는 응시할 수 있다. 「경찰공무원법」에 의한 응시연령은 최연소 18세부터 최연장 40세까지이다(「경찰공무원 임용령」 제39조 및 별표1의3).[18]

경찰대학의 응시연령은 별도 법률에 의하여 17~41세로 규율되며, 다만 1월 1일 생일로 응시상한연령을 1년 초과한 자는 응시할 수 있다(「경찰대학 설치법」 제3조, 「경찰대학의

---

18) 공개경쟁채용시험의 경우 응시연령은 순경 18~40세, 경찰간부후보생 21~40세, 경정 이상 25~40세 이하이다. 경력경쟁채용시험의 경우 응시연령은 순경, 경장, 경사는 20~40세(의무경찰 복무요건 채용인 경우 21~40세), 경위, 경감은 23~40세, 경정 이상 27~40세 이하이다.

학사운영에 관한 규정」 제17조).[19]

(3) 응시자격의 구비

신체검사나 체력검사 이외에 순경이나 경찰간부후보생 공개경쟁채용시험 응시자는 대형 또는 보통운전면허 소지자여야 한다. 경찰청장은 경사 이하 경찰공무원의 경력경쟁채용시험등에 응시하려는 사람에 대해서도 동일한 응시자격을 갖추도록 할 수 있다(「경찰공무원 임용령」 제39조).

3. 양성평등을 고려한 배분

여성과 남성의 평등한 공무원 임용기회를 확대하기 위하여 필요하다고 인정하는 경우에는 한시적으로 여성 또는 남성이 시험실시 단계별로 선발예정 인원의 일정 비율 이상이 될 수 있도록 선발예정 인원을 초과하여 여성 또는 남성을 합격시킬 수 있다(「경찰공무원 임용령」 제43조의3).

4. 요건을 갖추지 못한 자에 대한 임명의 효과

(1) 능력요건을 갖추지 못한 자에 대한 임명의 효과

결격사유에 해당하는 자를 공무원으로 임명하는 행위는 무효이며,[20] 재직 중 결격사유에 해당하는 사유가 발생한 때에는 당연퇴직된다(「국가공무원법」 제69조).

〈관련판례〉「임용당시 공무원임용 결격사유가 있었다면 비록 국가의 과실에 의하여 임용결격자임을 밝혀내지 못하였다 하더라도 그 임용행위는 당연무효로 보아야 하며, 당연무효인 임용결격자에 대한 임용행위에 의하여서는 공무원의 신분을 취득하거나 근로고용관계가 성립될 수 없는 것이므로 임용결격자가 공무원으로 임용되어 사실상 근무하여 왔다고 하더라

---

19) 헌법재판소 2009.7.30. 선고 2007헌마991 결정: 경찰대학의 입학 연령을 21세 미만으로 제한하고 있는 (구) 경찰대학의 학사운영에 관한 규정이 공무담임권, 학문의 자유, 병역의무이행으로 인한 불이익 처우 금지 등을 침해한다고 볼 수 없다.

20) 또한 임명을 받은 자가 공무원으로서 행한 행위도 원칙적으로 무효이나 사실상의 공무원이론이 적용될 수 있는 경우에는 예외적으로 유효한 것이 될 수도 있다.

도 그러한 피임용자는 위 법률소정의 퇴직금 청구를 할 수 없다」(대법원 1987.4.14. 선고 86누459 판결).

(2) 자격요건을 갖추지 못한 자에 대한 임명의 효과

자격요건을 갖추지 못한 자를 공무원으로 임명하는 행위는 취소할 수 있는 행위로 된다는 견해가 유력한 바(이명구, 석종현 등), 법원 역시 이러한 입장에 따르고 있는 것으로 보여진다.

〈관련판례〉 「당초 임용 이래 공무원으로 근무하여 온 경력에 바탕을 두고 구 지방공무원법 제27조 제2항 제3호 등을 근거로 하여 특별임용방식으로 임용이 이루어졌다면 이는 당초 임용과는 별도로 그 자체가 하나의 신규임용이라고 할 것이므로, 그 효력도 특별임용이 이루어질 당시를 기준으로 판단하여야 할 것인데, 당초 임용 당시에는 집행유예 기간 중에 있었으나 특별임용 당시 이미 집행유예기간 만료일로부터 2년이 경과하였다면 같은 법 제31조 제4호에서 정하는 공무원 결격사유에 해당할 수 없고, 다만 당초 임용과의 관계에서는 공무원 결격사유에 해당하여 당초 처분 이후 공무원으로 근무하였다고 하더라도 그것이 적법한 공무원 경력으로 되지 아니하는 점에서 특별임용의 효력에 영향을 미친다고 할 수 있으나, 위 특별임용의 하자는 결국 소정의 경력을 갖추지 못한 자에 대하여 특별임용시험의 방식으로 신규임용을 한 하자에 불과하여 취소사유가 된다고 함은 별론으로 하고, 그 하자가 중대·명백하여 특별임용이 당연무효로 된다고 할 수는 없다」(대법원 1998.10.23. 선고 98두12932 판결).

V. 시보임용

경정 이하의 경찰공무원을 신규 채용할 때에는 1년간 시보(試補)로 임용하고, 그 기간이 만료된 다음 날에 정규 경찰공무원으로 임용한다. 휴직기간, 직위해제기간 및 징계에 의한 정직처분 또는 감봉처분을 받은 기간은 제1항에 따른 시보임용기간에 산입하지 아니한다. 시보임용기간 중에 있는 경찰공무원이 근무성적 또는 교육훈련성적이 불량할 때에는 면직시키거나 면직을 제청할 수 있다.

다만, 경찰대학 졸업자, 경찰간부후보생 교육수료자, 현직 경찰공무원이 상위계급으로의 공개경쟁 채용시험에 합격한 경우, 퇴직 경찰공무원이 퇴직시 계급의 채용시험에 합격한 경우, 자치경찰공무원을 상응하는 계급의 경찰공무원으로 임용하는 경우는 시보임용을 적용하지 아니한다(「경찰공무원법」 제13조).

⚖️ **일반직 공무원의 시보임용**

5급 공무원을 신규 채용하는 경우에는 1년, 6급 이하의 공무원을 신규 채용하는 경우에는 6개월간 각각 시보(試補)로 임용하고 그 기간의 근무성적·교육훈련성적과 공무원으로서의 자질을 고려하여 정규 공무원으로 임용한다. 시보 임용 기간 중에 있는 공무원이 근무성적·교육훈련성적이 나쁘거나 이 법 또는 이 법에 따른 명령을 위반하여 공무원으로서의 자질이 부족하다고 판단되는 경우에는 면직시키거나 면직을 제청할 수 있다(「국가공무원법」 제29조).

제2절 ┃ 경찰공무원관계의 변경(임명과 퇴직을 제외한 임용 전체)

경찰공무원관계의 변경이란 경찰공무원으로서의 신분을 유지하면서 경찰공무원관계의 내용의 전부 또는 일부를 일시적 혹은 영구적으로 변경하는 것, 즉 임명(신규채용)과 퇴직을 제외한 임용 모두를 의미한다. 임용은 신규채용을 의미하는 임명 이외에도 승진, 강임(降任), 전직(轉職), 전보, 겸임,[21] 파견, 휴직, 직위해제, 정직, 강등, 복직, 면직, 해임 및 파면을 포괄하기 때문이다(「공무원임용령」 제2조 제1호).[22]

다만 경찰공무원에게는 강임 관련 규정의 적용이 배제된다(「경찰공무원법」 제2조 제1호, 제36조).

공무원관계의 변경행위에 대하여는 임명(신규채용)의 경우와 달리 통상적으로 임용권자의 단독적 행정처분으로 본다.[23]

---

21) 직위와 직무 내용이 유사하고 담당 직무 수행에 지장이 없다고 인정하면 경력직 공무원 상호 간에 겸임하게 하거나 경력직 공무원과 관련 교육·연구기관, 그 밖의 기관·단체의 임직원 간에 서로 겸임하게 할 수 있다(「국가공무원법」 제32조의3). 「경찰공무원법」에는 겸임에 관한 규정은 없으나 「경찰공무원법」 제36조의 내용을 고려할 때, 겸임에 관하여는 경찰공무원에게도 「국가공무원법」의 겸임에 관한 규정이 적용된다고 보아야 한다.

22) 물론 임명은 실정법상으로도 '임용'으로 표시되기도 하며(「국가공무원법」 제26조), 이는 경찰공무원의 인사관리를 포괄하는 개념으로 혼용되기도 한다.

23) 법제처, 국가공무원법 주해, 2006.12., 119면.

> ⚖️ **강임**
>
> 경찰공무원에게 적용되지 않는 강임이란, 직제 또는 정원의 변경이나 예산의 감소 등으로 직위가 폐직되거나 하위의 직위로 변경되어 과원이 된 경우 또는 본인이 동의한 경우, 같은 직렬 내에서 하위 직급에 임명하거나 하위 직급이 없는 경우 다른 직렬의 하위 직급으로 임명하거나, 고위공무원단에 속하는 일반직 공무원을 고위공무원단 직위가 아닌 하위 직위에 임명하는 것을 말한다(「국가공무원법」 제5조, 제73조의4).

Ⅰ. 일반원칙

1. 임용권자

(1) 기본원칙

총경 이상 경찰공무원은 경찰청장의 추천을 받아 행정안전부장관의 제청으로 국무총리를 거쳐 대통령이 임용하되, 총경의 전보, 휴직, 직위해제, 강등, 정직 및 복직은 경찰청장이 한다. 경정 이하의 경찰공무원은 경찰청장이 임용하되, 경정으로의 신규채용, 승진임용 및 면직은 경찰청장의 제청으로 국무총리를 거쳐 대통령이 한다(「경찰공무원법」 제7조 제1항, 제2항).[24]

(2) 임용권의 위임과 재위임

경찰청장은 경찰공무원의 임용에 관한 권한의 일부를 시·도지사, 국가수사본부장, 소속기관의 장, 시·도경찰청장에게 위임할 수 있다. 이 경우 시·도지사는 위임받은 권한의 일부를 시·도자치경찰위원회나 시·도경찰청장에게 다시 위임할 수 있다(「경찰공무원법」 제7조 제3항).

---

24) 이에 비해 여타 공무원의 경우는, 5급 이상 공무원 및 고위공무원단에 속하는 일반직 공무원은 소속 장관의 제청으로 인사혁신처장과 협의를 거친 후에 국무총리를 거쳐 대통령이 임용하고, 그 외 직급의 공무원에 대하여는 소속 장관이 소속 공무원에 대한 임용권을 갖는다(「국가공무원법」 제32조).

2. 임용의 형식

임명은 임용장(사령서)의 교부에 의하는 것이 원칙이다. 다만, 임용장교부는 임용의 유효요건이 아니라, 임용행위를 형식적으로 표시하는 선언적 효력을 가질 뿐이다.

3. 임용의 효력발생시기

(1) 원 칙

경찰공무원은 원칙적으로 임용장에 기재된 일자에 임용된 것으로 보며(「공무원임용령」 제6조 제1항), 소급임용은 금지된다.

(2) 예 외

① 재직 중 공적이 특히 현저한 자가 공무로 사망한 때 그 사망 전일을 임용일자로 하여 추서할 경우, ② 휴직기간의 만료 또는 휴직사유가 소멸된 후에도 직무에 복귀하지 아니하거나 직무를 감당할 수 없어 직권면직하는 때에 휴직기간의 만료일 또는 휴직사유의 소멸일을 임용일자로 하여 면직하는 경우는 예외이다(동령 제7조).

Ⅱ. 승 진

승진이란 동일 직렬 내에서 상위직급으로 임용되는 것을 말한다.

경찰공무원의 계급별 최소 승진 소요연수는 총경 4년 이상, 경정 및 경감 3년 이상, 경위 및 경사 2년 이상, 경장 및 순경 1년 이상이다.

여기에 휴직, 직위해제, 징계처분 및 승진임용 제한기간은 소요연수에 포함되지 않지만, 공상 휴직, 육아휴직[25] 및 타 기관 임시채용으로 인한 휴직은 소요연수에 포함되며, 유학휴직은 휴직 기간의 50%가 소요연수에 포함된다.

---

25) 자녀 1명에 대하여 총 휴직 기간이 1년을 넘는 경우에는 최초의 1년으로 하되, 첫째 자녀에 대하여 부모가 모두 6개월 이상 휴직하는 경우와 둘째 자녀 이후에 대하여 휴직을 하는 경우에는 그 휴직 기간 전부가 포함된다.

한편 시간선택제 전환 경찰공무원으로 근무한 1년 이하의 기간은 그 기간 전부를, 1년을 넘는 기간은 근무시간에 비례한 기간을, 육아휴직을 대신하여 시간선택제 근무를 한 경우는 둘째 자녀부터 각각 3년의 범위에서 그 기간 전부가 소요연수에 포함된다.

강등처분을 받은 자의 강등 전 계급의 재직기간은 강등된 계급과 강등되기 전 계급에 모두 포함된다(「경찰공무원 승진임용 규정」제5조).

승진임용 제한기간은 강등과 정직 18개월, 감봉 12개월, 견책 6개월, 근신과 영창 또는 그 밖에 이와 유사한 징계처분 6개월이다. 그러나 경찰공무원이 징계처분을 받은 후 훈장, 포장, 모범공무원 포상, 대통령표창 또는 국무총리 표창, 제안채택 포상 등을 받은 경우에는 승진임용 제한기간의 2분의 1을 단축할 수 있다(동령 제6조).

경찰공무원의 승진임용은 심사승진임용, 시험승진임용 및 특별승진임용으로 구분한다(동령 제3조).

1. 일반승진(심사승진과 시험승진)

(1) 개 관

경찰공무원은 바로 아래 하위계급에 있는 경찰공무원 중에서 근무성적평정, 경력평정, 그 밖의 능력을 실증(實證)하여 승진임용한다. 다만, 해양경찰청장을 보하는 경우 치안감을 치안총감으로 승진임용할 수 있다.[26]

경무관 이하 계급으로의 승진은 승진심사에 의하고, 경정 이하 계급으로의 승진은 대통령령으로 정하는 비율에 따라 승진시험과 승진심사를 병행할 수 있다(「경찰공무원법」제15조).

⚖️ **일반직 국가공무원의 승진**

일반직 국가공무원의 경우 4급 이상은 능력과 경력 등을 고려하여 승진임용하며, 5급 공무원으로의 승진임용은 승진시험을 원칙으로 하고 필요시 승진심사위원회의 심사로 결정한다. 6급 이하 공무원으로의 승진임용은 필요시 승진시험을 병용할 수 있다(「국가공무원법」제40조).

---

26) 이를 근거로 2023.1.9. 치안감인 서해지방해양경찰청장이 신임 해양경찰청장으로 임명되었다.

승진임용 예정 인원은 실제 결원과 해당 연도 예상 결원을 고려하여 계급별로 정한다. 다만, 경찰청장이 필요하다고 인정하는 경우에는 경과별(警科別) 또는 특수분야별로도 정할 수 있다.

또 경무관과 총경으로의 승진임용 예정 인원이 실제 결원과 예상 결원의 합산보다 많은 경우는 경무관 정원의 25%, 총경 정원의 20%를 초과할 수 없도록 한다(「경찰공무원 승진임용 규정」 제4조).

경정 이하 계급으로의 승진 예정 인원은 계급별 전체 승진 예정 인원에서 특별승진 예정 인원을 뺀 인원의 50%씩을 각각 심사승진과 시험승진임용 예정 인원으로 한다. 다만, 특수분야의 승진임용 예정 인원을 정하는 경우에는 심사승진임용 예정 인원과 시험승진임용 예정 인원 중 어느 한쪽의 예정 인원이 50%를 초과하게 정할 수 있다.

승진임용 예정 인원은 각 기관별 승진대상자 명부에 기록된 인원의 비율에 따라 배분하되, 해당 계급으로의 근속승진 예정자 수 등 소속기관별 승진 여건을 고려하여 조정할 수 있다(동조).

⚖️ **심사승진과 시험승진의 관계**

2025년부터는 심사와 시험승진의 비율이 6:4로, 2026년부터는 7:3으로 변경될 예정이다 (순경에서 경장은 시험승진이 폐지된다).[27] 이는 근무에는 소홀하거나 한직을 골라 다니며 시험으로만 승진하는 병폐를 없애고, 근무의욕을 제고하려는 취지로 이해된다.

하지만 시험승진 제도가 심사승진을 공정하게[28] 하려는 노력을 저해하는 핑계[29]로도 되고 있는 현실을 감안하면, 궁극적으로는 모든 계급에서 시험승진 제도를 폐지하고 근무평가에 따른 심사승진으로만 승진하도록 하는 것이 건강한 근무의욕과 조직의 사기관리를 위해 바람직하다고 생각된다. 다만 전면적인 심사승진제도가 가져올 수 있는 소양부족 등의 문제점은 차상급 직위에서의 최소한의 지적 소양을 검증하기 위해 모든 승진후보자들이 통과하여야 하는 기본시험제도를 활용하면 해결할 수 있을 것으로 생각된다.

---

27) 이러한 내용으로 「경찰공무원 승진임용 규정」 제4조 제4항의 개정이 2023.8.22. 이미 이루어졌으나, 동 규정 부칙 제2조에서 시행일자는 뒤로 미루고 있다.
28) 승진하고자 하는 자의 노력이 공정하게 평가받기 어려운 현재의 제도적 여건에서, 심사승진의 노력은 얼마나 열심히 근무하느냐보다, 인사권자에게 얼마나 자기를 P.R.하느냐라고 보는 것이 상식이 되고 있으며, 이를 인사권자인 현재의 경찰지휘관들도 자연스럽게 받아들이고 있는 것 같다. 그러한 P.R.은 많은 경우 소위 '빽'이라 불리는 인사권자에 대한 비공식 추천이나 외압으로 이루어지는 것이 아닌가 하는 불신이 조직 내에 팽배한다.

(2) 심사승진

승진심사위원회는 승진시키려는 결원의 5배수 내에 있는 자 중에서 승진후보자를 심사·선발한다(「경찰공무원법」 제17조, 「경찰공무원 승진임용 규정」 제20조). 다만 「경찰공무원 교육훈련규정」에서 정하는 교육을 받지 아니하였거나 교육성적이 만점의 60% 미만인 경우에는 승진심사대상에서 제외한다(「경찰공무원 승진임용 규정」 제21조).

시험승진이나 근속승진과 달리 심사승진의 구체적인 기준과 절차는 매년 경찰청 비공개 지침으로 하달된다(「경찰공무원 승진임용 규정 시행규칙」 제24조 제1항). 이에 따르면 승진대상자 명부가 매년 1.1.자로 작성되는데, 명부는 근무성적 65%와 경력점수 35점에 가점 3점을 더하여 총 103점으로 그 순위가 구성된다.

이후 승진 정원이 배정되면 5배수 후보자가 확정되고, 이들에 대하여는 근무성적 65% 외에 법령에서 정하는 5가지 항목[30]이 각 7점 35점으로 계산되어 경력점수와 가점을 대신하여 부여되고 개인별 심사조서가 작성된다(「경찰공무원 승진임용 규정」 제22조 제1항). 승진심사위원회에서는 결격자를 가린 후 2배수를 먼저 선별한 후 만장일치 혹은 무기명 다수투표로 최종 승진자를 정한다(「경찰공무원 승진임용 규정 시행규칙」 제24조 제2항).

경정 이하 계급으로의 승진심사는 1월 2일부터 3월 31일 사이에 연 1회 실시한다. 다만, 경찰청장이 그 기간 내에 승진심사를 할 수 없다고 인정할 때에는 기간을 연장할 수 있으며, 경찰공무원의 증원이나 그 밖에 특별한 사유가 있으면 추가로 승진심사를 할 수 있다(「경찰공무원 승진임용 규정」 제14조).

총경 이상 계급으로의 승진심사는 중앙승진심사위원회가, 경정 이하 계급으로의 승진심사는 해당 경찰관이 소속한 경찰기관의 보통승진심사위원회가 담당한다. 다만 경찰서 소속 경찰공무원의 경감 이상 계급으로의 승진심사는 시·도경찰청 보통승진심사위원회가 담당한다(「경찰공무원 승진임용 규정」 제17조).

(3) 시험승진

승진시험은 일시, 장소 등 필요한 사항을 15일 전에 공고하여야 한다(「경찰공무원 승진시험 시행규칙」 제2조).

---

29) 심사승진에 대한 불합리 내지 불공정을 어필하면 시험을 보면 된다는 이야기를 듣게 된다.
30) 경험한 직책, 승진기록, 상벌, 소속 경찰기관장의 추천, 적성 등이다.

승진시험은 제1차시험, 제2차시험 및 제3차시험으로 구분하여 제1차시험은 선택형으로, 제2차시험은 논문형으로 하는 것을 원칙으로 하되, 경과별 또는 특수분야별로 구분하여 실시하는 경우에는 실기시험으로 하거나 실기시험을 병행할 수 있다. 제3차시험은 면접시험으로 하되, 경찰청장이 필요하다고 인정할 때에는 제3차시험을 생략할 수 있으며, 제1차시험과 제2차시험을 동시에 실시할 수 있다(「경찰공무원 승진임용 규정」 제31조).

승진시험의 합격은 제1차 시험과 제2차 시험에서 각 과목 만점의 40% 이상 득점한 사람 중에서 선발예정 인원을 고려하여 고득점자순으로 결정한다. 제3차시험에서는 합격·불합격만을 결정한다. 성적의 계산은 제1차 시험성적 36%(경비경찰의 경우에는 30%), 제2차 시험성적 24%(경비경찰의 경우에는 30%) 및 해당 계급에서의 근무성적 40%를 합산한다. 이때 근무성적은 경위 이하 경찰공무원의 경우에는 시험 실시연도 기준일부터 최근 1년 이내에 그 계급에서 평정한 평정점으로 산정하며, 경감인 경찰공무원의 경우에는 시험 실시연도 기준일부터 최근 2년 이내에 그 계급에서 평정한 평정점으로 산정하되 1년 이내를 60%, 1년 전 2년 이내를 40%로 계산한다(동령 제33조).

승진시험 합격자 결정시 동점자가 있는 경우에는 근무성적, 해당 계급 장기근무자, 차하 계급 장기근무자, 기타 경찰청장이 정한 기준에 따라 선순위자를 합격자로 한다(「경찰공무원 승진임용 규정 시행규칙」 제29조의2). 경찰청장은 경찰공무원법 제20조 제1항에 따라 경감[31] 이하 계급으로의 시험을 소속기관등의 장에게 위임할 수 있다.

2. 특별승진[32]

경찰공무원으로서 「국가공무원법」의 특별승진 요건에 해당하는 자나 전사 또는 순직한 사람 및 직무수행에 현저한 공적을 세운 사람은 1계급 특별승진시킬 수 있다.

---

31) 승진시험의 효율성을 위해 2023.12.19. 「경찰공무원 승진임용 규정」 제28조가 개정되어, 2024.7.1. 부터 '경감 이하'가 '경정 이하'로 변경된다. 따라서 2025년 승진시험부터는 각 시·도경찰청별로 사전에 배분된 경정 시험승진 정원이 적용될 예정이다.
32) 법제처, 국가공무원법 주해, 2006.12., 172면: "특별승진제도는 원래 경찰, 소방, 군인 등 특정직 공무원이 현저한 공적을 남긴 경우 적용하던 것이었으나, 일반직 공무원의 근무의욕을 촉진시키기 위해 1981년 4월 20일 도입되었다."

다만, 경위 이하의 경찰공무원으로서 모든 경찰공무원의 귀감이 되는 공을 세우고 전사하거나 순직한 사람에 대하여는 2계급 특별승진 시킬 수 있다(「경찰공무원법」 제19조). 경찰공무원의 특별승진은 경찰청장이 특히 필요하다고 인정하는 경우에 수시로 실시할 수 있다(「경찰공무원 승진임용 규정」 제39조).

(1) 특별승진 대상

특별승진은 「국가공무원법」에서 특별한 포상이나 공적이 있는 경우에는 경정까지, 그 외의 경우는 경감까지 적용된다. 다만 명예퇴직의 경우는 치안정감으로까지 승진이 가능하다(「경찰공무원 승진임용 규정」 제38조).

⚖️ **경정 특별승진**

2023년 11월 중 경찰청에서는 전국 수사부서 중 3개팀을 우수팀으로 선정, 팀장을 포함한 팀원 전원을 특진대상으로 하였다. 따라서 경감 팀장이 경정으로 특진하게 되었다. 또 같은 시기에 전국 지역경찰 중 2개 팀을 베스트 팀으로 선정, 팀장을 포함 최대 팀원 5명까지 특진하게 되었다.

이러한 경정 특진은 2023.8.22. 「경찰공무원 승진임용 규정」 제38조 4호를 개정하여 적용 범위를 대폭 확대한 후, 경찰 역사상 최초로 시행되었다. 다만, 상대적으로 높은 직급에서 적은 인원의 특진이 정기적으로 이루어지는 경우, 지휘관의 업무추진편의에 인사행정의 공정성을 희생시키는 것은 아닌지 우려된다. 다른 계급에서의 모든 특진도 마찬가지로, 통상의 근무평가 대상이 되어야 마땅한 정기적인 특진 인원은 심사승진 인원으로 배분하고, 특진은 특별한 공적만을 대상으로 부정기적으로 이루어지는 것이 바람직하다고 생각한다. 심사승진이든 특별승진이든 다른 구성원에게 귀감이 되지 않는 불합리한 승진은 승진자 본인만의 사기를 높이고 나머지 모든 구성원의 사기를 오히려 저하시킬 것이기 때문이다.

---

(2) 특별승진 예정 인원

특별승진 임용 예정 인원은 경정으로의 승진임용 예정 인원 중 3% 이내에서, 경감 이하 계급으로의 승진임용 예정 인원 중 30% 이내에서 정할 수 있다. 다만, 「국가공무원법」에서 정하는 특별승진의 경우에는 그 비율을 초과하여 정할 수 있다(「경찰공무원 승진임용 규정」 제4조).

(3) 승진소요 연수의 적용배제

명예퇴직자, 간첩이나 무장공비의 검거, 국가안전범죄 주모자 검거, 전시사태 진압유공, 강력범죄자 검거, 재난시 인명구조 등의 경우는 승진소요 최저근무연수 등의 적용을 배제한다(「경찰공무원 승진임용 규정」 제40조).

3. 근속승진

경찰청장은 해당 계급에서 일정 기간[33] 동안 재직한 사람을 경장, 경사, 경위, 경감으로 각각 근속승진 임용할 수 있다. 경위 이하 근속승진 임용대상자는 매월 1일을 기준으로, 경감 근속승진 임용대상자는 매년 1월 1일을 기준으로 승진소요기간 이상 동안을 재직하여야 한다(「경찰공무원 근속승진 운영규칙」 제2조).

(1) 승진소요기간의 단축

인사교류 경력이 있거나 주요 업무의 추진 실적이 우수한 공무원 등 경찰행정 발전에 기여한 공이 크다고 인정되는 경우에는 대통령령으로 정하는 바에 따라 그 기간을 단축할 수 있다(「경찰공무원법」 제16조). 근속승진 기간은 경찰공무원이 타 행정기관과 인사교류가 있는 경우 그 기간의 1/2만큼, 업무추진이나 적극행정 실적이 우수한 경우 1년을 단축할 수 있다.

(2) 근속승진 인원수 등

경감으로의 근속승진 임용을 위한 심사는 연 2회까지만 실시할 수 있다. 이 경우 경감으로의 근속승진 임용을 할 수 있는 인원수는 연도별로 합산하여 해당 기관의 (전 계급) 근속승진 대상자의 100분의 40에 해당하는 인원수(소수점 이하가 있는 경우에는 1명을 가산한다)를 초과할 수 없다(「경찰공무원 승진임용 규정」 제26조).

---

33) 근속승진에 필요한 재직기간은 다음과 같다.
   ① 순경에서 경장: 4년 이상
   ② 경장에서 경사: 5년 이상
   ③ 경사에서 경위: 6년 6개월 이상
   ④ 경위에서 경감: 8년 이상

(3) 근속승진 대상자명부의 작성 등

경감 근속승진 대상자명부는 매년 1월 1일을 기준으로, 경위 이하 근속승진 대상자명부는 매월 1일을 기준으로 작성한다. 경감 근속의 경우는 최근 3년간 근무성적 50%, 경력평정점 50%를 합산하여, 경위 근속의 경우는 최근 3년간 근무성적을 기준으로, 경사와 경장 근속은 최근 2년간 근무성적을 기준으로 승진대상자 명부를 작성한다.

한편 공무상 질병휴직 또는 육아휴직(출산휴가를 포함한다)을 사유로 근무성적을 평정하지 않은 경사 이하 경찰공무원에 대해서는 평정점이 없는 해의 평정점이 37.5점 미만인 경우 이를 37.5점으로 간주하여 근속승진 대상자명부를 작성한다(「경찰공무원 근속승진 운영규칙」 제7조).

또 근속승진 대상자 명부 작성일을 기준으로 향후 1년 이내에 정년으로 퇴직이 예정되어있는 경위로서, 경찰공무원 총 경력이 25년 6개월 이상이고, 최근 3년간 근무성적평정점 평균이 37.5점 이상인 경우는 대상자명부를 별도로 작성하고 우선하여 근속승진으로 임용할 수 있다(동 규칙 제5조의2).

(4) 근속승진 대상자의 결정

경감 근속대상의 경우 근무성적은 최근 1년 이내가 50%, 1년 전 2년 이내가 30%, 2년전 3년 이내가 20%로 산정되며, 경력평정은 경사 이하 근무 개월 수를 3/10로 계산한 후 경위 근무 개월 수와 합산한 점수에 0.148을 곱하여 산정한다.

경감 근속승진 대상자명부의 점수가 동일한 때에는 근무성적, 경력평정, 경위 계급 장기근무자 순으로, 경위 이하 근속승진 대상자명부의 점수가 동일한 때에는 근무성적, 해당 계급 장기근무자, 차하 계급 장기근무자, 기타 경찰청장이 정한 기준에 따라 선순위자를 결정한다(동 규칙 제5조).

(5) 근속승진의 임용시기

경감 근속승진의 임용 시기는 매년 1월 1일과 7월 1일로, 경위 이하의 근속승진임용의 시기는 매월 1일로 한다. 경위 근속승진 임용대상자는 최근 3년간 근무성적평정점 평균이 37.5점 이상, 경사와 경장 근속승진 임용대상자는 최근 2년간 근무성적평정점 평균이 37.5점 이상인 자로 한다(동 규칙 제6조).

4. 승진후보자의 전사 또는 순직

승진후보자 명부에 등재된 사람이 승진임용 전에 전사하거나 순직한 경우에는 그 사망일 전날을 승진일로 하여 승진 예정 계급으로 승진한 것으로 본다(「경찰공무원법」 제15조의2).

III. 경과의 부여와 전과

1. 경과와 보직

경찰공무원은 경과(警科)로 구분할 수 있다(동법 제4조). 경찰공무원을 신규채용하는 경우에는 경과가 부여되어야 하며, 부여되는 경과는 일반, 수사, 보안, 특수(항공, 정보통신)경과이다. 다만 수사와 보안경과는 경정 이하에게만 부여된다. 경찰청장은 전시·사변 또는 이에 준하는 비상사태가 발생한 경우에는 경과의 일부를 폐지 또는 병합하거나 신설할 수 있다(「경찰공무원 임용령」 제3조, 「경찰공무원 임용령 시행규칙」 제19조). 수사, 보안, 특수 분야로 신규채용되지 않은 경찰공무원에게는 일반경과를 부여한다(「경찰공무원 임용령 시행규칙」 제22조).

특히 수사경찰과 안보경찰 근무부서로 지정된 부서에는 인원이 부족한 경우 외에는 각각 수사경과자와 보안경과자를 배치하여야 한다. 경과자의 선발은 선발시험의 합격, 선발교육의 이수, 또는 경찰관서장의 추천에 의한다. 선발시험은 매년 1회 실시한다. 경력경쟁채용으로 별도 선발되거나 관련 자격이 있는 자가 경과부여를 요청하는 경우도 경과부여의 대상이다. 또 관련 부서의 과팀장은 일정 경력보유자이거나 자격증을 가진 자로 한다.

경과의 유효기간은 5년이며 경과의 유지는 경과 갱신을 위한 시험에 합격하거나, 관련 교육을 이수하여야 한다(「수사경찰 인사운영규칙」, 「안보경찰 인사운영규칙」).

2. 전과의 제한

전과(轉科)란 경과를 변경하는 것을 말한다. 전과는 일반경과에서 수사경과·보안경과 또는 특수경과로의 전과만 인정한다. 다만, 정원감축 등 경찰청장이 정하는 사유가 있는 경우 보안경과·수사경과 또는 정보통신경과에서 일반경과로의 전과를 인정할 수 있다(「경찰공무원 임용령 시행규칙」 제27조).

또 경과를 부여받고 1년이 지나지 아니한 사람과 특정한 직무분야에 근무할 것을 조건으로 채용된 경찰공무원으로서 채용 후 5년이 지나지 아니한 사람은 전과할 수 없다(「경찰공무원 임용령 시행규칙」 제28조).

Ⅳ. 전 보

1. 의 의

전보(轉補)란 동일 직급 내에서의 직위(보직) 변경을 말한다. 보직의 의미를 넓게 사용하면 전보는 임용행위 전체를 뜻하게 되나, 보직의 의미를 좁게 사용하는 경우 전보는 소속 공무원을 다른 직위로 수평이동하는 것을 의미하게 된다.[34]

2. 필수 현장보직 등

경위 이상으로 신규채용된 경찰공무원은 관리능력을 배양할 수 있도록 전공 및 적성을 고려하여 합리적으로 보직하여야 한다. 경사 이하로 신규채용된 경찰공무원은 지구대, 파출소, 기동순찰대, 경찰기동대나 그 밖에 경비업무를 수행하는 부서에 보직하여야 한다(「경찰공무원 임용령」 제23조).

고시 경채 경정, 변호사 경채 경감, 경찰대학 졸업 경위, 간부후보생 경위는 필수 현장보직대상으로 한다(「경찰공무원 인사운영 규칙」 제30조).

⚖️ **필수현장 보직 부서 및 부서별 보직 기간(「경찰공무원 인사운영 규칙」 제32조)**

* 인사운영상 부득이한 경우에는 다음 제1호, 제3호의 보직 순서를 변경할 수 있다
(1) 고시 경채: 경정(총 2년)
　가. 1차 보직: 생활안전, 교통, 경비 중 어느 하나의 부서 1년
　나. 2차 보직: 수사, 형사, 정보, 안보 중 어느 하나의 부서 1년

---

34) 법제처, 국가공무원법 주해, 2006.12., 172면.

(2) 변호사 경채: 경감(총 5년)

　　가. 1차 보직: 경찰서 수사부서(경제팀) 2년

　　나. 2차 보률 지식이 필요한 부서에 배치할 수 있다.

　(3) 경찰대학 졸업 경위 및 간부후보생 경위(총 3년 6개월). 다만, 1차 보직에서 2차 보
　　직으로 배치하는 시점은 1차 보직 기간을 경과하여 최초로 도래하는 정기인사 시기로
　　할 수 있다. 이 경우 추가로 늘어난 1차 보직 기간을 2차 보직 기간에서 차감한다.

　　가. 1차 보직: 지구대 또는 파출소 6개월

　　나. 2차 보직: 경찰서 수사부서(경제팀) 3년. 다만, 경제팀 근무 2년이 만료되는 날이
　　　속하는 해의 정기인사 시 수사부서 내에서 보직 이동을 할 수 있다.

　　경찰대학 졸업 경위 및 간부후보생 경위로서 서울특별시경찰청 소속 101경비단 요원
으로 배치된 사람은 해당 부서 근무기간을 필수현장보직 기간으로 본다(「경찰공무원 인사
운영 규칙」 제34조).

⚖ 모든 계급에서 지역관서 필수보직화의 필요성

　　상급 기획부서나 고위 지휘관들이 현장과 유리된 지시를 내리고 공감하기 어려운 제도를
만들어내고 있다는 목소리가 작지 않다. 실제로는 그렇지 않고 필요한 개혁이나 제도운영
을 위한 내용이라 하더라도, 현장을 뛰어본 경험이 적은 지휘관들의 지시가 현장에 쉽게 수
용되기 어려운 것은 조직의 팀워크와 시너지를 위해 인정하여야 할 부분이다.

　　나아가 상하 간의 문제뿐만 아니라 동료 간에도 현장과의 분리가 문제되고 있다. 내근부
서와 외근부서 근무자의 고착화, 수사부서와 비수사부서의 이질화 등이 상호 이해와 공감
의 폭을 줄여서 일정 부분 내부 불신이나 갈등으로 자리잡고 있다. 특히 여경의 내근부서화
는 지역관서에 배치되는 신임여경이 보고 배워야 할 선임 여경들이 거의 없다는 점에서 문
제라 할 수 있다.

　　2023년 7월 기준 전국 경찰공무원의 수는 131,046명이며, 이중 중간계급인 경감은 10,903
명, 경위는 17,406명으로 경감과 경위가 전체의 21.6%를 차지한다.[35] 여경은 2023년 2월
현재 20,300명으로 15.13%를 점하고 있다.[36] 그렇다면 지역관서의 15% 정도가 여경이라
면 자연스러운 배치가 될 것이다. 문제는 지역관서에 배치되는 여경 전체 인원과 비율이 아
니라, 계급별 구성비이다. 지역관서 여경의 대부분이 경사 이하의 신임에 가깝고(다음 표의

---

35) https://www.police.go.kr/www/open/publice/publice02.jsp(2023.11.1. 방문).

36) 서울경제, 여경 2만명 넘었는데 … 고위직은 고작 5%, 2023.2.19.

예에서는 경사 이하 지역관서 근무자 128명 중 37명, 27%), 현장의 선임자가 되어야 할 경감과 경위는 극소수(아래 표의 예에서는 경감 및 경위 지역관서 근무자 239명 중 8명, 3.3%)에 그친다는 것이다.

OO서 경찰공무원 중 여경 근무자 비율(2023.11. 기준)

	전체 근무자			본서 근무자			지역관서 근무자		
	남녀	여경	%	남녀	여경	%	남녀	여경	%
전계급	736	126	17.1	357	74	20.7	379	52	13.7
경정	23	1	4.3	15	1	6.7	8	0	0
경감	176	12	6.8	94	9	9.6	82(80)	3(1)	3.7(1.3)
경위	302	47	15.8	143	35	24.5	159	12(7)	7.5(4.4)
경사	125	31	24.8	49	12	24.5	76(74)	19(17)	25.0(22.9)
경장	84	20	23.8	45	12	26.7	38	8	21.1
순경	25	15	60.0	9	5	55.6	16	10	62.5

※ ( )은 지역관서에서 관리반 등 내근근무자를 제외한 후의 순찰근무자의 수.

앞에서 언급된 여러 문제를 함께 해결하기 위하여는 남녀불문하고 경정 이하의 모든 계급과 경과에서 1년 이상 지역관서에 근무하는 것이 다음 계급으로의 승진에 필수요건으로 할 필요가 있다고 생각한다.

3. 전보의 제한

(1) 단기 인사발령의 제한

승진이나 시·도 간 교류, 징계, 조사, 교수요원 발령 등의 예외를 제외하고는 경찰공무원을 해당 직위에 임용된 날부터 1년 이내(감사업무를 담당하는 경찰공무원의 경우에는 2년 이내)에 다른 직위에 전보할 수 없다(「경찰공무원 임용령」 제27조).

또한 특정한 직무분야에 근무할 것을 조건으로 신규채용 또는 승진임용된 사람은 5년 이내에 다른 직무분야에 전보할 수 없으며, 승진임용 후보자로 확정된 사람은 임용권자를 달리하는 기관에 전보할 수 없다. 다만, 승진임용되는 계급에 결원이 있는 기관으로의 전보는 예외로 한다(「경찰공무원 임용령 시행규칙」 제32조).

전보 제한의 예외는 15개 요건[37]으로 법정화되어 있어 설사 고충심사를 받는다 하더라도 이 이외의 사정으로 1년 이내 전보를 하여서는 아니 된다. 이는 예측불가한 단기 인사발령으로 개인의 생활을 불안정하게 하는 것을 방지하는 한편, 무분별한 단기발령으로 조직의 안정성을 해치는 것을 막는 제도적 장치이다. 따라서 전입된 부서에서 적응하기 어렵다는 사유로는 병가 또는 휴직을 사용하거나 직권면직 대상은 될지언정 고충처리를 통해 단기 발령할 수는 없다고 보아야 한다.

전보 제한의 예외 사유인 최저 직제단위 내에서의 전보는 과내 전보를 의미한다. 직제와 관련한 법령에서 과까지만 규정하고 있기 때문이다. 따라서 과내 발령은 필요시 수시로 가능하다. 또 경찰서장 등 경찰관청의 발령은 계가 아닌 과까지 시행되어야 하며, 각 과장이 과내 발령을 한 후 인사담당에게 발령사항을 통보하는 것이 원칙이다. 다만 실무상으로는 발령사항을 널리 인지할 수 있도록 경찰서장 명의의 인사발령장에 계까지 표시하여 게시함이 보통이다.

(2) 부적격자의 보직제한

대민접점부서(지역경찰관서와 교통외근)에는 직무관련 금품수수, 성폭력범죄와 성희롱, 음주운전을 저지른 자는 인력운영상 부득이한 경우를 제외하고는 가급적 배치하지 아니하여야 하고, 대민접점부서 소속 경찰공무원이 이러한 행위로 감봉 이상의 징계처분을 받은 경우에는 경찰서 내 부서 간 과·결원을 고려하여 우선적으로 전보하여야 한다. 또 형사사건으로 기소된 자, 과도한 채무나 도박, 불건전한 이성관계 등으로 성실한 업무수행을 기대하기 곤란한 자는 전보 심사위원회의 심사를 거쳐 대민접점부서에 대한 배치를 제한할 수 있다(「경찰공무원 인사운영 규칙」 제50조).

여성·아동·청소년에 대한 범죄예방, 수사 및 피해자보호 등의 사무를 담당하는 부서에는 성폭력범죄 및 성희롱으로 징계처분을 받은 사람은 배치할 수 없다(동 규칙 제50조의2).

---

37) 최저 직제단위 내에서의 전보, 경찰청과 소속기관 또는 소속기관 상호 간 교류, 직제개편, 승진전보, 전문직위로의 전보, 징계처분, 수사조사, 감사조사, 경비부서 발령, 교수요원 발령, 시보임용시, 신규채용자의 보직관리시, 부적격 감사담당자, 배우자 경찰공무원의 근무지로 발령, 임신 중 또는 출산 1년 내 경찰공무원의 모성보호나 육아를 위해 필요한 경우 등이다.

4. 정기 전보인사

총경급 정기 전보인사는 매년 상·하반기로 나누어 상반기 전보인사는 정기 승진인사 후에 실시하고, 하반기 전보인사는 7월에 실시하며, 인사주기는 6개월로 본다. 다만, 치안상황을 고려하여 그 시기를 조정할 수 있다.

경정 이하 정기 전보인사는 매년 정기 승진인사 후에 실시하며, 인사주기는 1년으로 본다(동 규칙 제10조). 이하에서는 정기 전보인사를 총경급 정기 전보인사와 경정 이하의 정기 전보인사로 나누어 서술하기로 한다.

(1) 총경급 전보인사

① **정기 정보인사 대상**: 정기 전보인사의 대상이 되는 총경은 현재 보직에서 1년이 경과한 사람, 치안정책교육과정을 이수한 사람, 총경 승진후보자 명부에 등재된 자이다. 경찰청장은 치안여건과 인사주기를 고려하여 전보인사의 대상을 조정할 수 있다. 정년 잔여기간이 6개월 이내인 경우에는 소속기관[38]의 경무담당부서로 대기발령 할 수 있다 (동 규칙 제14조).

② **인사교류의 원칙**: 동일 시·도경찰청에서 3년 이상 계속하여 근무하거나, 동일 시·도경찰청에서 총경 근무기간이 합산하여 7년 이상인 총경은 다른 시·도경찰청으로 인사교류하되, 정년 잔여기간이 2년 이내인 자, 서울특별시경찰청 소속인 자, 울릉경찰서장을 1년이상 역임한 자 및 기타 경찰청장이 필요하다고 인정하는 자는 예외로 한다. 이 경우 치안정책과정 교육 및 6개월 이상의 휴직·교육파견 기간은 산입하지 않는다(동 규칙 제14조의2).

원소속[39]이 서울권[40]인 총경급은 전국 단위로, 원소속이 서울권 이외인 총경급은 인

---

38) 여기서 소속기관이란 부속기관과 시·도경찰청을 말한다.

39) 경찰공무원의 원소속이란 승진후보자 명부에 등재될 당시의 소속기관을 말한다. 신임경찰공무원은 최초로 배치된 시·도경찰청, 서울권 승진후보자는 서울특별시경찰청, 부속기관 경위 이하 승진후보자는 부속기관에 전입하기 직전 시·도경찰청, 희망지를 반영하여 인사교류된 사람은 전보된 시·도경찰청, 승진후보자 인사교류 후 원소속 복귀를 포기한 사람은 복귀 포기 당시의 소속기관(복귀 포기 당시의 소속기관이 부속기관인 경우에는 그 부속기관이 속한 지역을 관할하는 시·도경찰청), 인사교류 시 원소속 복귀 포기를 조건으로 희망지를 반영하여 전보된 사람은 복귀 포기 후 전보된 시·도경찰청이 원소속이 된다(「경찰공무원 인사운영 규칙」 제10조의2).

40) 여기서 "서울권"이란 경찰청, 부속기관, 국립과학수사연구원 및 서울특별시경찰청을 말한다(「경찰공무원 인사운영 규칙」 제5조).

사권역을 고려하여 인사교류하되, 원소속이 서울권 이외인 총경급으로서 총경 근무기간 3년 이내인 사람은 경찰청장이 특히 필요하다고 인정하는 경우 서울권 과장등에 보직할 수 있다(동 규칙 제17조 및 별표1).

┃ 인사 권역(제17조 관련)

인사 권역	중부권				충청권				전라권			경상권					제주권
	인천	경기남부	경기북부	강원	대전	세종	충북	충남	광주	전북	전남	부산	대구	울산	경북	경남	제주
지원 가능 시·도 경찰청	인천 세종 경기남부 경기북부 강원 충남 제주	인천 세종 경기남부 경기북부 강원 충북 제주	인천 경기남부 경기북부 강원 제주	인천 경기남부 경기북부 강원 충북 경북 제주	대전 세종 충북 충남 제주	대전 세종 충북 충남 전북 제주	대전 세종 강원 충북 충남 경북 제주	인천 대전 세종 충남 전북 제주	광주 충북 충남 전북 전남 경남 제주	광주 세종 충남 전북 전남 경북 경남 제주	광주 전북 전남 경남 제주	부산 대구 울산 경북 경남 제주	부산 대구 울산 경북 경남 제주	부산 대구 울산 경북 경남 제주	부산 대구 울산 강원 충북 경북 경남 제주	부산 대구 울산 전남 경북 경남 제주	전국

③ **총경 승진후보자의 첫 발령:** 총경 승진후보자의 첫 발령은 부속기관[41]의 과장 등, 서울특별시경찰청과 원소속 시·도경찰청을 제외한 시·도경찰청의 과장 등(치안정책교육과정 입교자는 서울특별시경찰청 과장 등으로 인사교류 할 수 있다), 인천광역시·경기도남부·경기도북부경찰청을 제외한 시·도경찰청의 제3군 경찰서장 중 어느 하나로 보직한다.

총경 근무기간이 2년 이상 경과하고 치안정책교육과정을 이수한 경우 원 소속 시·도경찰청에 보직할 수 있다. 다만 사회적 관심이 집중되는 중요사건을 처리하는 등 부득이한 경우에는 예외로 할 수 있다(동 규칙 제16조).

④ **경찰서장 보직:** 경찰서장 보직은 치안수요와 지역특성을 감안하여 4개의 군으로 구분한다. 특별군은 서울특별시경찰청 소속 경찰서, 제1군은 서울특별시경찰청 소속 경찰서를 제외한 1급지 경찰서, 제2군은 2급지 경찰서, 제3군은 3급지 경찰서이다. 특별군 경찰서장은 총경 근무기간 3년 이상이면서 서울권 과장 등으로 1년 이상 근무 중인 사람으로, 제1군 경찰서장은 총경 근무기간 2년 이상인 사람으로, 제2군 경찰서장은 총경 근무기간 1년 이상인 사람으로, 제3군 경찰서장은 총경 또는 총경 승진후보자로 보직한

---

41) 여기서 부속기관이라고 함은 경찰대학·경찰인재개발원·중앙경찰학교·경찰수사연수원·경찰병원을 말한다. 한편 경찰병원에 관한 조직, 인사, 복무 및 예산 등은 「경찰병원 기본운영규정」, 「경찰병원 원무감독에 관한 규칙」에서 규율되고 있다.

다. 다만 인천광역시·경기도남부·경기도북부경찰청 소속 경찰서장은 원소속이 서울권 및 인천광역시·경기도남부·경기도북부경찰청인 사람으로서 총경 근무기간 2년 이상인 사람 또는 기타 시·도경찰청에서 인사교류된 사람으로서 총경 근무기간 3년 이상인 사람으로 보직한다.

특별군 경찰서장을 역임한 사람은 이후에 인천광역시·경기도남부·경기도북부·강원 특별자치도경찰청의 총경 직위에 최대 2년간 보직할 수 있으며, 경찰서장으로는 1회만 보직할 수 있다. 다만 인사위원회가 인력운영상 부득이하다고 인정하는 경우는 예외로 할 수 있다.

경찰서장은 제15조의 치안정책교육과정을 이수한 사람으로 보직한다. 다만, 인사위원회가 인력운영상 부득이하다고 인정하는 경우에는 예외로 할 수 있다. 경찰서장으로 연속하여 보직할 수 없으며, 특별군 경찰서장은 1회만 보직한다. 다만, 인사위원회가 인력운영상 부득이하다고 인정하는 경우에는 특별군을 제외한 경찰서장으로 2회까지 연속하여 보직할 수 있다. 경찰서장으로 재직할 수 있는 기간은 합산하여 7년 미만을 원칙으로 한다(동 규칙 제19조).

(2) 경정 이하 전보인사

① **경정·경감 승진후보자:** 서울권 경정 승진후보자는 서울특별시경찰청을 제외한 시·도 경찰청으로의 인사교류를 원칙으로 한다. 다만 전년도 경감 근속승진자 및 서울권 이외의 시·도경찰청 경정·경감 승진후보자도 인사교류 할 수 있다. 전보대상자의 희망지가 경합하는 경우에는 승진후보자 명부(근속승진자의 경우에는 근속승진대상자 명부) 등재순위, 심사·시험·특별·근속승진 순으로 반영한다. 서울권 경정·경감 승진후보자 중 희망자는 부속기관으로 인사교류 할 수 있다.

인사교류된 경정·경감 승진후보자는 승진후보자 명부에 등재된 날부터 기산하여 경정은 4년 이내, 경감은 3년 이내에 원소속으로 복귀하여야 하며, 해당 기간이 지나면 추후 복귀할 수 없다. 원소속으로의 복귀는 전출일자 순, 원거리 순, 승진후보자 명부 등재순으로 한다. 이 경우 부속기관의 순서는 해당 부속기관이 속한 지역을 기준으로 한다(동 규칙 제20조).

② **서울권을 제외한 시·도경찰청의 승진후보자**: 서울권을 제외한 시·도경찰청의 승진후보자는 부속기관으로의 인사교류 대상이 될 수 없다. 서울권 이외의 시·도경찰청에서 부속기관으로 전입한 이후에 승진대상자가 된 승진후보자는 부속기관에 전입하기 직전 시·도경찰청으로 인사교류 한다. 부속기관에서 시·도경찰청으로의 인사교류는 원소속 복귀를 원칙으로 하되, 부속기관에서 2년 이상 근무한 사람의 경우 시·도경찰청의 과·결원을 고려하여 희망지를 반영할 수 있다.

③ **부속기관 소속 경위 이하 승진후보자**: 부속기관 소속 경위 이하 승진후보자는 부속기관에 전입하기 직전 시·도경찰청으로 인사교류 한다. 다만, 시·도경찰청의 과·결원을 고려하여 희망지를 반영할 수 있다. 부속기관장은 인사운영상 부득이한 경우 부속기관 소속 경위 이하 승진후보자를 인사교류에서 제외할 수 있다.

④ **인사교류의 원칙**: 소속기관에서 경찰청으로의 인사교류는 경정은 3년 이상 5년 이하, 경감은 4년 이하 근무자를 대상으로 한다. 경찰청에서 시·도경찰청으로의 인사교류는 원소속 복귀를 원칙으로 하되, 경찰청에서 2년 이상 근무한 사람의 경우 시·도경찰청의 과·결원을 고려하여 희망지를 반영할 수 있다(동 규칙 제21조).

부속기관 근무는 연속하여 5년을 초과할 수 없다. 다만, 부속기관장이 필요하다고 인정하는 경우 부속기관별 경찰공무원 인사위원회의 심의를 거쳐 2년 단위로 이를 연장할 수 있으며, 부속기관 간 인사교류도 부속기관에서 연속하여 근무하는 것으로 본다. 부속기관에서 시·도경찰청으로 인사교류된 사람은 2년이 경과하여야 다시 부속기관으로 인사교류될 수 있다. 재직기간 중 부속기관 소속 근무경력을 합산하여 15년을 초과할 수 없다. 다만, 교수요원에 대하여는 예외로 할 수 있다(동 규칙 제22조). 교수요원으로서 복무기간이 만료된 자를 전보할 때에는 본인의 희망을 고려한다(「경찰공무원 교육훈련규정」 제23조).

5. 고충 인사교류

경정·경감급 고충 인사교류는 정기 전보인사 시에 실시한다. 다만, 중대·긴급한 고충이 발생하거나 인력운영상 부득이한 경우에는 추가로 실시할 수 있다(「경찰공무원 인사운영 규칙」 제23조).

(1) 고충 인사교류 명부의 작성

고충 인사교류의 명부는 본인, 가족의 질병 치료 또는 재해 등으로 근무가 현저히 곤란한 경우, 노부모 공양, 자녀 교육 등 가족생활의 어려움으로 근무가 현저히 곤란한 경우, 부부경찰관이 떨어져 생활하여 근무가 현저히 곤란한 경우, 기타 부득이한 사유로 근무가 현저히 곤란한 경우 순으로 작성한다(동 규칙 제24조).

(2) 고충 인사교류의 제한

경비부서 의무복무자와 직위해제나 징계계류 또는 징계처분 중인 자 및 기타 경찰청장이 인사교류가 부적정하다고 인정하는 자는 인사교류가 제한된다. 또 신임경찰공무원은 채용 공고 시를 기준으로 2015년 이전까지는 임용 후 5년, 2016년은 임용 후 7년, 2017년부터는 임용 후 10년 동안 경위 이하 고충 인사교류 대상에서 제외하되, 정원보다 현원이 많은 시·도경찰청에서 정원보다 현원이 적은 시·도경찰청으로의 교류는 예외로 할 수 있다(동 규칙 제12조).

V. 휴 직

1. 의의 및 성질

휴직은 경찰공무원으로서의 신분을 보유하면서 일정한 기간 동안 직무담임을 해제하는 것을 말하는바, 제재적 성격은 전혀 없다. 따라서 휴직의 경우는 복직이 보장되며, 이 점에서 후술하는 직위해제와 구별된다.

2. 유 형

휴직에는 직권휴직과 의원휴직의 두 가지 유형이 있다.

(1) 직권휴직

다음의 경우 임용권자는 본인의 의사에도 불구하고 공무원에게 휴직을 명하여야 하는 바, 직권휴직의 구체적 사유와 기간은 다음과 같다(「국가공무원법」 제71조 제1항).[42]

① 신체·정신상의 장애로 장기 요양이 필요할 때(1년 이내 원칙, 부득이한 경우 1년 연장 가능. 공상휴직은 3년 이내 원칙, 부득이한 경우 2년 연장 가능)

③ 「병역법」에 따른 병역 복무를 마치기 위하여 징집 또는 소집된 때(복무기간이 끝날 때까지)

④ 천재지변이나 전시·사변, 그 밖의 사유로 생사(生死) 또는 소재(所在)가 불명확하게 된 때(3개월 이내)

⑤ 그 밖에 법률의 규정에 따른 의무를 수행하기 위하여 직무를 이탈하게 된 때(복무기간이 끝날 때까지)

⑥ 「공무원의 노동조합 설립 및 운영 등에 관한 법률」 제7조에 따라 노동조합 전임자로 종사하게 된 때(전임기간)

(2) 의원휴직

다음의 경우 임용권자는 본인의 의사에 따라 공무원에게 휴직을 명할 수 있다. 다만 육아, 임신, 출산에 따른 휴직은 별도의 사정이 없는 한 휴직을 명하여야 하고, 휴직을 이유로 인사에 불리한 처우를 하여서는 아니 된다. 의원휴직의 구체적 사유와 기간은 다음과 같다(동조 제2항).

① 국제기구, 외국 기관, 국내외의 대학·연구기관, 다른 국가기관 또는 대통령령으로 정하는 민간기업, 그 밖의 기관에 임시로 채용될 때(채용기간, 다만 민간기업 그 밖의 기관에 채용된 때에는 3년 이내)

② 국외 유학을 하게 된 때(3년 이내, 부득이한 경우 2년의 범위에서 연장 가능)

③ 중앙인사관장기관의 장이 지정하는 연구기관이나 교육기관 등에서 연수하게 된 때 (2년 이내)

④ 만 8세 이하 또는 초등학교 2학년 이하의 자녀를 양육하기 위하여 필요하거나 여

---

42) 동법 제71조 제1항 제2호는 삭제.

성공무원이 임신 또는 출산하게 된 때(자녀 1명에 대하여 1년 이내, 여자공무원은 3년 이내). 다만 육아휴직 명령은 해당 경찰공무원이 원하는 경우 이를 분할하여 할 수 있다(「경찰공무원 임용령」 제30조의2).

⑤ 조부모, 부모(배우자의 부모를 포함한다), 배우자, 자녀 또는 손자녀를 부양하거나 돌보기 위하여 필요한 경우(1년 이내, 재직기간 중 총 3년을 넘을 수 없음). 다만, 조부모나 손자녀의 돌봄을 위하여 휴직할 수 있는 경우는 본인 외에 돌볼 사람이 없는 등 별도의 요건을 갖춘 경우로 한정한다.

⑥ 외국에서 근무·유학 또는 연수하게 되는 배우자를 동반하게 된 때(3년 이내, 부득이한 경우 2년의 범위에서 연장 가능)

⑦ 대통령령등으로 정하는 기간을 재직한 공무원이 직무 관련 연구과제 수행 또는 자기개발을 위하여 학습·연구 등을 하게 된 때

이들은 각각 고용휴직, 유학휴직, 연수휴직, 육아휴직,[43] 가사휴직, 해외동반휴직, 자기개발휴직이라고 불린다.

3. 휴직자 결원의 보충

공무원이 6개월 이상 휴직하면 휴직일부터 그 휴직자의 직급·직위 또는 상당 계급에 해당하는 정원이 따로 있는 것으로 보고 결원을 보충할 수 있다. 병가와 질병휴직, 또는 출산휴가와 육아휴직을 연속하여 6개월 이상 사용하는 경우에는 그 휴가 또는 휴직의 시작일로부터 후임자를 보충할 수 있다(「국가공무원법」 제43조 제1항).

중앙행정기관의 장은 육아휴직과 이에 따른 결원 보충이 원활하게 이루어질 수 있도록 하기 위하여 필요한 경우 매년 해당 기관의 통상적인 육아휴직자 수의 범위에서 별도 정원을 운용할 수 있다(「행정기관의 조직과 정원에 관한 통칙」 제24조의3).

공무원이 휴직, 병가, 특별휴가, 시간선택제전환 공무원으로의 지정 등에 해당하는 경우 그 공무원의 업무를 대행하기 위하여 시간선택제 임기제공무원 및 한시임기제공무원을 채용할 수 있다. 다만, 결원을 보충하거나 소속 공무원에게 결원 공무원의 업무를 대행하도록 명한 경우에는 그러하지 아니하다(「공무원임용령」 제57조의4).

---

43) 육아휴직 수당 부분은 제4장 보수 관련 부분 참조.

⚖️ **퇴직경찰관을 활용한 휴직자 보충(제안)**

　우리나라의 출산율은 OECD국가 중에서도 하위에 속하고 있는 실정이다. 출산율은 국가 경쟁력 제고와 밀접한 관련이 있음을 고려할 때 육아휴직의 필요성은 증대하고 있지만, 이에 대한 휴직급여 등의 지원은 부족한 실정(제4장 보수 부분 참조)이다. 한편 육아휴직의 장려를 위해서는 결원자에 대한 보충이 수시로 탄력있게 이루어져야 하는데, 경찰공무원의 특성상 이는 신임의 충원으로만 될 일이 아니므로 퇴직경찰관들을 상대로 예비인력풀을 구성하여 임시직으로 활용하자는 의견이 설득력 있게 보인다.44) 특히 퇴직경찰관을 활용한 휴직자 보충은 전시의 경찰공무원 충원 계획이 아무런 현실성없이 서면으로만 작성되고 있는 문제에 대한 해결책으로도 좋은 방안이라 생각된다.

VI. 직위해제

1. 의의 및 성질

　직위해제란 직위를 계속 유지시킬 수 없는 사유가 있어 직위를 부여하지 아니하는 것으로, 휴직과 달리 제재적 성격을 가지며 복직이 보장되지 않는다.

　따라서 휴직 중인 자에게도 직무수행능력부족이나 근무성적 불량의 경우를 제외한 사유로 직위해제 처분을 할 수 있다.45) 직무수행능력부족 등의 경우는 3개월간 연구과제 부여 등의 조치를 취할 수 없기 때문에 해석상 직위해제가 불가하다.

2. 직위해제의 사유(「국가공무원법」 제73조의3 제1항)

　① 직무수행능력이 부족하거나 근무성적이 극히 나쁜 자46)

---

44) 성수영/김상운, 경찰공무원 육아휴직제도의 문제점 및 개선방안에 관한 연구, 문화와 융합 제43권 1호, 2021.1., 861면: 프랑스에서는 이미 퇴직경찰관을 활용한 예비인력제도를 도입 시행 중이다; 同旨: 이선우/최일환, 공무원연금법 개정에 따른 공무원 정년 후 소득공백 문제 대응방안 연구, 한국공공관리학보 제34권 1호, 2020.3., 132면: 퇴직공무원 재고용으로 노하우와 전문성을 활용하자.
45) 법제처, 국가공무원법 주해, 2006.12., 347면.
46) 직무수행능력이 부족하거나 근무성적이 극히 나쁜 것을 이유로 직위해제를 하는 경우에는 3개월의 범위에서 대기를 명하여야 하며, 대기명령을 받은 자에게 능력 회복이나 근무성적의 향상을 위한 교육훈련 또는 특별한 연구과제의 부여 등 필요한 조치를 하여야 한다(「국가공무원법」 제73조의3).

② 파면·해임 또는 정직에 해당하는 징계의결이 요구중인 자

③ 형사사건으로 기소된 자(약식명령이 청구된 자는 제외)

④ 고위공무원단에 속하는 일반직 공무원으로서 제70조의2 제1항 제2호, 제3호의 사유로 적격심사를 요구받은 자

⑤ 금품비위, 성범죄 등 대통령령으로 정하는 비위행위로 인하여 감사원 및 검찰·경찰 등 수사기관에서 조사나 수사 중인 자로서 비위의 정도가 중대하고 이로 인하여 정상적인 업무수행을 기대하기 현저히 어려운 자

3. 직위해제의 효력

직위해제 중에는 담당할 직무가 없으므로 직무수행의 의무가 없으며, 직무수행을 전제로 한 출근의무도 없다. 그러나 직위해제와 함께 대기명령을 받은 경우에는 출근의무가 인정될 수 있음을 주의하여야 한다.

〈관련판례〉「국가공무원법 제73조의2 제3항·제4항에 비추어 보면 직위해제처분을 받은 공무원이라 하더라도 대기명령을 함께 받은 경우에는 임용권자 등의 교육훈련 또는 특별한 연구과제 부여 등의 조치에 응하기 위하여 근무처에 출근하여야 할 의무가 있다」(대법원 1991.12.12. 선고 91구5435 판결).

4. 직위해제사유의 소멸 등

직위해제사유가 소멸한 때에는 임용권자는 지체없이 직위를 부여하여야 하나(「국가공무원법」 제73조의3 제2항), 능력 또는 근무성적의 향상을 기대하기 어렵다고 인정될 때에는 징계위원회의 '동의'를 얻어 직권면직할 수 있다(동법 제70조 제1항 제5호).

5. 특수문제 - 직위해제절차에 「행정절차법」의 적용 여부

「국가공무원법」 제73조의3과 제75조에서 직위해제의 요건과 절차를 규정하고, 「행정절차법」 제3조 제1항에서 다른 법률에 행정절차에 관하여 특별한 규정을 두고 있는 경우 「행정절차법」을 적용하지 않는다고 규정하고 있으며, 동법 동조 제2항 제9호와 동법 시

행령 제2조 제3호에서 공무원 인사 관계 법령에 의한 징계와 기타 처분 또는 당해 행정 작용의 성질상 행정절차를 거치기 곤란하거나 불필요하다고 인정되는 사항과 행정절차에 준하는 절차를 거친 사항을 「행정절차법」의 적용대상에서 명문으로 제외하고 있다.

그럼에도 하급심[47])에서 공무원의 직위해제와 관련하여 그 불이익이 큰 데 비하여 행정절차를 거치기 곤란하거나 불필요하다고 인정될 수 없다고 보아 「행정절차법」이 배제되어서는 안 된다는 판례가 있어 쟁점이 되었다.[48])

하지만 대법원은 직위해제는 징계처분과 구분되며 당해 행정작용의 성질상 행정절차를 거치기 곤란하거나 불필요하다고 인정되는 사항과 행정절차에 준하는 절차를 거친 사항으로서 「행정절차법」의 규정이 별도로 적용되지 않는다고 판시하였다.[49]) 이에 대해서 학계에서 반론의 판례평석이 기고되었다.[50])

VII. 복 직

휴직·직위해제·정직중에 있는 공무원을 직위에 복귀시키는 것을 말한다(「공무원임용령」 제2조 제3호).

VIII. 업무지원

국가적 행사의 지원, 사회적 관심이 집중되는 중요사건 및 긴급 현안 업무의 처리 등의 사유로 신속한 인력충원이 필요한 경우에 3개월의 범위 내에서 종료시점을 정하여 업무지원 근무를 명할 수 있으며, 필요한 경우 연장할 수 있다. 경감 이하 경찰공무원은 재직기간 중 업무지원 근무 경력을 합산하여 3년을 초과할 수 없다(「경찰공무원 인사운영 규칙」 제13조).

---

47) 서울고등법원 2012.10.18. 선고 2011누45612 판결.
48) 관련 쟁점을 소개하고 있는 것으로는 정진경, 공무원에 대한 직위해제와 행정절차법의 적용, 노동법연구 제36호, 2014, 참조.
49) 대법원 2014.5.16. 선고 2012두26180 판결.
50) 정영철, 공무원의 직위해제와 관련된 행정절차법의 적용범위에 대한 재검토, 공법학연구 제16권 2호, 2015.5., 240면: 공무원의 직위해제가 단순한 국가공무원법에 그 근거만 있으면 행정절차법의 적용을 배제하여도 정당하는 인식에 기초하는 것은 헌법의 규정과 취지를 몰각한 해석론이다.

Ⅰ. 당연퇴직

1. 의의와 성질

당연퇴직이란 일정한 퇴직사유의 발생과 더불어(별도의 행위를 기다릴 것 없이) 경찰공무원의 신분이 상실되는 경우를 말한다. 퇴직발령은 퇴직된 사실을 공적으로 확인하여 알려주는 관념의 표시에 지나지 않으며, 처분의 성질을 갖지 않는다.

〈관련판례〉「국가공무원법상 당연퇴직은 결격사유가 있을 때 법률상 당연히 퇴직하는 것이지, 공무원관계를 소멸시키기 위한 별도의 행정처분을 요하는 것이 아니며, 당연퇴직의 인사발령은 법률상 당연히 발생하는 퇴직사유를 공적으로 확인하여 알려주는 이른바 관념의 통지에 불과하고 공무원의 신분을 상실시키는 새로운 형성적 행위가 아니므로 행정소송의 대상이 되는 독립한 행정처분이라고 할 수 없다」(대법원 1995.11.14. 선고 95누2036 판결).

2. 당연퇴직의 사유

(1) 임용결격사유의 발생

경찰공무원에게 재직 중 임용결격사유가 발생할 때에는 당연히 퇴직한다. 다만 임용결격사유 중 파산선고자는 신청기한 내에 면책신청을 하지 아니하였거나 면책불허가 결정 또는 면책 취소가 확정된 경우만 해당하고, 금고 이상의 선고유예를 받은 경우는 수뢰죄, 성폭력범죄, 통신매체음란죄, 스토킹범죄, 아동성범죄 및 직무와 관련한 횡령과 배임죄를 범한 경우만 해당한다(「국가공무원법」 제69조). 또한 자격정지 이상의 선고유예를 받은 경우는 수뢰죄, 아동성범죄 및 직무와 관련한 횡령과 배임죄를 범한 경우만 해당한다(「경찰공무원법」 제27조).

이처럼 경찰공무원에게 재직 중 임용결격사유가 발생한 경우에도 당연퇴직되지 않는 경우가 인정되게 된 것은 헌법재판소가 당연퇴직사유를 임용결격사유와 동일하게 취급하는 것을 위헌으로 결정한 것과 관련깊다.

〈관련판례〉 ① 「공무원이 금고 이상의 형의 선고유예를 받은 경우에는 공무원직에서 당연히 퇴직하는 것으로 규정하고 있는 이 사건 법률조항은 금고 이상의 선고유예의 판결을 받은 모든 범죄를 포괄하여 규정하고 있을 뿐 아니라, 심지어 오늘날 누구에게나 위험이 상존하는 교통사고 관련 범죄 등 과실범의 경우마저 당연퇴직의 사유에서 제외하지 않고 있으므로 최소침해성의 원칙에 반한다. 오늘날 사회구조의 변화로 인하여 '모든 범죄로부터 순결한 공직자 집단'이라는 신뢰를 요구하는 것은 지나치게 공익만을 우선한 것이며, 오늘날 사회국가원리에 입각한 공직제도의 중요성이 강조되면서 개개 공무원의 공무담임권 보장의 중요성이 더욱 큰 의미를 가지고 있다. 일단 공무원으로 채용된 공무원을 퇴직시키는 것은 공무원이 장기간 쌓은 지위를 박탈해 버리는 것이므로 같은 입법목적을 위한 것이라고 하여도 당연퇴직사유를 임용결격사유와 동일하게 취급하는 것은 타당하다고 할 수 없다」(헌법재판소 2002.8.29. 선고 2001헌마788 결정).

② 「국가공무원의 당연퇴직사유를 임용결격사유와 동일하게 규정하려면 국가공무원이 재직 중 쌓은 지위를 박탈할 정도의 충분한 공익이 인정돼야 한다. 국가공무원이 임용결격사유인 피성년후견인이 되면 자동으로 퇴직하도록 규정한 국가공무원법 제69조 제1항은 위헌이다. 국가공무원이 피성년후견인이 됐더라도 휴직을 통한 회복의 기회를 부여받을 수 있어야 한다. 해당 조항이 피성년후견인이 된 국가공무원의 복직 기회를 확정적으로 박탈함으로써 성년후견제도를 도리어 헌법적 가치를 해치는 수단으로 삼았다」(헌법재판소 2022.12.22. 선고 2020헌가18 결정).

(2) 정 년

경찰공무원의 정년에는 연령정년과 계급정년이 있는바, 경찰공무원은 그 정년이 된 날이 1월에서 6월 사이에 있으면 6월 30일에 당연퇴직하고, 7월에서 12월 사이에 있으면 12월 31일에 당연퇴직한다(「경찰공무원법」 제30조, 「경찰공무원 임용령」 제48조, 「경찰공무원 임용령 시행규칙」 제41조).

한편 정년퇴직의 시점은 퇴직일 0시이다. 따라서 정년퇴직일에 재해로 사망한 경우, 망인은 사망 시점에 이미 공무원이 아니며 당일의 업무는 공무원 신분 상실 이후의 일로서 공무상 순직이 인정되지 않는다(서울행정법원 2019.7.11. 선고 2019구합61304 판결 참조).[51]

---

51) 이 사건은 교장으로 근무하던 자가 정년퇴직일에 배구부의 전지훈련을 인솔하며 출장 중 교통사고로 사망하였음을 이유로 유족이 공무원연금공단을 상대로 순직유족보상금을 청구하였다가 거부되자, 유족이 퇴직의 효과는 퇴직일 24:00에 발생한다고 주장하며 순직유족보상금을 청구했던 사건이다. 이 판례에 관해 자세한 것은 노호창, 공무원이 정년퇴직일에 발생한 재해로 사망한 경

① **연령정년**: 국가공무원의 정년은 다른 법률에 특별한 규정이 있는 경우를 제외하고는 60세로 한다. 공무원은 그 정년에 이른 날이 1월부터 6월 사이에 있으면 6월 30일에, 7월부터 12월 사이에 있으면 12월 31일에 각각 당연히 퇴직된다(「국가공무원법」 제74조). 경찰공무원의 연령정년도 60세이다.

⚖️ **각국의 정년에 관한 비교법적 고찰[52]**

＜미국＞의 경우 공무원의 정년은 65세였다가 1978년 「정년법」(Mandatory Retirement Act)에서 70세로 확대된 후, 1986년 연령에 따른 고용차별을 없애는 취지로 주법과 지방정부법으로 정년을 정할 수 있는 소방관, 경찰관 등을 제외하고는 정년제도를 폐지하여, 건강만 허락하면 정년없이 재직할 수 있다.

＜영국＞의 경우 2010년 「평등법」(Equality Act) 제정 및 「2011년 고용평등규정」(The Employmeine Equality Regulations 2011)으로 연령정년을 철폐하였고, 공무원의 경우도 「공무원관리규정」(Civil Service Management Code, CSMC)에 의하면 경찰과 소방은 부처 협의로 정년을 정하되 다른 공무원은 정년에 의한 강제퇴직을 철폐하였다.

＜일본＞은 1986년 제정한 「고연령자 등의 고용안정 등에 관한 법률」(高年齢者等の雇用の安定等に関する法律)을 2013년 개정하면서 2025년부터 65세 정년으로 의무화하였고, 국가공무원은 「국가공무원법」을 개정하여 60세였던 정년을 2023년부터(61세) 2031년까지 단계적으로 65세로 연장하고 있다.

＜독일＞은 「사회법전(Sozialgesetzbuch: SGB)」 제6편 연금보험법에 의한 연금수급 개시연령이 정년의 역할을 하여왔는데, 연금지급연령을 단계적으로 65세로 상향하는 1992년 연금개혁법 이후 연방노동법원이 정년제도를 무효화하였고, 2006년 「일반평등대우법」(Allgemeines Gleichbehandlungsgesetz, AGG)이 제정되면서 연령에 의한 정년퇴직을 폐지하였다. 공무원의 경우 교정직, 소방직, 경찰관 등을 제외하면 연방공무원법에 의해 65세이던 정년을 2029년까지 단계적으로 67세로 연장 중이며 2023년 현재 66세가 정년이다. 하지만 정년이 되어도 강제퇴직할 수 있는 규정이 없어 시간제 등으로 자유롭게 근무할 수 있다.

우 공무원 신분 인정 여부, 노동판례리뷰 제72호, 2019.12., 270면.

52) 심동철/이한나, 공무원 정년연장 논의와 향후 개선방안, 정책연구용역보고서, 국회입법조사처, 2020.8., 31면, 32면, 41면, 45면, 49면, 52면, 57면, 61면; 이선우/최일환, 공무원연금법 개정에 따른 공무원 정년 후 소득공백 문제 대응방안 연구, 한국공공관리학보 제34권 1호, 2020.3., 124－134면.

② **계급정년**: 경찰공무원의 계급정년은 치안감 4년, 경무관 6년, 총경 11년, 경정 14년이다. 강등된 계급의 계급정년은 강등되기 전 계급 중 가장 높은 계급의 계급정년으로 하고, 강등되기 전 계급의 근무연수와 강등 이후의 근무연수를 합산한다.

수사, 정보, 외사, 보안, 자치경찰사무 등 특수 부문에 근무하는 총경 및 경정으로서 경찰공무원 정년연장심사위원회의 심사를 거쳐 지정을 받은 경우에는 4년의 범위에서 계급정년을 연장할 수 있다. 경찰청장은 전시·사변이나 그 밖에 이에 준하는 비상사태에서는 2년의 범위에서 계급정년을 연장할 수 있다(「경찰공무원 임용령 시행규칙」(부령) 제41조).

(3) 사망 · 임기만료

사망이나 법정 임기만료의 경우도 당연퇴직 사유이다.

II. 면 직

면직이란 공무원의 신분을 상실시키는 행위를 말하는바, 면직에는 의원면직과 일방적 면직(강제면직)이 있다.

1. 의원면직

(1) 의 의

의원면직이란 경찰공무원 자신의 사직원(辭職願)에 기하여 공무원관계를 소멸시키는 행위를 말하는 바, 이 경우 사직의 의사표시는 자유로운 상태에서 행하여져야 한다. 그렇지 않은 경우에는 무효 또는 취소의 원인이 된다.

의원면직은 임명의 경우와 마찬가지로 공무원의 신청을 요건으로 하는 행정행위이다.[53]

> **〈관련판례〉** 「상사인 세무서장이 원고에게 사직원을 제출할 것을 강력히 요구하므로 사직원을 제출할 의사가 없으면서도 수리되는 경우에는 행정쟁송을 할 의사로 사직원을 제출하였다면 이는 무효로 보아야 할 것이다」(대법원 1975.6.24. 선고 75누46 판결).

---

53) 법제처, 국가공무원법 주해, 2006.12., 302면.

(2) 사직 의사표시의 효력

경찰공무원의 사의표시만으로 경찰공무원관계가 소멸하는 것은 아니며, 임용권자의 면직처분이 있기까지는 경찰공무원관계는 그대로 존속된다. 따라서 사직원을 제출하였다고 하여도 직장을 무단이탈하면 징계 등의 원인이 되며, 경찰공무원이 책임을 면탈하려는 의도에서 사직원을 제출한 때에는 임용권자는 수리를 거절하고 징계절차를 진행시킬 수 있다.

한편 판례에 의하면 공무원이 일정시기까지 수리를 보류해 줄 것을 당부하면서 작성일자를 기재하지 않은 사직서를 제출한 경우 행정청이 바로 그 사직서를 수리하여 행한 면직처분은 유효하다.[54]

2. 일방적 면직(강제면직)

일방적 면직이란 본인의 의사와 상관없이 일방적으로 행해지는 면직처분을 말하는바, 일방적 면직은 다시 직권면직과 징계면직으로 구분된다. 다만 징계에 의하여 경찰공무원관계를 소멸시키는 징계면직(파면·해임)에 대하여는 제7장 경찰공무원의 책임 중 징계책임에서 상세히 다루게 되므로 여기에서는 직권면직만을 서술하기로 한다.

(1) 직권면직의 의의

경찰공무원관계를 계속 유지시킬 수 없는 사유(「국가공무원법」 제70조 제2항, 「경찰공무원법」 제28조, 「경찰공무원 임용령」 제47조 참조)를 이유로 일방적으로 행해지는 면직처분을 말한다.

(2) 직권면직의 사유

① 직제와 정원의 개폐 또는 예산의 감소 등에 따라 폐직 또는 과원이 되었을 때
② 휴직기간이 끝나거나 휴직사유가 소멸된 후에도 직무에 복귀하지 아니하거나 직무를 감당할 수 없을 때

---

54) 대법원 1986.8.19. 선고 86누81 판결.

③ 대기명령을 받은 자가 그 기간에 능력 또는 근무성적의 향상을 기대하기 어렵다고 인정된 때

④ 경찰공무원으로는 부적합할 정도로 직무 수행능력이나 성실성이 현저하게 결여된 사람으로서 대통령령으로 정하는 사유[55]에 해당한다고 인정될 때

⑤ 직무를 수행하는 데에 위험을 일으킬 우려가 있을 정도의 성격적 또는 도덕적 결함이 있는 사람으로서 대통령령으로 정하는 사유[56]에 해당한다고 인정될 때

〈관련판례〉 「대상자는 순경시보로 근무 중 초과근무를 신청한 상태에서 상급자들과 음주를 한 후 지문인식기에 지문등록을 한 후 다시 음주를 하다 혈중알코올 농도 0.161% 상태에서 자신의 승용차를 운행하다 반대편 승용차와 접촉하여 교통사고를 야기하였다. 이로 인해 해임처분을 받아 소청 및 행정소송으로 다툰 후 징계양정이 과하다는 이유로 해임처분 취소판결을 받아 확정되었다. 이후 3개월의 정직처분을 다시 받았다. 하지만 해임처분을 다투는 기간 중 시보임용기간이 모두 도과되어 정직 기간 후에는 정규임용도 결정하여야 하는 상황이었다. 정규임용심사위원회는 정직 3개월을 이유로 직권면직을 의결하였다. 시보임용 경찰공무원 제도의 입법취지를 고려하면 이는 재량권 남용이라고 보기 어렵다」(대구지방법원 2019.1.9. 선고 2018구합23352 판결[57]).

(3) 직권면직의 절차

경찰공무원을 직권면직시킬 경우에는 미리 관할징계위원회의 '의견'을 들어야 한다. 다만 다음과 같은 사유에 해당함을 이유로 직권면직을 하는 경우에는 징계위원회의 '동의'를 얻어야 한다.[58]

---

55) 여기서 대통령령으로 정하는 사유란 지능 저하 또는 판단력 부족으로 경찰업무를 감당할 수 없거나 책임감의 결여로 직무수행에 성의가 없고 위험한 직무를 고의로 기피하거나 포기한다고 인정될 때를 말한다(「경찰공무원 임용령」 제47조).

56) 여기서 대통령령으로 정하는 사유란 인격장애, 알코올·약물중독 그 밖의 정신장애로 인하여 경찰업무를 감당할 수 없거나, 사행행위 또는 재산의 낭비로 인한 채무과다, 부정한 이성관계 등 도덕적 결함이 현저하여 타인의 비난을 받는다고 인정될 때를 말한다(「경찰공무원 임용령」 제47조).

57) 노호창, 음주운전 교통사고를 일으킨 시보임용 경찰공무원에 대한 직권면직처분의 정당성, 노동판례리뷰 제69호, 2019.3, 269−271면에서 인용.

58) 법제처, 국가공무원법 주해, 2006.12., 309면: "직권면직제도는 징계와 달리 시효기간도 없고, 임용권자에게 상당한 재량권을 부여한 것이기 때문에 자의적으로 운영될 소지도 없지 않아, 1991.5.31. 모든 직권면직 사유에 대하여 사전에 징계위원회의 의견을 청취하거나 동의를 받도록 하였다".

① 대기명령을 받은 자가 그 기간 중에 능력 또는 근무성적의 향상을 기대하기 어렵다고 인정된 때

② 경찰공무원으로는 부적합할 정도로 직무 수행능력이나 성실성이 현저하게 결여된 사람으로서 대통령령으로 정하는 사유에 해당한다고 인정될 때

③ 직무를 수행하는 데에 위험을 일으킬 우려가 있을 정도의 성격적 또는 도덕적 결함이 있는 사람으로서 대통령령으로 정하는 사유에 해당한다고 인정될 때

(4) 휴직과 연계된 직권면직일

휴직 기간이 끝나거나 휴직 사유가 소멸된 후에도 직무에 복귀하지 아니하거나 직무를 감당할 수 없을 때를 이유로 한 직권면직일은 휴직기간의 만료일이나 휴직 사유의 소멸일로 한다(「경찰공무원법」 제28조).

3. 명예퇴직 및 조기퇴직

경찰공무원의 인사적체를 해소하기 위하여 도입된 명예퇴직 및 조기퇴직은 '퇴직'이라는 명칭에도 불구하고 그 실질에 있어서는 의원면직의 일종으로 볼 수 있다.

명예퇴직제도는 "1973년부터 시행하던 교육공무원의 공로퇴직제도와 1979년부터 시행하던 경찰공무원의 공로퇴직제도, 1980년부터 시행된 소방공무원의 공로퇴직제도를 통합하여 1981년 4월 20일 「국가공무원법」의 개정으로 신설된 제도이다."[59]

(1) 명예퇴직

공무원으로 20년 이상 근속한 자가 정년 전에 스스로 퇴직하면 예산의 범위에서 명예퇴직 수당을 지급할 수 있다. 또 직제와 정원의 개폐 또는 예산의 감소 등에 따라 폐직 또는 과원이 되었을 때에 20년 미만 근속한 자가 정년 전에 스스로 퇴직하면 예산의 범위에서 수당을 지급할 수 있다(「국가공무원법」 제74조의2).

명예퇴직 대상자는 재직기간이 20년 이상이고, 정년퇴직일부터 최소한 1년 전에 스스로 퇴직하는 사람으로서, 징계의결이나 징계처분 요구대상자 및 징계처분으로 승진임용

---

59) 법제처, 국가공무원법 주해, 2006.12., 211면.

제한 기간 중에 있는 자, 수사 중이거나 기소된 자, 정무직 공무원이 되기 위하여 퇴직하기로 예정된 자 등을 제외한다. 경찰공무원 중에서는 치안정감 이하가 해당된다(「국가공무원 명예퇴직수당 등 지급규정」 제3조).

명예퇴직수당의 지급액은 정년 잔여기간에 따라, 1~5년은 퇴직 당시 월봉급액의 반액×잔여월수를, 5년 초과~10년은 퇴직 당시 월봉급액의 반액×((정년잔여월수−60)/2+60)을, 10년 초과의 경우는 5년 초과~10년 잔여자와 동일하게 지급한다. 10년을 초과하는 정년잔여기간에 대하여는 수당을 지급하지 않는다. 대(對) 간첩작전 또는 이에 준하는 국가안보와 관련된 업무나 범인의 체포, 화재의 진압 등 생명·신체에 위험이 따르는 업무를 수행하다가 장해 상태로 된 사람에게는 예산의 범위에서 가산하여 지급한다(동령 제4조).

또한 명예퇴직수당의 지급신청기간은 퇴직희망월을 짝수로 하여 전달인 홀수달 1~15일 사이에 신청하여야 한다(동령 제5조 및 별표3).

(2) 조기퇴직

조기퇴직수당을 지급받을 수 있는 사람은 경력직 공무원으로 1년 이상 20년 미만 근속한 사람으로서 직제와 정원의 개정·폐지 또는 예산의 감소 등으로 직위가 없어지거나 정원이 초과되었을 때에 직위가 없어지거나 정원이 초과된 날부터 3개월 이내에 스스로 퇴직하는 사람으로 한다.

조기퇴직수당의 금액은 퇴직 당시 월봉급액의 6개월분에 상응하는 금액으로 한다. 다만, 정년 또는 근무상한 연령까지의 잔여기간이 6개월 미만인 경우에는 그 잔여기간에 상응하는 금액으로 한다(동령 제11조).

제4장

경찰공무원의 권리

제4장

경찰공무원의 권리

　경찰공무원은 일반국민으로서의 지위와 국가기관의 구성원으로서의 지위를 동시에 갖는다. 따라서 경찰공무원은 국민으로서 「헌법」상의 기본권을 가짐[1]과 동시에, 국가의 공적 사무를 수행할 권리와 이에 부수되는 권리 등 일반 사인이 갖지 않는 권리를 가진다. 후자는 다시 신분상의 권리와 재산상의 권리로 나누어진다.

---

1) 법제처, 국가공무원법 주해, 2006.12., 37면: "우리 헌법 제7조는 직업공무원제도를 규정하는 바, 이 조항으로 공무원은 특별한 기본권에 대한 제한을 부담하여야 하지만, 기본권의 주체인 국민이라는 점에서 동 조항이 공무원의 기본권을 형해화시키는 근거조항으로 기능해서는 안 된다."

I. 신분 및 직위보유권

1. 신분보유권

경찰공무원은 형의 선고·징계처분 또는 법이 정하는 사유에 따르지 아니하고는 본인의 의사에 반하여 휴직, 강임 또는 면직을 당하지 아니한다(「국가공무원법」 제68조 본문). 다만 치안총감과 치안정감에 대해서는 「국가공무원법」 제68조 본문이 적용되지 않으므로(「경찰공무원법」 제36조 제1항), 치안총감과 치안정감은 신분을 보장받지 못한다.

2. 직위보유권

경찰공무원은 법정의 사유를 제외하고는 직위를 해제당하지 아니하며, 직위해제를 당한 경우에도 그 사유가 소멸된 때에는 지체없이 직위를 부여받을 권리를 가진다(「국가공무원법」 제73조의3).

3. 행정쟁송권

경찰공무원은 위법·부당하게 신분상의 불이익을 입은 경우에는 소청·행정소송(항고소송) 등을 통해 그를 시정할 수 있는 권리를 가진다.[2]

II. 직무집행에 관한 권리

1. 직무집행권

경찰공무원은 자기가 담당하는 직무를 아무런 방해도 받지 않고 수행할 권리를 가진

---

2) 이와 관련하여서는 제8장 경찰공무원의 권익보장 – 불이익처분에 대한 구제에서 더 상세히 논하기로 한다.

다. 따라서 이를 방해하게 되면 공무집행방해죄를 구성하게 된다(「형법」 제136조).

2. 직명사용권

경찰공무원은 직명을 사용할 권리를 갖는다. 이는 「형법」[3]과 「경범죄 처벌법」[4]에 의하여 배타적으로 보호된다.

3. 제복착용권

복제가 있는 공무원(군인이나 경찰등)은 제복·제모를 착용할 권리를 갖는다. 경찰의 제복착용권은 「경찰제복 및 경찰장비의 규제에 관한 법률」에 의하여 배타적으로 보호된다.[5]

이와 관련하여 「경찰공무원법」 제26조 제1항이 "경찰공무원은 제복을 착용하여야 한다"고 규정하고 있음은 주의를 요한다. 결국 경찰공무원은 제복을 착용할 권리와 동시에 의무를 함께 갖고 있다고 해석할 수 있다.[6]

---

3) 「형법」 제118조(공무원 자격의 사칭) 공무원의 자격을 사칭하여 그 직권을 행사한 자는 3년 이하의 징역 또는 700만원 이하의 벌금에 처한다.

4) 「경범죄 처벌법」 제3조(경범죄의 종류) ① 다음 각 호의 어느 하나에 해당하는 사람은 10만원 이하의 벌금, 구류 또는 과료(科料)의 형으로 처벌한다. 7. (관명사칭 등) 국내외의 공직(公職), 계급, 훈장, 학위 또는 그 밖에 법령에 따라 정하여진 명칭이나 칭호 등을 거짓으로 꾸며 대거나 자격이 없으면서 법령에 따라 정하여진 제복, 훈장, 기장 또는 기념장(記念章), 그 밖의 표장(標章) 또는 이와 비슷한 것을 사용한 사람.

5) 경찰제복이나 경찰장비의 제조 또는 판매업을 하려는 자는 경찰청장·해양경찰청장 또는 제주특별자치도지사에게 등록하여야 한다(동법 제3조). 문화·예술활동, 공적 의식행사, 공익적 목적을 위한 활동이나 다른 법령에 따라 착용 또는 사용·휴대가 허용된 경우를 제외하고, 누구든지 경찰공무원이 아닌 자를 위하여 경찰제복이나 경찰장비를 제조·판매 또는 대여하거나 판매·대여할 목적으로 소지하거나, 유사경찰제복 또는 유사경찰장비를 제조·판매 또는 대여하거나 판매·대여할 목적으로 소지하여서는 아니 된다(동법 제8조). 경찰공무원이 아닌 자는 위 제8조상 예외를 제외하고 누구든지 경찰제복 또는 경찰장비를 착용하거나 사용 또는 휴대하거나, 유사경찰제복을 착용하여 경찰공무원과 식별이 곤란하도록 하여서는 아니 되며, 유사경찰장비를 착용하거나 사용 또는 휴대하여서는 아니 된다(동법 제9조). 제3조, 제8조, 제9조 위반시 1년 이하의 징역 또는 1천만원 이하의 벌금에 처한다(동법 제12조).

6) 한편 경찰공무원의 복제(服制)에 관한 사항은 행정안전부령 또는 해양수산부령으로 정한다.

⚖️ **급대여품의 구분과 관리**

(1) **급대여품의 구분**: "급여품"이란 경찰공무원에게 지급되는 물품 중 지급받은 경찰공무원이 사용기간 동안 사용한 후 처분할 수 있는 물품을 말한다. "대여품"이란 경찰공무원에게 지급되는 물품 중 지급받은 경찰공무원이 사용기간 동안 사용한 후 다시 반납하여야 하는 물품을 말한다(「경찰공무원 지급품에 관한 규칙」 제1조의2). 급대여품은 다시 개인피복·공용피복 및 장구로 구분된다. 제복·제모·계급장·단추·요대 및 제화등 경찰공무원의 기본피복을 "개인피복"이라 하며, 이에 속하지 아니하는 피복류를 <공용피복>이라 한다. 개인피복과 공용피복에 속하지 않는 장구류를 "장구"라 한다(「경찰공무원 지급품에 관한 규정」 제2조).[7]

(2) **수리와 재지급**: 급여품 및 대여품의 보수(補修)에 드는 비용은 해당 물품을 지급받은 사람이 부담한다(「경찰공무원 지급품에 관한 규칙」 제4조). 경찰공무원이 급여품 또는 대여품을 분실하거나 훼손하였을 때에는 대용품(代用品)을 지급한다. 분실이나 훼손이 경찰공무원의 고의 또는 중대한 과실로 인한 것일 때에는 그 대가를 변상하게 하여야 한다(「경찰공무원 지급품에 관한 규칙」 제5조, 「경찰공무원 지급품에 관한 규정」 제14조).

III. 노동운동에 관한 권리

공무원도 광의의 근로자 개념에 포함되므로 근로조건 향상을 위한 노동운동권을 갖는 것이 필요하나, 민간부문과 달리 국민전체의 봉사자로서의 역할을 수행하여야 하므로 나라마다 다소 차이는 있으나 법령에 의해 규제됨이 보편적이다. 여기서 노동운동이라 함은 근로자의 사회적, 경제적 지위의 개선을 위한 활동을 말한다.[8]

1. 공무원노동조합 및 공무원직장협의회

(1) 연 혁

공무원의 근로3권과 관련하여 1953년의 「노동조합법」은 경찰 등 공안직 공무원을 제외한 공무원들의 노조활동을 허용하였었다. 그러나 1961년에 5.16 군사정권이 들어서면

---

7) 경찰장구는 「경찰장비관리규칙」(훈령)의 적용을 받는다.
8) 법제처, 국가공무원법 주해, 2006.12., 278-279면.

서 일부 현업공무원을 제외한 모든 공무원들의 노동권은 전면적으로 제한되기에 이르렀다.[9] 그후 1987년 「헌법」 제33조 제2항은 법률이 정하는 공무원에게도 노동3권이 보장된다고 규정하였지만, 그럼에도 불구하고 그를 구체적으로 구현하기 위한 법률이 바로 제정되지는 않았다.

그런데 1998년 「공무원직장협의회의 설립·운영에 관한 법률」이 제정되면서 국가기관·지방자치단체 및 그 하부기관에 근무하는 공무원은 근무환경 개선·업무능률 향상 및 고충처리 등을 위한 직장협의회를 설립할 수 있게 되었으며, 실제로 1999년 1월부터 공무원직장협의회가 설립되기 시작하였다. 또한 「공무원의 노동조합 설립 및 운영 등에 관한 법률」이 2005년에 제정되어 2006년부터 시행되면서 공무원의 노동조합의 설립·가입 및 단체교섭권이 인정되기에 이르렀다.

(2) 공무원직장협의회

공무원직장협의회의 성격에 대하여는 ① 근무환경의 개선이라는 근로조건에 관하여 근로자가 임의적으로 단결권을 행사하여 결성한 단체이므로 공무원노조의 일종이라고 보는 견해, ② 공무원노조가 되려면 단결권의 행사뿐만 아니라 단체교섭권을 가져야 하는데 공무원직장협의회는 협의권을 갖지 못하므로 공무원직장협의회는 공무원노조의 일종이 아니라 그 전 단계의 준비적 형태일 뿐이라는 견해, ③ 공무원직장협의회는 「근로자참여 및 협력증진에 관한 법률」에 근거하는 노사협의회의 일종으로 노조와는 구분되는 독자적 성격의 제도라는 견해 등이 대립하고 있다.[10]

생각건대 공무원직협의회는 교섭권을 갖지 못하고 협의권만을 갖는다는 점에서 공무원노조라고 볼 수는 없으나, 공무원직장협의회가 제도화된 시기나 도입이유 등을 고려할 때 공무원직장협의회는 1998년 노사정위원회의 합의 후 사실상 공무원노조를 설립하기 위한 전단계로 도입된 제도로 보아야 한다.[11]

그러나 이러한 역사적 배경과 현실의 인식이 공무원직장협의회의 정착과 활성화의 걸

---

9) 채준호, 영국경찰의 노사협의제도에 관한 연구, 경찰학논총 제9권 제2호, 2014.7, 118면.
10) 공무원직장협의회의 성격에 관한 이러한 논의에 관하여 자세한 것은 황정순/김상겸, 공무원 직장협의회 활성화를 위한 헌법적 연구, 비교법연구 제21권 1호, 2021.4., 387-388면.
11) 황정순/김상겸, 공무원 직장협의회 활성화를 위한 헌법적 연구, 비교법연구 제21권 1호, 2021.4., 379면, 381면.

림돌이 되어서는 아니 되며,[12] 공무원직장협의회와 공무원노동조합은 법에서 인정하는 목적과 기능에 따라 엄연히 구분되어야 한다. 그리고 이러한 이유 때문에 공무원직장협의회는 공무원노조가 도입된 이후에도 여전히 법적 근거를 유지하고 운영되고 있으며, 「공무원의 노동조합 설립 및 운영 등에 관한 법률」 제17조도 공무원노동조합과 관련된 규정이 공무원직장협의회의 설립·운영을 방해할 수 없다고 별도로 규정하고 있다.[13]

이는 일반 근로자의 경우 노동조합이 있음에도 불구하고 그와 별도로 노사협의회가 있는 것과 마찬가지 구조라고 할 수 있다. 이렇게 볼 때, 공무원직장협의회는 일반 근로자의 노사협의회와 비슷하게 행정참여를 위한 결사체로 보는 것이 가장 적절한 평가라고 생각된다. 다만 일반 근로자의 노사협의회는 근로자에게 단순한 경영협의권만 부여함에 그치지 않고 일정 의결권[14]도 인정하고 있는 바, 이러한 점은 현행 공무원직협의 기능과 두드러지게 다른 부분이라고 할 수 있다.[15]

> ⚖ **공기관에 근무하는 공무원이 아닌 근로자의 노사협의회**
>
> 공기관에는 무기계약직이나 기간제근로자 등 공무원이 아닌 근로자들도 근무하고 있는데, 그 수가 30명 이상이 되면 노사협의회를 구성할 수 있게 된다. 다만 현실을 고려하면 이들도 노사협의회 대신 공무원직장협의회에 참여하는 방안이 필요하다는 주장이 대두되고 있다.[16]

---

12) 황정순/김상겸, 공무원 직장협의회 활성화를 위한 헌법적 연구, 비교법연구 제21권 1호, 2021. 4., 382면.

13) 다만 현실에 있어서는 공무원직장협의회의 권한이 협의에 그치고 있고 회비납부가 필요하다는 점 때문에 공무원노동조합의 설립 이후 공무원노동조합의 회원은 지속적인 증가세를 보이고 있는 반면, 공무원직장협의회의 회원은 급감하고 있다. 즉, 2004년 16만명이던 공무원직장협의회의 회원은 2020년 2만4천명을 밑돌고 있으며, 공무원노동조합의 회원은 2017년 20만여 명에서 2019년 약 30만명으로 증가하였다. 황정순/김상겸, 공무원 직장협의회 활성화를 위한 헌법적 연구, 비교법연구 제21권 1호, 2021.4., 389-391면.

14) 「근로자참여 및 협력증진에 관한 법률」 제21조(의결 사항) 사용자는 다음 각 호의 어느 하나에 해당하는 사항에 대하여는 협의회의 의결을 거쳐야 한다. 1. 근로자의 교육훈련 및 능력개발 기본계획의 수립 2. 복지시설의 설치와 관리 3. 사내근로복지기금의 설치 4. 고충처리위원회에서 의결되지 아니한 사항 5. 각종 노사공동위원회의 설치.

15) 독일의 공공부문 직장평의회도 일정한 사항에 대한 동의권을 갖고 있다는 점에서 우리의 공무원 직장협의회와는 구분되는바, 이에 관해 자세한 내용은 후술하기로 하겠다.

16) 조성일, 최근 공무원노사관계 제도 개정과 향후 입법방향에 대한 검토, 사회법연구 제47호, 2022.8., 92면.

(3) 공무원노동조합

노동조합은 근본적으로 근로조건의 유지·개선 기타 근로자의 경제적·사회적 지위의 향상을 도모함을 목적으로 조직하는 단체를 말하며(「노동조합 및 노동관계조정법」 제2조), 공무원노동조합은 공무원의 노동기본권을 보장하기 위하여 「공무원의 노동조합 설립 및 운영 등에 관한 법률」에 따라 설립된다.

⚖️ **공무원노동조합과 일반 노동조합의 차이**

공무원노동조합과 그 조합원의 쟁의행위는 금지된다. 즉, 파업, 태업 또는 그 밖에 업무의 정상적인 운영을 방해하는 어떠한 행위도 하여서는 아니 된다(「공무원의 노동조합 설립 및 운영 등에 관한 법률」 제11조).

반면 일반 노동조합의 쟁의행위는 「형법」 제20조의 정당한 행위로 간주된다. 다만, 어떠한 경우에도 폭력이나 파괴행위는 정당한 행위로 해석될 수 없으며, 그 목적·방법 및 절차에 있어서 법령 기타 사회질서에 위반되어서는 아니 되고, 사용자의 점유를 배제하여 조업을 방해하는 형태로 쟁의행위를 해서는 아니 된다. 사용자는 쟁의행위로 인하여 손해를 입은 경우에 노동조합 또는 근로자에 대하여 그 배상을 청구할 수 없다(「노동조합 및 노동관계조정법」 제3조, 제4조, 제37조).

(4) 공무원직장협의회와 공무원노동조합의 차이

① **단체교섭 및 협약체결권**: 공무원노동조합은 공무원의 보수와 복지 기타 근무조건에 관한 사항에 관한 단체교섭 및 협약체결권을 갖는다. 근무조건과 직접 관련이 없는 정책결정에 관한 사항 및 임용권의 행사 등 행정기관의 관리와 운영에 관한 사항은 교섭대상에서 제외된다. 그러나 직장협의회의 경우는 당해 기관 고유의 근무환경 개선에 관한 사항, 업무능률 향상에 관한 사항, 소속 공무원의 공무와 관련된 일반적 고충에 관한 사항, 기타 기관의 발전에 관한 사항을 참여와 협력의 차원에서 노조보다 넓게 논의할 수 있지만 협의에 그친다(「공무원직장협의회의 설립·운영에 관한 법률」 제5조).[17]

---

17) http://www.moel.go.kr/policy/policydata/view.do?bbs_seq=1159182664184(고용노동부 정책자료실, 2023.6.5. 방문); 황정순/김상겸, 공무원 직장협의회 활성화를 위한 헌법적 연구, 비교법연구 제21권 1호, 2021.4., 394면, 399면; 조성일, 최근 공무원노사관계 제도 개정과 향후 입법방향에 대한 검토, 사회법연구 제47호, 2022.8., 89면: "노사관계에는 단체교섭 이외에도 의견청취, 협의, 참여 등 다양한 의사소통의 방식이 모색될 수 있다."

② **전임자(專任者)**: 노동조합을 설립할 수 있는 공무원은 임용권자의 동의를 받아 노동조합 업무에만 종사할 수 있다. 이러한 전임자에 대하여는 휴직명령을 하여야 하고, 전임기간 중 보수를 지급하여서는 아니 된다(「공무원의 노동조합 설립 및 운영 등에 관한 법률」 제7조). 이와 달리 공무원직장협의회에는 협의회의 업무를 전담하는 공무원은 둘 수 없다(「공무원직장협의회의 설립·운영에 관한 법률」 제12조).

2. 경찰직장협의회

2019년 「공무원직장협의회의 설립·운영에 관한 법률」 개정으로 경찰공무원도 작장협의회에 가입할 수 있게 되면서,[18] 경찰기관에도 직장협의회(이하 '경찰직장협의회'라 한다)가 설립되게 되었다. 한편 경찰직장협의회에 관한 사항을 규율하는 별도의 특별한 규정은 존재하지 않으므로 경찰직장협의회에도 「공무원직장협의회의 설립·운영에 관한 법률」이 그대로 적용된다.

(1) 1개 기관, 1개 직장협의회

국가기관, 지방자치단체 및 그 하부기관에 근무하는 공무원은 직장협의회를 설립할 수 있다. 하나의 기관에는 하나의 협의회만을 설립할 수 있다(「공무원직장협의회의 설립·운영에 관한 법률」 제2조). 2022년 4월 법률 개정에 의하여 국가기관 또는 지방자치단체 내에 설립된 협의회를 대표하는 연합협의회도 설립할 수 있게 되었다(동법 제2조의2).[19]

(2) 회원가입의 제한

업무의 주된 내용이 지휘·감독권을 행사하거나 다른 공무원의 업무를 총괄하는 것이거나, 인사, 예산, 경리, 물품출납, 비서, 기밀, 보안, 경비 및 그 밖에 이와 유사한 것이면 가입할 수 없다. 기관장은 해당 기관의 직책 또는 업무 중 협의회에의 가입이 금지되

---

18) 「공무원직장협의회의 설립·운영에 관한 법률」 제3조(가입 범위) ① 협의회에 가입할 수 있는 공무원의 범위는 다음 각 호와 같다. 2. 특정직공무원 중 다음 각 목의 어느 하나에 해당하는 공무원. 나. 경찰공무원. 실무상 경감 이하가 가입함이 보통이나, 지휘부를 구성하는 경찰서 과장이 아닌 상황실 팀장으로 보직된 경정의 경우라면 역시 직장협의회 가입이 가능하다.

19) 이에 따라 설립된 전국경찰직장협의회가 2023.6.14. 처음으로 경찰청과 정기협의를 진행하고, 32건에 대한 합의서를 마련한 바 있다.

는 직책 또는 업무를 협의회와 협의하여 지정하고 이를 공고하여야 한다(동법 제3조).

(3) 직장협의회의 기능

직장협의회는 소속기관장과 다음 각 호의 사항을 협의한다(동법 제5조). 즉,

① 해당 기관 고유의 근무환경 개선에 관한 사항

② 업무능률 향상에 관한 사항

③ 소속 공무원의 공무와 관련된 일반적 고충에 관한 사항

④ 소속 공무원의 모성보호 및 일과 가정생활의 양립을 지원하기 위한 사항

⑤ 기관 내 성희롱, 괴롭힘 예방 등에 관한 사항

⑥ 그밖에 기관의 발전에 관한 사항

직장협의회의 협의사항은 작업환경의 개선, 생산성향상, 근로자의 고충처리, 기타 노사협조 사항을 협의사항으로 규정하고 있는 「근로자참여 및 협력증진에 관한 법률」 제20조의 규정과 거의 유사함을 엿볼 수 있다. 한편 경찰직장협의회의 협의사항과 관련하여 경찰청은 2023년 6월 14일 전국경찰직장협의회와의 첫 정기협의에서 일부 안건에 대하여 인사 관련사항은 협의대상이 아니라고 못박은 바 있다. 그러나 직장 발전을 위한 협의라는 목적을 가진 직장협의회는 근로조건의 향상만을 목적으로 하는 노동조합과는 그 성질상 구분되어야 하므로, 인사관련 사항을 직장협의회의 협의의 대상이 아니라고 할 이유는 없다고 본다.

(4) 직장협의회의 활동시간

직장협의회 등의 활동은 근무시간 외에 수행함이 원칙이나, 기관장과의 협의와 직장협의회 대표자와 협의위원간 회의(분기 1회)는 근무시간 중 수행할 수 있다(「공무원직장협의회의 설립·운영에 관한 법률」 제5조의2, 「공무원직장협의회의 설립·운영에 관한 법률 시행령」 제7조의2).

(5) 기관장의 의무

직장협의회와 기관장은 매년 2회 정기적으로 협의하여야 한다. 다만, 필요한 경우에는 수시로 협의할 수 있다. 직장협의회의 대표자는 기관장과 협의하고자 하는 경우에는 협의일 7일 전까지 협의하고자 하는 사항을 기재한 문서로 기관장에게 요구하여야 한다. 기관

장은 직장협의회 등이 문서로 명시하여 협의를 요구하면 성실히 협의하여야 하며, 직장협의회등과 문서로 합의한 사항에 대하여는 최대한 이를 이행하도록 노력하여야 한다.

기관장은 직장협의회와 직접 협의하여야 한다. 다만, 공무수행상 부득이한 경우에는 대리자를 지정하여 협의할 수 있는 권한을 위임할 수 있다. 직장협의회와 기관장은 협의한 때에는 각각 다음 각 호의 사항을 기록한 회의록을 작성하여 이를 3년간 보존하여야 한다.

① 개최일시 및 장소

② 출석한 기관장(직무대리자를 포함한다), 대표자 및 협의위원

③ 협의내용 및 합의사항

④ 기타 토의사항

직장협의회와 기관장의 협의는 공개함을 원칙으로 한다. 다만, 직장협의회와 기관장의 합의에 의하여 이를 공개하지 아니할 수 있다. 기관장은 직장협의회 등의 조직 및 운영과 관련하여 소속 공무원에게 불리한 조치를 하여서는 아니 된다. 직장협의회 등과의 합의사항이 있는 경우 내부 정보통신망에 반기별로 7일 이상 공개하여야 한다(「공무원직장협의회의 설립·운영에 관한 법률」 제6조, 「공무원직장협의회의 설립·운영에 관한 법률 시행령」 제8조, 제9조).

(6) 협의회 전임공무원의 금지와 기관의 지원한계

직장협의회에는 협의회의 업무를 전담하는 공무원은 둘 수 없다(「공무원직장협의회의 설립·운영에 관한 법률」 제12조). 기관장은 직장협의회가 요구하는 경우에 협의회의 활동을 위하여 당해 기관의 회의장소·사무장비 등을 사용하게 할 수 있다(동법 제13조).

3. 경찰공무원노동조합

일반직 공무원은 노동조합에 가입할 수 있으나, 경찰공무원은 법률에 의하여 가입대상에서 제외되어 있다(동법 제6조). 따라서 현재 우리나라에는 경찰공무원노동조합은 존재하지 않는다. 이런 점에서 많은 국가들이 경찰공무원노동조합을 갖고 있는 것과 대비되는데, 이하에서는 경찰공무원노동조합과 관련한 주요 외국의 현황을 알아보기로 하겠다.

(1) 미 국

미국은 단체교섭권을 가진 공무원노동조합을 1958년 The little Wagner Act를 통해 인정하기 시작했으나, 경찰의 노동조합가입은 1970년대에 이르러서야 비로소 인정되었다. 미국 경찰노동조합의 특성은 독자적인 노동조합보다 많은 경우 공무원노동조합에 가입하는 형태로 이루어지기 시작했다는 점이며, 특히 자치경찰제의 특성에 기초하여 자치경찰별로 여러 공무원노동조합에 산발적으로 가입하고 있다. 미국의 경찰노동조합의 대다수는 단체행동권이 제한됨이 보통이다.[20]

한편 일반 공무원노조에 가입하는 형태가 아닌 독자적인 경찰노동조합으로서 최대 규모의 것은 1915년 설립된 경찰공제조합(FOP, Fraternal Order of Police)으로 회원수가 33만명에 이르고, 1978년 설립된 전국경찰연합(NAPO, National Association of Police Organization)도 회원수가 24만여 명에 이른다.[21]

(2) 영 국

영국에서 경찰공무원은 일찍부터 단체행동권을 포함한 노동3권을 모두 보장받아왔다. 그러나 1918년과 1919년에 경찰노동조합(Police Union)의 파업이 있은 이후 경찰노동조합이 불허되기에 이르렀다.[22] 즉, 1919년 「경찰법」(Police Act 1919)은 경찰에게 노동조합을 대신하여 협의권을 갖는 경찰공무원 결사체를 허용하였다. 이에 따라 설립된 경찰단체 중 가장 규모가 큰 것은 경감(Chief Inspector) 이하를 회원으로 하는 잉글랜드 & 웨일즈의 경찰연합(PFEW, Police Federation of England and Wales)이며, 현재 회원수는 14만명에 이르고 있다. 단체행동권은 물론 단체교섭권도 없는 단체라는 점에서 우리나라의 경찰직장협의회와 유사하다고 볼 수 있다.[23]

한편 경정(Superintendent) 이상 총경(Chief Superintendent) 계급의 경찰공무원들을 대표하는 경찰단체는 경찰관리직연합(PSA, Police Superintendents' Association)이며, 경무관급 이상의 고위직 경찰공무원들을 대표하는 것은 경찰지휘관연합(CPOSA, Chief Police

---

20) 박선영, 한국 경찰협의회와 미국 경찰노조에 관한 비교, 한국경찰연구 제17권 1호, 2018.3., 138면.
21) 김은기, 경찰의 노동기본권 보장방안에 관한 연구, 한국경찰학회보 제20권 4호, 2018.8., 16-18면.
22) 채준호, 영국경찰의 노사협의제도에 관한 연구, 경찰학논총 제9권 2호, 2014.7., 119면.
23) 김은기, 경찰의 노동기본권 보장방안에 관한 연구, 한국경찰학회보 제20권 4호, 2018.8., 13-14면.

Officers' Staff Association)이다.[24]

(3) 독 일

독일의 경찰노동조합은 단체교섭권과 단체행동권을 갖지 못하는데, 그 이유는 임금과 근로시간 등의 근로조건이 모두 법으로 정해지기 때문에 협상의 대상이 될 수 없다는 것에 근거한다. 이는 모든 독일 공무원노동조합에 공통된 것이다.[25] 1871년부터 설립된 독일의 경찰노동조합(Polizeiverein)은 1933년 히틀러 시대에 해체되었으나, 1951년 다시 출범하였고 1966년부터는 다른 이름의 경찰노조(GDP, Gewerkschaft der Polizei)로 오늘에 이르고 있다. 현재 회원수는 18만여 명에 이르고 있으며, 독일노총(DGB)의 8개 산별단체 중 하나이다. 이 외에 2개의 경찰노조가 더 있다고 한다.[26]

물론 이처럼 단체교섭권이 없는 결사체를 개념적으로 노동조합이라고 부를 수 있는지와 관련하여 다소 의문이 있는 것은 사실이다. 그러나 경찰을 포함한 공무원단체가 모두 노동조합이라는 명칭을 사용하고 있고, 공공부문의 직장평의회가 별도로 있기 때문에 독일의 경찰노동조합을 단순히 직장평의회라고 개념짓는 것도 맞지 않다.

한편 독일의 공공부문 직장평의회는 노동조합과 그 출발점부터 다르며, 법적으로나 제도적으로나 독자성이 인정된다.[27] 즉, 노동조합은 근로조건의 수호와 증진이 목적이나, 직장평의회는 고충처리와 인사, 복지 등 조직운영의 영역까지 공동협력과 참여의 대상이 된다.[28] 이런 점에서 독일의 직장평의회는 (사경제관계에서의) 「근로자협의회법」(Betreibsverfassungsgesetz)에 의한 경영평의회(Betriebsrat)와 유사한 면을 갖는다.

우리나라 공무원직장협의회를 독일의 공공부문 직장평의회(Personalrat)와 비교하는 경우도 있다. 그러나 독일의 직장평의회는 「연방직원대표법」(BPersVG)[29] 제75조, 제76조에 따라 공무원의 승진을 공동결정할 수 있으며, 공동결정에 위반하여 동의없이 내려

---

24) 김은기, 경찰의 노동기본권 보장방안에 관한 연구, 한국경찰학회보 제20권 4호, 2018.8., 14−15면.
25) 하이너 드립부쉬/페터 비르케, 독일의 노동조합, 프리드리히 에버트 재단, FES Information Series 2014−3, 2014.5., 3면.
26) 채준호, 영국경찰의 노사협의제도에 관한 연구, 경찰학논총 제9권 2호, 2014.7., 123면.
27) 그러나 직장평의회가 공무원노동조합의 부족한 부분을 메워주는 기능을 하고 있다는 것은 인정되어 있다. 황정순/김상겸, 공무원 직장협의회 활성화를 위한 헌법적 연구, 비교법연구 제21권 1호, 2021.4., 380면.
28) 조성혜, 공무원 직장협의회제도의 존재 의의와 개선과제, 노동법논총 제33집, 2015.4., 393면.
29) 독일의 각 주는 각각 공공부문 직원대표법을 제정하고 있다.

진 승진은 원칙적으로 무효가 된다. 이러한 공동의 의사결정권은 우리나라의 직장협의회에게는 부여되고 있지 않다.[30]

(4) 프랑스

프랑스에서는 미국과 유사하게 단체행동권을 제외한 단체교섭권까지만 갖는 경찰노조가 인정되고 있다. 「1946년 공무원의 일반적 지위에 관한 법률」(Loi n° 46-2294 du 19 octobre 1946 relative au statut général des fonctionnaires)에 의해 경찰공무원을 포함한 국가공무원들의 노동3권이 모두 보장되었다가, 1947년 전국적 파업에 경찰공무원이 참가하자 「1948년 경찰공무원의 특별지위에 관한 법률」을 제정하여 동법 제2조에 의해 단체행동권을 금지하게 되었다. 경찰노동조합이 단체교섭권을 행사한 후의 분쟁은 경찰노동조합이 개별 경찰공무원을 대표하여 행정소송을 수행할 수 있게 되었다.[31]

특징적인 것은 경찰노동조합이 미시적으로 근로조건에 관한 교섭만 하는 것이 아니라, 직장협의회와 같이 거시적인 협의도 하고 있다는 점이다. 또한 협의의 범위가 경찰조직의 운영, 조직목표의 설정, 업무방식, 인력수급, 성과평가 등 일반회사로 보면 경영의 차원까지 그 범위를 넓히고 있다는 점이다. 이렇게 노조가 독일경찰의 직장평의회와 같은 역할을 겸하여 경찰정책 결정과정에 참여함으로 "공동경영(Cogestion)"이라고 불린다.[32]

미국과는 달리 1947년 파업 사건 이후 경찰노동조합은 다른 공무원노동조합이나 일반근로자 노동조합으로부터 탈퇴하여 주로 독자적인 경찰노동조합으로서 활동한다. 영국과 같이 3개 경찰직군별로 노조가 결성되고 있는데, 지휘직군의 경우 국립경찰지휘부노조(SCPN, Syndicat des commissaires de la Police nationale)가 가장 크다. 관리직군에서는 통솔직군전국노조(SNOP, Syndicat nationale des officiers de police)와 통솔직군엽합(Synergie Officers)이 대표적이다. 회원수가 가장 많은 집행직군에서는 경찰독립노조연합(UNSA-Police)과 국립경찰연맹(Alliance Police nationale)이 대표적이다.[33]

---

30) 김형훈, 독일공무원법에 있어서의 성과주의, 한독법학 제19호, 2014.2., 23-25면.
31) 김영식, 프랑스 경찰노조의 법적 지위와 역할, 경찰연구논집 제8호, 2011, 116-117면.
32) 김영식, 프랑스 경찰노조의 법적 지위와 역할, 경찰연구논집 제8호, 2011, 118-119면, 126면.
33) 김영식, 프랑스 경찰노조의 법적 지위와 역할, 경찰연구논집 제8호, 2011, 120-125면.

제2절 ❙ 재산상의 권리

Ⅰ. 보수청구권

1. 개 관

(1) 보수의 의의

보수란 봉급과 그 밖의 각종 수당을 합산한 금액을 말하며, 연봉제 적용대상 공무원은 연봉과 그 밖의 각종 수당을 합산한 금액을 말한다. 따라서 공무원의 보수를 이해하기 위하여서는 봉급과 수당의 개념을 이해하여야 하는바, 봉급과 수당에 관하여는 이하에서 별도로 논하기로 한다.

한편 연봉이란 매년 1월 1일부터 12월 31일까지 1년간 지급되는 다음 각 목의 기본연봉과 전년도 업무실적을 반영한 성과연봉을 합산한 금액을 말하며, 고정급적 연봉제[34] 적용대상 공무원의 경우에는 해당 직책과 계급을 반영하여 일정액으로 지급되는 금액을 말한다(「공무원보수규정」 제4조).

교육 중인 경찰간부후보생에게도 보수를 지급하며, 중앙경찰학교 입교생의 경우 「경찰공무원 임용령」에 의하여 임용예정 계급 1호봉의 80%를 지급한다.[35]

(2) 보수의 성질

종래 ① 보수는 근무에 대한 대가로 지급되는 것이라는 반대급부설과 ② 보수는 공무원의 생활보장을 위하여 국가 등이 지급하는 금품이라는 생활자금설의 대립이 있었다. 다만 현행 「국가공무원법」은 "공무원의 보수는 ① 직무의 곤란성과 책임의 정도에 맞도록 계급별·직위별 또는 직무등급별로 정한다.[36] ② 공무원의 보수는 일반의 표준 생계

---

34) 법제처, 국가공무원법 주해, 2006.12., 214면: "고정급적 연봉제의 적용 이유는 일반공무원과 달리 성과측정이 어렵다는 데 있다."

35) 「경찰공무원 임용령」 제21조(시보임용경찰공무원 등에 대한 교육훈련) ① 임용권자 또는 임용제청권자는 시보임용경찰공무원 또는 시보임용예정자에게 일정 기간 교육훈련(실무수습을 포함한다)을 시킬 수 있다. 이 경우 시보임용예정자에게 교육훈련을 받는 기간 동안 예산의 범위에서 임용예정계급의 1호봉에 해당하는 봉급의 80%에 해당하는 금액 등을 지급할 수 있다.

36) 다만, 직무의 곤란성과 책임도가 매우 특수하거나 결원을 보충하는 것이 곤란한 직무에 종사하는

비, 물가 수준, 그 밖의 사정을 고려하여 정하되, 민간 부문의 임금 수준과 적절한 균형을 유지하도록 노력하여야 한다"고 규정하여(제46조), 보수가 위의 두 가지 성질을 아울러 가지고 있음을 나타내고 있다.

(3) 원천징수의 제한

보수지급기관은 법령과 재판에서 정하는 경우와, 고용보험료, 법률로 설립된 공제회의 부담금 및 본인의 동의가 있는 경우 외에는 보수에서 일정 금액을 정기적으로 원천징수, 특별징수 또는 공제할 수 없다(「공무원보수규정」 제4조).

(4) 보수의 지급일과 계산

보수의 지급일은 기관별로 법령[37]으로 정해진다. 다만, 특별한 사정이 있는 경우에는 소속 장관은 그 기관 소속의 전부 또는 일부 공무원의 보수 지급일을 달리 정할 수 있다. 보수 지급일이 토요일이거나 공휴일이면 그 전 날 지급한다(동령 제20조).

공무원의 보수는 법령에 특별한 규정이 있는 경우를 제외하고는 신규채용, 승진, 전직, 전보, 승급, 감봉, 그 밖의 모든 임용에서 발령일을 기준으로 그 월액을 일할계산하여 지급한다(동령 제22조).

(5) 보수청구권

공무원의 보수청구권은 공법상의 권리로서의 성질을 갖는다. 이와 관련하여 다음과 같은 점을 유의하여야 한다.

① **쟁송절차**: 공무원의 보수에 관한 분쟁은 행정쟁송절차(특히, 당사자쟁송)에 의하여야 한다(대법원 1999.7.23. 선고 97누10857 판결 참조).

② **압류**: 공무원의 보수 총액의 2분의 1에 해당하는 금액은 압류하지 못한다(「국세징수법」 제33조).

③ **소멸시효**: 보수청구권의 소멸시효에 관하여는 보수청구권이 공법상의 권리임을 강

공무원과 제4조 제2항에 따라 같은 조 제1항의 계급 구분을 적용하지 아니하는 공무원의 보수는 따로 정할 수 있다.

[37] 「공무원보수규정」(대통령령) 제20조 별표에 따르면, 소속기관을 포함하여 국방부는 10일, 교육부는 17일, 대법원, 선관위, 법무부, 행안부, 서울시는 20일, 기타 기관은 25일이다.

조하여 「국가재정법」 제96조에 따라 5년의 소멸시효에 걸린다는 견해와 「민법」 제163조 제1호에 따라 3년의 소멸시효에 걸린다는 견해의 대립이 있으며, 판례는 보수청구권의 소멸시효기간을 3년으로 보고 있다(대법원 1966.9.20. 선고 65다2506 판결).

2. 봉 급

봉급이란 직무의 곤란성과 책임의 정도에 따라 직책별로 지급되는 기본급여 또는 직무의 곤란성과 책임의 정도 및 재직기간 등에 따라 계급별, 호봉별로 지급되는 기본급여를 말한다.

(1) 경찰공무원의 봉급기준

경찰공무원의 봉급 월액은 특정직(별표3)에 해당하는 금액을 받았으나, 2023.1.6.에 공안직(별표4)에 해당하는 급여수준으로 별도의 기준(별표10, 경찰공무원과 소방공무원)이 마련되었다. 순경~경위는 31호봉, 경감은 32호봉, 경정은 30호봉, 총경 28호봉 등으로 호봉 상한이 주어진다(「공무원보수규정」 제5조). 동 별표10에 경찰대학생과 간부후보생의 급여수준도 규정되고 있다.

(2) 봉급의 감액

경찰공무원은 전술한 봉급기준에 따라 봉급을 지급받는 것이 원칙이지만, 다음과 같은 사유가 있는 경우에는 감액될 수 있다.

① **결근과 무급휴가**: 결근한 사람으로서 그 결근 일수가 해당 공무원의 연가 일수를 초과한 공무원에게는 연가 일수를 초과한 결근 일수에 해당하는 봉급 일액을 지급하지 아니한다. 무급 휴가를 사용하는 경우에는 그 일수 만큼 봉급 일액을 빼고 지급한다(동령 제27조).

② **휴직**: 공무 외의 질병 또는 부상으로 휴직한 경우 그 기간이 1년 이하인 경우 봉급의 70%, 1년 초과 2년 이하인 경우 봉급의 50%를 지급한다. 외국유학 또는 1년 이상의 국외연수를 위하여 휴직한 공무원에게는 2년 이하의 기간 중 봉급의 50%를 지급할 수 있다. 이 이외의 휴직의 경우에는 봉급을 지급하지 아니한다(육아휴직의 경우에는 봉급이 아닌 후술하는 바와 같이 수당이 지급된다).

각급 행정기관의 장은 소속 공무원이 휴직 목적과 달리 휴직을 사용한 경우에는 위와 같이 지급된 봉급에 해당하는 금액을 징수하여야 한다(동령 제28조).

③ **직위해제:** 무능력으로 인한 직위해제는 봉급의 80%를 지급하고, 중징계 의결이 요구되거나 기소되었거나 비위의 정도가 중하여 정상적인 근무를 기대하기 어려워 직위해제된 경우는 50%를 지급한다. 후자의 경우 직위해제일부터 3개월이 지나도 직위를 부여받지 못한 경우에는 그 3개월이 지난 후의 기간 중에는 봉급의 30%를 지급한다(동령 제29조).

④ **시간선택제:** 시간선택제 전환 경찰공무원에게는 통상적인 시간을 근무할 경우 받을 봉급월액(연봉제 적용대상 공무원의 경우에는 연봉월액)을 기준으로 근무시간에 비례하여 봉급월액을 지급한다(동령 제30조의3).

(3) 승급 등

① **정기승급과 제한:** 공무원의 호봉 간 승급에 필요한 기간은 1년으로 한다(동령 제13조). 징계처분, 직위해제 또는 휴직(공무상 질병 또는 부상으로 인한 휴직은 제외한다) 중인 사람은 해당 기간 동안 승급시킬 수 없다(동령 제14조).

② **특별승급:** 국정과제 등 주요 업무의 추진실적이 우수한 사람, 관련 법령의 규정에 따라 인사상 특전 부여가 가능한 사람, 그 밖에 업무실적이 탁월하여 행정발전에 크게 기여한 사람은 1호봉을 특별승급시킬 수 있다. 특별승급을 시키고자 할 때에는 특별승급심사위원회의 심사를 거쳐야 한다(동령 제16조).

특별승급 대상자의 공무원 실근무경력 요건은 과거 3년에서 최근 1년으로 완화되었다(「공무원보수 등의 업무지침」 제2장 Ⅲ. 140면).

③ **승진 등에 따른 호봉 획정:** 경찰공무원이 승진하는 경우에는 승진 전의 2~32호봉을, 승진 후 계급에서 1호봉씩 낮추어 호봉을 획정한다(「공무원보수규정」 제11조 및 별표28).

(4) 연봉제

① **연봉의 개념:** 연봉이란 매년 1월 1일부터 12월 31일까지 1년간 지급되는 기본연봉과 성과연봉을 합산한 금액을 말한다. 여기서 기본연봉은 개인의 경력, 누적성과와 계급 또는 직무의 곤란성 및 책임의 정도를 반영하여 지급되는 기본급여의 연간 금액을 말하며, 성과연봉은 전년도 업무실적의 평가 결과를 반영하여 지급되는 급여의 연간 금액을 말한다(동령 제4조).

② **연봉제의 유형**: 연봉제는 정무직에게 적용되는 고정급적 연봉제, 고위공무원단에 적용되는 직무성과급적 연봉제 및 성과급적 연봉제로 구분된다. 경찰공무원의 경우 경정부터 치안정감까지 성과급적 연봉제가 적용되며(동령 제33조 및 별표31), 치안총감에만 고정급적 연봉제가 적용된다(동조 별표32).

⚖️ **연봉제의 세부유형**

(1) **고정급적 연봉제**: 고정급적 연봉제는 성과연봉 적용없이 해당 직책과 계급을 반영하여 기본연봉만을 일정액으로 지급되는 것을 말한다. 고정급적 연봉제라도 연봉 이외에 가족수당, 직급보조비, 정액급식비 등은 별도로 지급된다(「2023 공무원 보수 등의 업무지침」 제4장 161면).

(2) **직무성과급적 연봉제**: 직무성과급적 연봉제의 기본연봉은 개인의 경력 및 누적성과를 반영하여 책정되는 기준급과 직무의 곤란성 및 책임의 정도를 반영하여 직무등급에 따라 책정되는 직무급으로 구성되고, 전년도의 업무실적 평가 결과에 따라 성과연봉을 지급한다(「공무원보수규정」 제4조, 제63조, 제70조). 기본연봉 중 기준급은 직무등급과 관계없이 단일범위의 상·하한액이 적용되나, 직무급은 직무등급별 기준에 따라 지급된다. 연봉 이외에 보수관련 법령 등에 의하여 가족수당, 직급보조비, 정액급식비 등을 별도로 지급한다(「2023 공무원 보수 등의 업무지침」 제6장 294면).

(3) **성과급적 연봉제**: 성과급적 연봉제의 기본연봉에는 봉급·정근수당·관리업무수당(총경 이상)·명절휴가비 등의 1년 지급액이 포함되며, 전년도의 업무실적 평가 결과에 따라 성과연봉을 지급한다. 성과급적 연봉제라도 연봉 외에 기본연봉에 포함되지 아니하는 수당들[38]과 실비변상 등은 별도로 지급된다(「2023 공무원 보수 등의 업무지침」 제4장 164면).

---

③ **경찰공무원과 성과급적 연봉제**: 성과급적 연봉제 적용대상 공무원의 성과연봉은 전년도의 업무실적 평가 결과에 따라 지급한다. 성과연봉의 S등급은 성과연봉 기준액의 8%, A등급은 6%, B등급은 4%, C등급은 0%를 지급한다(「공무원보수규정」 제34조, 제39조, 별표34의2).

성과급적 연봉제 적용대상 공무원의 연봉 및 연봉한계액은 별도로 정해지는데, 경정의 연봉은 성과에 따라 최소 39,802,000원~최대 79,179,000원이다. 연봉은 연봉월액으로 지급한다(동령 제35조, 제41조).

---

[38] 가족수당, 시간외 근무수당, 관리업무수당(경정), 연가보상비, 직급보조비, 정액급식비, 특수근무수당, 특수지 근무수당, 대우공무원수당 등.

성과급적 연봉제를 받는 직급으로 승진(경감에서 경정)하는 경우 다음 연도 연봉은 승진한 연도 12월 31일 기준의 봉급, 정근수당, 관리업무수당, 기타 인사혁신처장이 정하는 급여를 합산하여 책정한다(동령 제37조).

공무 외의 질병 또는 부상으로 휴직한 경우 그 기간이 1년 이하인 경우 연봉월액의 60%, 1년 초과 2년 이하인 경우 연봉월액의 40%를 지급한다. 외국유학 또는 1년 이상의 국외연수를 위하여 휴직한 공무원에게는 2년 이하의 기간 중 연봉월액의 40%를 지급할 수 있다. 각급 행정기관의 장은 소속 공무원이 휴직 목적과 달리 휴직을 사용한 경우에는 위와 같이 지급된 연봉에 해당하는 금액을 징수하여야 한다. 이 이외의 휴직의 경우에는 연봉을 지급하지 아니한다(동령 제47조).

3. 수 당

수당이란 직무여건 및 생활여건 등에 따라 지급되는 부가급여를 말한다. 승급이란 일정한 재직기간의 경과나 그 밖에 법령의 규정에 따라 현재의 호봉보다 높은 호봉을 부여하는 것을 말한다.

경찰대학생의 경우 「경찰대학 설치법」에 의하여 수당을 지급하며,[39] 연가·병가·공가·특별휴가 및 공무상 질병 또는 부상으로 인한 휴직기간 중에도 수당 등을 지급한다(「공무원수당 등에 관한 규정」 제19조). 시간선택제 근무를 하는 공무원에게 지급하는 수당 등은 해당 공무원이 정상근무할 때에 받을 수당 등을 기준으로 하여 근무시간에 비례하여 지급한다. 다만, 가족수당 및 자녀학비보조수당은 전일제 공무원 지급액과 동일하게 지급한다(동령 제22조).

경찰공무원에게 지급되는 수당의 유형으로는 다음과 같은 것이 있다.[40]

---

39) 「경찰대학 설치법」 제9조(학비 및 수당 지급 등) ① 경찰대학 학생(치안대학원 학생은 제외한다. 이하 이 조에서 같다)의 학비는 전액 국고에서 부담한다. ② 경찰대학 학생에게는 수당과 의복, 그 밖에 교육에 필요한 물품을 지급하고 급식을 한다. 경찰대학생이 의무복무를 이행하지 못하는 경우 학비 등 상환은 동법 제10조와 「경찰대학의 학사운영에 관한 규정」 제24조 및 「경찰대학 학비 등 상환에 관한 규칙」으로 규정한다.

40) 외국의 경찰공무원 수당제도에 관하여 체계적인 연구가 깊이 행해진 바는 거의 없으며, 미국과 영국의 경찰과 관련한 자료는 소개되어 있다. 라광현/이병도, 미국 및 영국경찰의 복지정책 및 시사점, 한국공안행정학회보 제73호, 2018.12., 51-56면 참조. 이보다 오래된 자료로서, 미국, 독일, 프랑스, 일본과 관련한 소재는 윤황, 한국경찰복지제도의 운영실태 분석, 동북아연구 제24

(1) 상여수당

① **대우공무원수당**: 총경 이하의 경찰공무원 중 총경·경정은 7년 이상, 경감 이하는 5년 이상 해당 계급에서 근무하고 승진임용 제한 사유가 없는 근무실적 우수자를 바로 위계급의 대우공무원으로 선발할 수 있다. 경찰청장 또는 소속기관등의 장이 인정하는 경우에는 그 기간을 1년 단축할 수 있다. 대우공무원에게는 「공무원수당 등에 관한 규정」에서 정하는 바에 따라 수당을 지급할 수 있다(「경찰공무원 승진임용 규정」 제43조, 「경찰공무원 승진임용 규정 시행규칙」 제35조).

대우공무원으로 선발된 사람에게는 예산의 범위에서 해당 공무원 월봉급액의 4.1%를 대우공무원수당으로 지급할 수 있다. 다만, 대우공무원수당과 월봉급액을 합산한 금액이 상위직급으로 승진 시의 월봉급액을 초과할 경우에는 해당 직급 월봉급액과 상위 직급 월봉급액의 차액을 대우공무원수당으로 지급한다. 여기에 필수실무관으로 지정된 공무원에게는 예산의 범위에서 월 10만원을 가산하여 지급할 수 있다(「공무원수당 등에 관한 규정」 제6조의2).

② **정근수당과 정근수당 가산금**: 공무원에게는 예산의 범위에서 근무연수에 따라 매년 1월과 7월의 보수지급일에 정근수당을 지급한다. 다만 경찰대학생과 경찰간부후보생에게는 정근수당을 지급하지 아니한다. 1월에 지급되는 정근수당은 1월 1일 현재 공무원의 신분을 보유하고 봉급이 지급되는 사람 중 지급대상기간인 전년도 7월 1일부터 12월 31일까지의 기간 중 1개월 이상 봉급이 지급된 공무원에게 지급한다. 7월에 지급되는 정근수당은 7월 1일 현재 공무원의 신분을 보유하고 봉급이 지급되는 사람 중 지급대상기간인 해당 연도 1월 1일부터 6월 30일까지의 기간 중 1개월 이상 봉급이 지급된 공무원에게 지급한다(동령 제7조).

5년 이상 근무하는 공무원에 대하여는 매월 정근수당 가산금을 5~10만원을 지급하되, 근무연수가 20년 이상 25년 미만인 사람에게는 매월 1만원을, 25년 이상인 사람에게는 매월 3만원 추가로 가산하여 지급한다(동조 및 별표2).

③ **성과상여금**: 성과상여금(동령 제7조의2)에 대하여는 "제6장 복무"의 평가 부분에서 언급하였다. 성과연봉제가 아닌 경감 이하에만 적용된다.

권 2호, 조선대 동북아연구소, 2009, 5-12면 참조.

(2) 가계보전수당

① **가족수당**: 공무원으로서 부양가족이 있는 사람에게는 예산의 범위에서 가족수당을 지급하되, 부양가족의 수는 4명 이내로 한다.

다만, 자녀의 경우로만 부양가족의 수가 4명을 초과하는 경우 모두 가족수당을 지급한다. 같은 부양가족에 대하여 부양하는 공무원이 2명 이상인 경우나 부부가 공무원인 경우에는 그중 1명에게만 수당을 지급한다(동령 제7조).

② **육아휴직수당**[41]: 30일 이상 육아휴직한 공무원에게는 육아휴직 시작일을 기준으로 한 월봉급액의 80%에 해당하는 수당을 지급하되, 해당 금액이 150만원을 넘는 경우에는 150만원으로 하고, 해당 금액이 70만원보다 적은 경우에는 70만원으로 한다(기본 육아휴직수당).[42]

다만 같은 자녀에 대하여 부모가 모두 육아휴직을 한 경우로서 두 번째 육아휴직을 한 사람이 공무원인 경우나 한부모에 해당하는 공무원의 경우, 육아휴직 시작일부터 3개월째까지는 250만원을 상한액으로 하는 월봉급액을, 육아휴직 4개월째부터 12개월째까지는 기본 육아휴직수당을 지급한다.

산정한 육아휴직수당의 85%에 해당하는 금액은 매월 지급하고, 그 나머지 금액은 육아휴직 종료 후 복직하여 6개월 이상 계속해서 근무한 경우에 합산하여 일시불로 지급한다.

육아휴직 대상자가 육아휴직을 대신하여 시간선택제전환공무원으로 지정된 경우에는 최초 1년 동안 감축되는 봉급 대신 "육아기 근로시간 단축수당"을 전일제 근무시 보수액을 상한으로 지급한다(동령 제11조의3).

다른 휴직의 경우 봉급감액의 형태로 일부 급여가 지급되나, 육아휴직은 봉급 지급이 없는 대신 수당이 별도로 지급되는 형태로 지원된다. 하지만 육아휴직은 자녀 1명당 최대 3년까지 사용가능한 제도이나, 13~36개월까지는 육아휴직수당은 지급되지 않는다.

---

41) 육아휴직 제도 자체의 소개는 제3장 인사 부분 참조.
42) 성수영/김상운, 경찰공무원 육아휴직제도의 문제점 및 개선방안에 관한 연구, 문화와 융합 제43권 1호, 2021.1., 859면: 70만원 최저 생계비에도 못 미치는 금액이다. 스웨덴의 경우 육아휴직의 첫 195일에 대해 최대 5,800만원을 지급한다(1월에 약 1,000만원).

(3) 특수지 근무수당

교통이 불편하고 문화·교육시설이 거의 없는 지역이나 근무환경이 특수한 기관에 근무하는 공무원에게는 예산의 범위에서 특수지 근무수당을 지급한다. 다만, 경찰대학생·경찰간부후보생에게는 이를 지급하지 아니한다(「공무원수당 등에 관한 규정」 제12조).

경찰공무원에게 특수지 근무수당이 지급되는 대상기관은 해발 800미터 이상에 위치한 기관, 유치장(호송출장소를 포함), 산악구조대, 검문소 등이다(「경찰공무원 특수지근무수당 지급규칙」 제2조).

(4) 특수근무수당

① **위험근무수당**: 수사외근, 교통외근, 집회·시위 등 현장에서 정보 채증업무에 종사하거나 기동대·파출소·검문소 소속의 경찰공무원 및 경찰기마대 소속 경찰 공무원과 말을 관리하는 일반직 공무원 공무원으로서 위험한 직무에 종사하는 사람에게는 갑종 근무자로서 월 6만원의 위험근무수당을 지급한다(「공무원수당 등에 관한 규정」 제13조 및 별표8, 별표9).

② **특수업무수당**: 정보통신경과 경찰공무원, 국립과학수사연구원 및 치안정책연구소 소속 별정직 공무원 또는 전문경력관으로서 감정 및 연구 업무를 직접 담당하는 사람, 각급 공무원 훈련기관에서 직접 강의를 담당하는 공무원(경찰대학 교수는 제외), 서울특별시 한강순찰대 소속으로 월 10일 이상 선박에서 근무하는 경찰공무원, 항공기 조종사 및 정비사인 경찰공무원과 일반직 공무원, 경찰특공대 소속 경찰공무원, 집회·시위 관리를 직접 담당하는 경찰기동대 소속 경찰공무원, 112신고 출동 현장에서 주요 범죄사건 처리 등 업무에 직접 종사하는 경찰공무원, 각급 행정기관에 설치된 민원실에서 민원창구를 담당하며 상시로 직접 민원서류를 취급하는 공무원, 고소·고발 등 민원사건을 전담하여 조사·처리하는 수사경찰공무원, 과학수사업무에 종사하는 수사경찰공무원, 국립과학수사연구원에서 시체부검업무를 직접 수행하는 공무원, 경찰청에서 검시 업무를 직접 담당하는 일반직 공무원, 직무의 중요도, 난이도, 협업의 정도 등이 높은 공무원(정원의 18% 이내, "중요직무급", 6급 이하 월 10만원, 5급 15만원, 3~4급 20만원), 경제 활력 제고 및 국민 편익 증진 등의 분야에서 우수한 성과를 창출한 공무원("우수 대민 공무원 수당" 2년간 월 20만원), 중앙재난대책본부 등이 구성되는 대규모 재난의 대응·복구 현장에

서 근무하는 공무원(1일 4시간 이상 근무자 8천원, 월 8만원 상한) 등에게는 예산의 범위에서 특수업무수당을 지급하되, 해당 업무의 곤란성 및 난이도 등이 높은 경우에는 특수업무수당 가산금을 지급할 수 있다(「공무원수당 등에 관한 규정」 제14조 및 별표11). 대개 2~10만원이나 항공수당의 경우는 20~60만원이 지급된다.

③ **업무대행수당**: 병가, 유산휴가, 사산휴가, 출산휴가, 육아휴직 또는 공무상 질병휴직 중인 공무원(병가, 유산휴가 및 사산휴가의 경우에는 30일 이상 병가 또는 휴가를 사용하는 공무원, 공무상 질병휴직의 경우에는 6개월 미만의 휴직을 사용하는 공무원으로 한정) 및 시간선택제 전환 공무원의 근무시간 외의 업무를 대행하는 공무원에게는 예산의 범위에서 월 20만원의 업무대행수당을 지급한다. 다만, 같은 업무를 대행하는 공무원이 여러 명인 경우 업무대행수당은 대행자 수로 균분한다(「경찰공무원 임용령」 제30조의3 제2항, 「공무원수당 등에 관한 규정」 제14조의2).

(5) 초과근무수당

① **시간외 근무수당**: 시간외 근무란 「국가공무원 복무규정」 제9조, 제10조에서 정한 공무원의 근무시간 외의 시간에 근무한 경우를 말한다(「2023 공무원 보수 등의 업무지침」 제7장 410면).

현업공무원 외의 근무자는 초과근무로 시간외 근무만 정산되며, 야간과 휴일근무수당이 별도로 계산되지 않는다(「2023 공무원 보수 등의 업무지침」 제7장 412면).

시간외 근무수당은 매 시간에 대하여 해당 공무원에게 적용되는 기준호봉의 봉급액의 55%의 1/209의 150%를 지급한다. 현업공무원 및 재해 등이나 인사혁신처장이 정하는 기준에 따라 불가피한 사유로 시간외 근무를 명받은 경우를 제외하고는 수당이 지급되는 시간은 1일에 4시간, 1개월에 57시간을 초과할 수 없다.

현업공무원의 경우 식사·수면·휴식 시간 및 휴일근무수당을 지급받은 시간은 시간외 근무시간으로 포함되지 않으나, 식사·수면·휴식 시간이 업무상 지휘·감독 아래 있었다고 인정하는 경우는 공제하지 않는다.

현업공무원이 아닌 공무원의 경우는 일별 1시간 이상의 근무로서 공휴일과 토요일의 시간외 근무시간 모두와 평일의 시간외 근무시간에서 1시간을 뺀 시간이 월별 시간외 근무시간으로 합산된다.

부정한 방법으로 시간외 근무수당을 지급받았을 때에는 수령액의 5배에 해당하는 금액을 가산하여 징수한다. 위반행위를 2회 이상 적발했을 때에는 징계의결을 요구해야 한다(「공무원수당 등에 관한 규정」 제15조).

월 57시간 예외의 경우 1일 8시간 범위 내에서 시간외 근무명령 발령가능하나, 이 경우에도 월간 시간외 근무명령은 100시간을 초과할 수 없다(「2023 공무원 보수 등의 업무지침」 제7장 411면).

⚖️ **비현업공무원의 야간근무 및 휴일근무에 대한 수당미지급의 문제점**

(1) 「공무원수당 등에 관한 규정」에 따르면 비현업공무원이 야간이나 휴일에 근무하게 되는 경우 일반 시간외 근무수당으로만 계산하게 되어 있는데, 이는 「근로기준법」에 따라 야간이나 휴일에 근무하는 경우 가중된 근로수당을 받는 일반 근로자에 비해 적은 수당이 지급되는 문제를 야기한다. 특히 휴일 야간에 근무를 하는 경우에는 그 격차가 더 벌어지게 된다.

(2) 「공무원수당 등에 관한 규정」은 야간이나 휴일에 근무를 시키지 않는다는 것을 전제로 하고 있는데, 이는 24시간 근무에 투입될 일이 많은 경찰관서의 현실과 맞지 않는 면이 있다. 그나마 현장투입을 위한 동원은 일시적 현업으로 전환하면 근무에 대한 보상의 방법이 열리지만, 행정적 동원의 경우에는 그러한 전환마저도 제한된다.

(3) 「근로기준법」의 규정은 근로자에 대한 최저 기준을 정하고 있는 것이므로 「공무원수당 등에 관한 규정」이 「근로기준법」보다도 낮은 기준의 근로기준을 정하는 것은 「헌법」에 위반될 여지가 있다.[43]

---

② **야간근무수당(현업공무원만 해당):** 현업공무원의 야간근무에 대하여는 예산의 범위에서 야간근무수당을 지급한다. 야간근무는 1일 8시간(22:00~06:00)을 기준으로 하되, 매 시간에 대하여 봉급기준액의 209분 1의 50%를 지급한다(「공무원수당 등에 관한 규정」 제16조).

③ **휴일근무수당(현업공무원만 해당):** 현업공무원의 휴일 9시부터 18시까지의 근무에 대하여는 예산의 범위에서 휴일근무수당을 지급한다. 이 경우 제15조 제1항 단서를 준용한다. 휴일근무수당은 1일에 대하여 봉급기준액의 26분의 1의 150%를 지급한다(「공무원

---

[43] 물론 최저기준의 위반이 아니라 단지 규율의 내용이 「근로기준법」과 다를 뿐이라면 공무원에 관한 특별법령이 우선 적용됨이 타당하다. 헌법재판소 2017.8.31. 선고 2016헌마404 결정: 공무원 역시 통상적인 근로자의 성격을 갖지만, 국민전체에 대하여 봉사하고 책임을 져야 하는 특별한 지위에 있는 자로서 일반 근로자와 달리 특별한 근무관계에 있다. 따라서 공무원의 근무조건은 공무원 근로관계의 특수성과 예산상 한계를 고려하여 독자적인 법률 및 하위법령으로 규율하고 있으며, 이는 「근로기준법」보다 우선적으로 적용된다.

수당 등에 관한 규정」 제17조).

9시부터 18시까지 전체시간에 대하여 정상 근무한 경우를 1일로 하여 산정하되, 휴일 9시부터 18시 중 일부 시간만 근무하거나 그 외 시간에 근무한 경우에는 영 제15조에 따른 시간외 근무시간으로 계산한다(「2023 공무원 보수 등의 업무지침」 제7장 418면).

⚖️ **현업공무원의 휴일 야간근무에 대한 수당 지급의 문제점**

현업공무원에게 야간근무와 휴일근무에 대한 수당 지급을 규정하고 있는 위 규정은 일견 타당해 보인다. 그러나 동 규정은 휴일근무를 주간근무로만 규정하여, 공무원이 휴일 야간에 근무하는 경우에 지급되는 수당은 근로수당을 재차 가중하도록 하고 있는 「근로기준법」에 따라 일반근로자에게 지급되는 수당에 비해 현저히 미달되는 문제가 발생한다. 따라서 공무원에 대한 휴일근무수당이 「근로기준법」에 따른 일반 근로자에 대한 수당에 미달되지 않도록 관련규정의 개정이 요구된다.

④ 관리업무수당: 총경 이상 경찰공무원에게는 예산의 범위에서 월봉급액의 9%를 관리업무수당으로 지급한다. 관리업무수당을 지급받는 사람에게는 시간외 근무수당, 야간근무수당 및 휴일근무수당을 지급하지 아니한다(「공무원수당 등에 관한 규정」 제17조의2 및 별표13).

⚖️ **복수직급제에 따라 낮은 직급의 직위에 근무하는 총경의 초과근무수당 문제**

복수직급제에 따라 통상 경정급 직위에 근무하게 되는 총경의 경우 통상 총경급 관리자로서 정액 지급을 받는 관리업무의 수행을 넘어서 실무자로서 시간외, 야간, 휴일근무를 하여야 하는데, 이러한 실근무의 대가로서의 보수를 지급받을 수는 없다. 예를 들어 각 시·도경찰청 112 치안상황실에서 상황팀장으로 근무하는 총경의 경우 옆 팀장의 연병가 등 유고시 옆 팀의 팀장으로서 자원근무를 하여야 하는데, 이러한 근무를 1시간을 하든 몇십 시간을 하든 수당을 지급받을 수 없어 근무지정 자체가 불합리해진다.

⑤ 당직근무수당: 당직근무는 시간외 근무에 포함되지 않는다(「2023 공무원 보수 등의 업무지침」 제7장 419면). 당직비는 법령에 특별히 지출근거를 두지 않고 있으나, 기획재정부 예산지침에 따라 각 행정기관에서 지출하고 있다. 평일은 일직이나 숙직 모두 3만원 범위 내에서 부처에서 자율로 결정하며, 주말과 공휴일은 일직이나 숙직 모두 5만원 범위 내에서 지급할 수 있다. 재택근무를 하는 경우는 3시간을 초과하여 근무하는 경우에만

부처 자율로 판단하여 경비를 지급한다(기획재정부, 「2023년도 예산 및 기금운용계획 집행지침」, 156면, 1-6. 일·숙직비(210-6목)).

따라서 경찰기관의 경우 평일 당직은 3만원, 휴일 당직은 10만원(일직＋숙직)을 지급하고 있다.

4. 실비변상[44]

"공무원이 일상업무가 아닌 일시적이고 부가적인 특정업무를 수행하면서 소용되는 경비에 대하여 적정 보상을 하지 않으면 본인 부담이 발생한다. 이와 같은 특별한 소요경비에 대하여 실비가 지급된다. 이 경우 실제 소요된 비용을 계산하여 정산, 지급하기에는 모든 증빙자료를 수집, 정리해야 하는 등 절차가 번거롭고 비효율적인 측면이 크므로, 미리 통상적으로 소요되는 표준비용을 설정하여 개산한 일정액이 지급된다."[45]

경찰공무원은 보수 이외에 그 직무에 필요한 실비를 변상받을 권리를 갖는다(「국가공무원법」 제48조 제1항). 교육 중인 경찰간부후보생에게도 그 밖의 실비를 지급한다(「경찰공무원법」 제35조). 경찰공무원에게 지급되는 실비로는 다음과 같은 것이 있다.

(1) 정액급식비

공무원에게는 예산의 범위에서 월 14만원의 정액급식비를 보수지급일에 지급한다(「공무원수당 등에 관한 규정」 제18조).

(2) 명절휴가비

설날 및 추석날(지급기준일) 재직 공무원에게 예산의 범위에서 명절휴가비를 지급한다. 명절휴가비는 월봉급액의 60%를 보수지급일 또는 지급기준일 전후 15일 이내에 각 기관장이 정하는 날에 각각 지급한다(「공무원수당 등에 관한 규정」 제18조의3).

---

44) 「국가공무원법」이 공무원이 '보수 이외에' 그 직무에 필요한 실비를 변상받을 권리를 갖는다고 규정하고 있는 것에서 볼 수 있듯이(제48조 제1항), 실비는 보수와는 그 기본적 성격을 달리한다. 다만 이들 실비가 보수지급일에 지급되는 경우가 많으며, 경찰공무원들 스스로도 이를 보수의 일종으로 인식하고 있는 점을 고려하여 본서에서는 실비변상의 문제를 보수와 관련지어 서술하기로 하겠다.

45) 법제처, 국가공무원법 주해, 2006.12., 217면.

(3) 연가보상비

1급 이하 공무원에게는 예산의 범위에서 연가보상비를 지급한다. 연가보상비는 해당 연도 6월 30일 및 12월 31일 현재의 월봉급액을 기준으로 나누어 지급할 수 있다. 6월 30일 기준 연가보상비는 월봉급액의 86%×1/30×5일이며, 12월 31일 기준 연가보상비는 (12월 31일 현재의 월봉급액의 86%×1/30×연가보상일수) −6.30일 기준으로 이미 지급한 연가보상비가 된다(「공무원수당 등에 관한 규정」 제18조의5).

(4) 직급보조비

공무원에게는 예산의 범위에서 직급보조비를 보수지급일에 지급한다. 경찰공무원의 경우 순경 175,000원~치안총감 950,000원이다(「공무원수당 등에 관한 규정」 제18조의6).

(5) 출장비

제6장 복무와 관련하여 후술하기로 한다.

5. 가외업무의 보상[46]

공무원이 본래의 업무수행에 지장이 없는 범위에서 담당직무 외의 특수한 연구과제를 위탁받아 처리한 경우에는 보상(報償)을 지급받을 권리를 가진다(「국가공무원법」 제48조 제2항).

II. 연금청구권

1. 연금의 의의 및 성질

(1) 연금의 의의

공무원의 연금이란 공무원의 퇴직,[47] 장해 또는 사망에 대하여 적절한 급여를 지급함

---

46) 가외업무에 대한 보상 또한 보수와는 그 기본적 성격을 달리한다. 다만 본서에서는 공무원이 갖는 재산상의 권리라는 점에 착안하여 이곳에서 함께 논하기로 하겠다.

47) 공무원 연금과 관련하여 퇴직이라는 용어를 사용하는 경우 그것은 면직(免職), 사직(辭職), 그 밖에 사망 외의 사유로 인한 모든 해직(解職)을 말한다. 다만, 공무원의 신분이 소멸된 날 또는 그 다음 날에 다시 신분을 취득하고 이 법에 따른 퇴직급여 및 퇴직수당을 받지 아니한 경우는

으로써 공무원 또는 그 유족의 생활안정과 복리향상에 이바지함을 목적으로 지급하는 급여를 말한다(「공무원연금법」 제1조).

(2) 연금의 성질

연금의 성질에 관하여는 종래 사회보장설, 보험설 및 봉급연불설(또는 거치보수설[48])이 있었으나, 오늘날은 연금은 공무원의 봉급에서 매월 납부되는 기여금(기준소득월액[49]의 9%)과 국가 등의 부담금[50](보수예산의 9%)을 기금으로 하여, 생활능력을 불문하고 지급되는 것이므로(동법 제67조, 제71조) 각 설의 성질을 모두 갖는다는 것이 지배적 견해이다.

〈관련판례〉「공무원연금제도는 공무원이 퇴직하거나 사망한 때에 공무원 및 그 유족의 생활안정과 복리향상에 기여하기 위한 사회보장제도임과 아울러 보험의 원리에 의하여 운용되는 사회보험의 하나이고, 다만 기여금 납부를 통하여 공무원 자신도 그 재원의 형성에 일부 기여한다는 점에서 후불임금의 성격도 가미되어 있다고 할 것이다」(헌법재판소 1999.4.29. 선고 97헌마333 결정).

2. 공무원 연금제도의 전개

공무원이 상당한 기간 근무하여 퇴직하거나 사망한 본인이나 그 유족에게 연금 또는 일시금을 지급한다(「국가공무원법」 제77조 제2항 제1호).

우리나라에서 공무원 연금제도[51]는 1960년에 「공무원연금법」이 제정되면서 시작되었는데, 1993년부터 지급액이 납입액보다 많아지는 현상이 나타나기 시작했다. 이에 정부

예외로 한다.

48) 봉급연불설은 연금을 "지급이 연기된 봉급"의 성격을 갖는 것으로 이해하는 입장이다.

49) 여기서 "기준소득월액"이란 기여금 및 급여 산정의 기준이 되는 것으로서 전년도 소득에서 비과세소득을 제외한 금액의 연지급 합계액을 12개월로 평균한 금액에 1＋공무원 보수인상률을 곱한 것을 말한다. 여기에 포함되는 성과연봉, 성과상여금, 상여금, 직무성과금 및 이에 상당하는 보수, 초과근무수당, 연가보상비 등은 연중 근무한 해당 공무원의 종류 및 직급·계급별로 전년도에 지급된 합계액을 연중 근무한 해당 공무원의 종류 및 직급·계급별 총인원으로 나누어 산정한 금액으로 한다. 한편 인사혁신처장은 공무원보수 인상률을 매년 1월 25일까지 관보에 고시하여야 한다.

50) 여기서 "부담금"이란 급여에 드는 비용으로 국가나 지방자치단체가 부담하는 금액을 말한다.

51) 한편 외국의 공무원 연금제도에 관하여는 공무원연금공단, 해외 주요국 공무원연금제도, 2022 참조.

는 이로 인한 재원 부족을 메꾸기 위하여 2001년부터 정부 보전금 제도를 마련하였는데, 2001년 599억원이었던 보전금은 기하급수적으로 늘어나 2013년에는 보전금이 1조 9982억원에 달하게 되었다. 이처럼 공무원 연금이 만성적자에 시달리는 문제를 해결하기 위해 "더 내고 덜 받는" 「공무원연금법」 개정법이 2016년부터 시행되어 지금에 이르고 있는바, 그 내용은 다음과 같다.

(1) 기여율 및 기여금 부담기한

「공무원연금법」 제정 당시 월소득의 2.3%였던 공무원 개인의 기여율이 9%로 상향되었으며, 기여금[52) 부담기간 또한 33년에서 36년으로 늘어났다.

(2) 연금지급률 및 연금수령 기간

2016년 「공무원연금법」 개정으로 연금지급률[53)은 1.9%에서 1.7%로 낮추어졌으며, 연금수령 나이는 60세에서 2033년까지 65세가 되도록 조정하여 연금수령 기간을 5년 단축하였다.[54)

(3) 연금지급의 정지 등

선출직 공무원이 되거나 정부가 전액 출자·출연한 기관에 취업하면 연금지급이 정지된다. 또한 종래에는 민간기업 취업시에 민간근로자 평균임금을 기준으로 이를 넘는 임금수령시 50%를 감하고 연금을 지급했는데, 개정법에 따르면 평균공무원 소득액수를 기준으로 이를 넘는 임금수령시 50%를 감하고 지급한다.

(4) 소득재분배 기능의 도입

국민연금이 소득이 많은 가입자의 납입액을 저소득층 가입자에게 옮겨주는 소득재분배 방식을 취하는 데 반해, 공무원 연금은 원래 자신이 낸 만큼 돌려받는 소득비례형으로 설계되었다. 그런데 개정법은 공무원 연금에도 소득재분배 기능을 도입하고 있으며,

---

52) 여기서 "기여금"이란 급여에 드는 비용으로 공무원이 부담하는 금액을 말한다.
53) 연금지급률이란, 재직년수와 곱하여 계산해낸 후, 이 비율로 평균소득월액 대비 매월 받을 연금을 계산하게 되는 기준이다. 예로 30년 근무 퇴직자는 30년에 1.7%를 곱한 51%의 평균소득월액을 받게 된다.
54) 이는 1996년 이후 임용자에게 단계적으로 적용된다.

그 결과 국민연금처럼 평균소득이 낮은 공무원에게는 수익률을 높게 적용하고, 평균소득이 높은 공무원에게는 수익률을 낮게 적용한다.[55]

3. 연금급여의 종류

연금급여는 크게 퇴직급여, 퇴직유족급여, 비공무상 장해급여 및 퇴직수당으로 구분된다. ① 퇴직급여는 다시 퇴직연금, 퇴직연금일시금, 퇴직연금공제일시금, 퇴직일시금으로 구분되며, ② 퇴직유족급여는 다시 퇴직유족연금, 퇴직유족연금부가금, 퇴직유족연금특별부가금, 퇴직유족연금일시금, 퇴직유족일시금으로 구분된다. 또한 ③ 비공무상 장해급여는 비공무상 장해연금, 비공무상 장해일시금으로 구분된다(「공무원연금법」 제28조).

(1) 퇴직급여

① **퇴직연금**: (경찰)공무원이 10년 이상 재직하고 퇴직한 경우에는 65세가 되는 때, 계급정년 등의 사유가 발생하여 퇴직한 때부터 5년이 경과한 때에 해당하는 때부터 사망할 때까지 퇴직연금을 지급한다. 퇴직연금의 금액은 재직기간 1년당 평균기준소득월액[56]의 1.7 %로 하되,[57] 재직기간은 36년을 초과할 수 없다. 한편 10년 이상 재직하고 퇴직한 공무원이 퇴직연금 지급 시점 이전에 퇴직연금을 지급받기를 원하는 경우에는 미달연수에 감액된 금액[58]을 '조기퇴직연금'으로 하여 그가 사망할 때까지 지급할 수 있다.

② **퇴직연금일시금 등**: 퇴직연금 또는 조기퇴직연금을 받을 권리가 있는 사람이 원하는 경우에는 퇴직연금 또는 조기퇴직연금을 갈음하여 '퇴직연금일시금'을 지급하거나, 10년

---

55) Daum 백과, 공무원연금(https://100.daum.net/encyclopedia/view/47XXXXXXXX19), 2023. 6.20. 방문.

56) 여기서 "평균 기준소득월액"이란 재직기간 중 매년 기준소득월액을 공무원보수 인상률 등을 고려하여 급여의 사유가 발생한 날의 현재가치로 환산한 후 합한 금액을 재직기간으로 나눈 금액을 말한다.

57) 따라서 예컨대 30년을 재직한 후 퇴직한 사람은 매월 산정된 평균 기준소득월액의 51%(1.7%×30년)를 수령하게 된다. 이 비율은 독일보다 낮지만 미국과 일본에 비해서는 10% 이상 높다(이선우/최일환, 공무원연금법 개정에 따른 공무원 정년 후 소득공백 문제 대응방안 연구, 한국공공관리학보 제34권 1호, 2020.3., 137면).

58) 미달연수 1년 이내는 퇴직연금 상당액의 95%, 미달연수 1년 초과 2년 이내는 퇴직연금 상당액의 90%, 미달연수 2년 초과 3년 이내는 퇴직연금 상당액의 85%, 미달연수 3년 초과 4년 이내는 퇴직연금 상당액의 80%, 미달연수 4년 초과 5년 이내는 퇴직연금 상당액의 75%로 한다.

을 초과하는 재직기간 중 본인이 원하는 기간에 대해서는 그 기간에 해당하는 퇴직연금 또는 조기퇴직연금을 갈음하여 '퇴직연금공제일시금'을 지급할 수 있다.

퇴직연금일시금은 다음의 계산식에 따라 산출하는바, 이렇게 산정한 금액이 이미 낸 기여금에 「민법」 제379조에 따른 이자(법정이율, 연 5푼)를 가산한 금액보다 적을 경우에는 후자의 금액을 지급한다.

$$\text{퇴직한 날의 전날이 속하는 달의 기준소득월액} \times \text{재직연수} \times \left[\frac{975}{1{,}000} + \frac{65}{10{,}000} (\text{재직연수}-5) \right]$$

퇴직연금공제일시금은 다음의 계산식에 따라 산출하며, 이 경우 공제재직연수는 퇴직하는 공무원이 퇴직연금공제일시금 계산에 산입할 것을 원하는 재직연수를 의미한다.

$$\text{퇴직한 날의 전날이 속하는 달의 기준소득월액} \times \text{공제재직연수} \times \left[\frac{975}{1{,}000} + \frac{65}{10{,}000} \times (\text{공제재직연수}) \right]$$

③ **퇴직일시금**: 공무원이 10년 미만을 재직하고 퇴직한 경우에는 퇴직일시금을 지급한다. 퇴직일시금은 퇴직연금일시금의 산식으로 산정되는 금액으로 한다. 산정한 금액이 이미 낸 기여금에 「민법」 제379조에 따른 이자를 가산한 금액보다 적을 경우에는 후자의 금액을 지급한다(「공무원연금법」 제51조).

(2) 퇴직유족급여

① **퇴직유족연금**: 공무원이거나 공무원이었던 사람으로서 퇴직연금 또는 조기퇴직연금을 받을 권리가 있는 사람이 사망한 경우 퇴직유족연금을 지급한다. 퇴직유족연금은 공무원이거나 공무원이었던 사람이 받을 수 있는 퇴직연금액 또는 조기퇴직연금액의 60%로 한다. 다만 퇴직연금 지급이 시작되는 시점이 되기 전에 사망한 경우에는 사망 당시의 조기퇴직연금 상당액의 60%로 한다.

② **퇴직유족연금부가금**: 10년 이상 재직한 공무원이 재직 중 사망하면 퇴직유족연금 외에 퇴직유족연금부가금을 따로 지급한다. 퇴직유족연금부가금은 사망 당시의 퇴직연금일시금에 해당하는 금액의 25%로 한다.

③ **퇴직유족연금특별부가금**: 공무원이었던 사람이 퇴직 후 퇴직연금의 지급이 시작되기 전에 사망하거나 연금 지급이 시작되는 달부터 3년 이내에 사망하면 퇴직유족연금 외에 퇴직유족연금특별부가금을 따로 지급한다. 퇴직유족연금특별부가금은 퇴직 당시의 퇴직

연금일시금에 해당하는 금액의 4분의 1에 다음 비율을 곱한 금액으로 한다.

> [36-(사망 시까지 퇴직연금 또는 조기퇴직연금을 받을 수 있는 개월 수)]×1/36

④ **퇴직유족연금일시금**: 10년 이상 재직한 공무원이 재직 중 사망한 경우 유족이 원할 때에는 퇴직유족연금과 퇴직유족연금부가금을 갈음하여 퇴직유족연금일시금을 지급한다(「공무원연금법」 제54조). 퇴직유족연금일시금의 금액에 관하여는 퇴직연금일시금을 준용한다(동법 제55조).

⑤ **퇴직유족일시금**: 공무원이 10년 미만 재직하고 사망한 경우에는 그 유족에게 퇴직유족일시금을 지급한다. 여기에는 퇴직일시금을 준용한다(동법 제58조).

(3) 비공무상 장해급여

공무원이 공무 외의 사유로 생긴 질병 또는 부상으로 인하여 장해상태가 되어 퇴직하였을 때 또는 퇴직 후에 그 질병 또는 부상으로 인하여 장해상태로 되었을 때, 제1급~제7급은 비공무상 장해연금을, 제8급 이하는 비공무상 장해일시금을 지급한다.

① **비공무상 장해연금**: 비공무상 장해연금의 금액은 기준소득월액에 다음 각 호의 등급에 따른 비율을 곱한 금액으로 한다.

1. 제1급~제2급: 26%

2. 제3급~제4급: 22.75%

3. 제5급~제7급: 19.5%

② **비공무상 장해일시금**: 비공무상 장해일시금의 금액은 기준소득월액의 2.25배로 한다(동법 제59조).

(4) 퇴직수당

공무원이 1년 이상 재직하고 퇴직하거나 사망한 경우에는 퇴직수당을 지급한다. 퇴직수당은 다음의 계산식에 따라 산출한다(「공무원연금법」 제62조, 「공무원연금법 시행령」 제58조).

> 재직기간 × 기준소득월액 × 대통령령으로 정하는 비율

퇴직수당은 "종전의 퇴직가산금제도를 폐지하는 대신 도입한 제도로서, 과거의 근로

에 대한 보상으로서 지급되는 일시금이므로 공무원수당규정에서 말하는 수당과는 그 법적 성격이 다르다."[59]

4. 연금급여의 결정

「공무원연금법」상의 각종 급여는 그 급여를 받을 권리를 가진 사람의 신청에 따라 인사혁신처장의 결정으로 공무원연금공단이 지급한다. 다만, 제59조에 따른 장해연금 또는 장해일시금, 제63조 제3항, 제4항에 따른 급여제한사유 해당 여부 등 대통령령으로 정하는 사항은 「공무원 재해보상법」 제6조에 따른 공무원재해보상심의회의 심의를 거쳐야 한다. 한편 급여의 결정에 관한 인사혁신처장의 권한은 대통령령으로 정하는 바에 따라 공단에 위탁할 수 있다(「공무원연금법」 제29조).

5. 연금급여액의 산정

퇴직연금·조기퇴직연금 및 퇴직유족연금을 제외한 연금급여의 산정은 급여의 사유가 발생한 날이 속하는 달의 기준소득월액을 기초로 한다.

퇴직연금·조기퇴직연금 및 퇴직유족연금의 산정의 기초는, ⅰ)(퇴직 3년 전 연도의 공무원 전체의 기준소득월액 평균액을 퇴직 3년 전 연도와 대비한 퇴직 전년도의 전국소비자물가변동률에 따라 환산한 금액＋퇴직 2년 전 연도의 공무원 전체의 기준소득월액 평균액을 퇴직 2년 전 연도와 대비한 퇴직 전년도의 전국소비자물가변동률에 따라 환산한 금액＋퇴직 전년도의 공무원 전체의 기준소득월액 평균액)/3×(1＋공무원보수인상률) 및 ⅱ) 평균기준소득월액이다. 이 경우 기준소득월액은 공무원 전체의 기준소득월액 평균액의 160%를 초과할 수 없다(동법 제30조).

한편 급여액을 산정함에 있어 물가변동률을 반영하도록 되어 있는 것은 약정금액만 지급하는 개인연금 등 민간연금이 따라올 수 없는 장점으로 평가되는데, 2021년 물가변동률은 2011년(4.0%) 이후 가장 높은 2.5%였고,[60] 2022년은 고물가를 반영하여 1998년(7.5%) 이후 가장 높은 5.1%에 달한다. 30년 근속 후 월 280만원을 받는 퇴직자의 경

---

59) 법제처, 국가공무원법 주해, 2006.12., 211면.
60) https://www.yna.co.kr/view/AKR20220111130200501(연합뉴스, 2022.1.12., 2023.6.19. 방문).

우 월 14만원 정도 인상되는 셈이다.[61]

6. 유족연금 등의 특례규정

(1) 유족연금의 수령

급여를 받을 유족[62]의 순위는 「민법」에 따라 상속받는 순위에 따르되, 유족 중에 같은 순위자가 2명 이상 있을 때에는 급여를 똑같이 나누어 지급한다. 공무원이거나 공무원이었던 사람이 사망한 경우에 급여를 받을 유족이 없을 때에는 별도로 정하는 한도의 금액을 유족이 아닌 직계존비속에게 지급하고 직계존비속도 없을 때에는 그 공무원이거나 공무원이었던 사람을 위하여 사용할 수 있다(동법 제31조 내지 제33조).

(2) 이민과 국적상실의 특례

연금인 급여를 받을 권리가 있는 사람이 외국으로 이민을 갈 때에는 본인이 원하는 바에 따라 출국하는 달의 다음 달부터 4년간 지급할 연금급여를 갈음하여 일시금을 받을 수 있다. 국적을 상실한 경우에는 본인이 원하는 바에 따라 국적을 상실한 달의 다음 달부터 4년간 지급할 연금급여를 갈음하여 일시금을 받을 수 있다(동법 제36조).

(3) 연금급여 상호간 조정

퇴직연금(또는 조기퇴직연금)의 수급자가 퇴직유족연금을 함께 받게 된 경우에는 퇴직유족연금액의 2분의 1을 빼고 지급한다. 퇴직연금과 비공무상 장해급여는 함께 지급하지 아니한다(동법 제40조).

다른 법령에 따라 국가나 지방자치단체의 부담으로 이 법에 따른 급여와 같은 종류의 급여를 받는 사람에게는 그 급여에 상당하는 금액을 이 법에 따른 급여에서 빼고 지급한다. 비공무상 장해급여와 「공무원 재해보상법」에 따른 장해급여 수급권이 함께 발생한 경우에는 그중 하나를 선택하여 받을 수 있다. 퇴직연금(또는 조직퇴직연금)을 받을 권

---

61) https://news.mt.co.kr/mtview.php?no=2023031914355613241(머니투데이, 2023.3.30., 2023. 6.19. 방문).

62) 여기서 "유족"이란 공무원이거나 공무원이었던 사람이 사망할 당시 그가 부양하고 있던 배우자, 자녀, 부모, 손자녀, 조부모를 말한다.

리가 있는 공무원이 사망한 경우 해당 유족은 순직유족연금이나 위험직무순직유족연금을 포함한 3가지 중 하나를 선택하여 받을 수 있다(동법」 제41조).

7. 분할연금 수급권자 등

혼인기간이 5년 이상인 사람이 퇴직연금 또는 조기퇴직연금의 수급권자인 배우자와 퇴직급여 청구 전 이혼한 상태이고 그 배우자가 65세가 되었다면, 퇴직연금 또는 조기퇴직연금을 분할한 일정한 금액의 연금을 받을 수 있다. 분할연금액은 배우자였던 사람의 퇴직연금액 또는 조기퇴직연금액 중 혼인기간에 해당하는 연금액을 균등하게 나눈 금액으로 한다. 분할연금은 3년 이내에 청구하여야 한다(동법 제45조).

분할연금 수급권은 그 수급권을 취득한 후에 배우자였던 사람에게 생긴 사유로 퇴직연금 또는 조기퇴직연금의 수급권이 소멸·정지되어도 영향을 받지 아니하되, 형벌 등에 따른 사유로 감액되거나 지급이 정지된 경우에는 제한된다. 수급권자에게 둘 이상의 분할연금 수급권이 생기면 둘 이상의 분할연금액을 합하여 지급한다. 분할연금 수급권자는 배우자 사망시 퇴직유족연금을 지급할 때 퇴직연금 또는 조기퇴직연금 수급권자로 보지 아니한다. 분할연금 수급권이 소멸된 경우에는 그 사유가 발생한 날이 속하는 달의 다음 달부터 배우자였던 사람에게 분할되기 전의 금액을 지급한다(동법 제47조).

퇴직연금일시금이나 퇴직연금공제일시금 또는 퇴직일시금을 청구하는 공무원의 배우자였던 사람도 청구에 따라 급여를 분할하여 지급한다. 이러한 분할 청구는 3년 이내에 하여야 한다. 이 경우 "분할연금"은 "분할연금일시금", "분할연금공제일시금" 또는 "분할일시금"으로 본다(동법 제49조).

8. 연금급여의 정지·제한 등

(1) 퇴직연금 또는 조기퇴직연금의 지급정지 또는 제한

퇴직연금 또는 조기퇴직연금의 수급자가 다음 어느 하나에 해당하는 경우에는 그 재직기간 중 해당 연금 전부의 지급을 정지하되, 3~5의 경우로서 근로소득금액이 전년도 공무원 전체의 기준소득월액 평균액의 160% 미만인 경우에는 그러하지 아니하다(동법 제50조 제1항).

① 공무원·군인 또는 사립학교교직원으로 임용된 경우

② 선거에 의한 선출직 공무원에 취임한 경우

③ 공공기관 중 국가가 전액 출자·출연한 기관에 임직원으로 채용된 경우

④ 지방직영기업·지방공사 및 지방공단 중 지방자치단체가 전액 출자·출연한 기관에 임직원으로 채용된 경우

⑤ 기타 지방자치단체가 전액 출자·출연한 기관에 임직원으로 채용된 경우

퇴직연금 또는 조기퇴직연금 수급자가 연금 외의 사업소득금액 또는 근로소득금액이 있고, 각 소득금액 또는 이를 합산한 소득금액의 월평균금액이 전년도 평균연금월액(퇴직연금액과 퇴직유족연금액을 합한 금액을 해당 수급자 수로 나눈 금액을 말한다)을 초과한 경우에는 퇴직연금 또는 조기퇴직연금에서 다음 금액의 지급을 정지한다. 이 경우 지급정지액은 퇴직연금 또는 조기퇴직연금의 2분의 1을 초과할 수 없다(동조 제2항).

① 전년도 평균연금월액을 초과한 소득월액이 50만원 미만인 경우: 50만원 미만 초과소득월액의 30%

② 초과소득월액이 50만원 이상 100만원 미만인 경우: 15만원 + 50만원 초과소득월액의 40%

③ 초과소득월액이 100만원 이상 150만원 미만인 경우: 35만원 + 100만원 초과소득월액의 50%

④ 초과소득월액이 150만원 이상 200만원 미만인 경우: 60만원 + 150만원 초과소득월액의 60%

⑤ 초과소득월액이 200만원 이상인 경우: 90만원 + 200만원 초과소득월액의 70%

(2) 퇴직유족연금의 수급권 상실 및 이전

퇴직유족연금을 받을 권리가 있는 사람이 다음 어느 하나에 해당할 때에는 그 권리를 상실한다: 사망, 재혼, 사망한 공무원과의 친족관계 종료, 일정 정도의 장해 상태에 있지 아니한 자녀 또는 손자녀가 19세가 되었을 때, 일정 정도의 장해 상태로 퇴직유족연금을 받고 있던 사람의 장해 상태가 해소되었을 때(동법 제57조).

(3) 연금급여의 제한

공무원 또는 공무원이었던 사람이 재직 중의 사유로 금고 이상의 형을 받아 확정되거

나 파면되면 퇴직급여(재직기간이 5년 미만이면 퇴직급여의 1/4)와 퇴직수당의 1/2을 감액하여 지급한다. 금품수수와 공금횡령이나 유용으로 해임된 경우[63] 퇴직급여(재직기간이 5년 미만이면 퇴직급여의 1/8)와 퇴직수당의 1/4을 감액하여 지급한다(「공무원연금법」 제65조, 「공무원연금법 시행령」 제61조).

9. 비용부담의 원칙

퇴직급여, 퇴직유족급여 및 비공무상 장해급여에 드는 비용은 공무원과 국가 또는 지방자치단체가 부담한다. 퇴직수당 지급에 드는 비용은 국가나 지방자치단체가 부담한다(「공무원연금법」 제66조).

기여금은 공무원으로 임명된 날이 속하는 달부터 퇴직한 날의 전날 또는 사망한 날이 속하는 달까지 월별로 내야 한다. 다만, 기여금 납부기간이 36년을 초과한 사람은 기여금을 내지 아니한다. 기여금은 기준소득월액의 9%로 하되, 기준소득월액은 공무원 전체의 기준소득월액 평균액의 160%를 초과할 수 없다(동법 제67조).

국가나 지방자치단체의 부담금(연금부담금)은 매 회계연도 정하는 보수예산의 9%로 한다. 국가나 지방자치단체는 퇴직급여 및 퇴직유족급여에 드는 비용을 기여금과 연금부담금으로 충당할 수 없는 경우 그 부족한 금액(보전금)을 부담하여야 한다(동법 제71조).

연금급여에 충당하기 위한 책임준비금으로 공무원연금기금을 둔다(동법 제76조).

10. 연금급여와 관련한 구제절차

연금급여에 관한 결정 등에 이의가 있는 경우는 「행정심판법」에 따른 행정심판을 청구할 수 없으며, 결정 등이 있은 날로부터 180일, 그 사실을 안 날로부터 90일 이내에 「공무원 재해보상법」에 따른 공무원재해보상연금위원회에 심사를 청구하여야 한다(동법 제87조). 동 위원회의 심사 결정에 불복이 있는 경우는 행정소송을 제기할 수 있다.[64]

---

63) 기타 사유로 해임된 경우 퇴직급여와 수당이 전액 지급된다.
64) 법제처, 국가공무원법 주해, 2006.12., 377면.

제5장

경찰공무원의 의무

제5장

경찰공무원의 의무

경찰공무원의 근무관계는 전형적인 공법상의 특별권력(신분)관계를 형성하며, 따라서 경찰공무원은 일반 국민이 갖지 않는 특별한 의무를 부담한다.

경찰공무원의 의무는 주로 「국가공무원법」(및 부속법령)과 「경찰공무원법」(및 부속법령)에서 규율되고 있으나, 경찰공무원의 의무가 그에 국한되는 것은 아니다. 즉, 경찰공무원은 이들 법령이 규정하고 있는 의무 이외에도 「공직자윤리법」상 이해충돌방지,[1] 재산등록,[2] 선물신고,[3] 퇴직 후 취업제한[4] 등과 관련한 의무를 부담하고 있으며, 「공직자

---

1) 「공직자윤리법」 제2조의2에서 규정하는 것으로, 선공후사(先公後私)로 요약될 수 있는 의무이다. 동 의무의 구체화로 동법 제14조의4에서 직무관련성이 있는 주식의 매각 또는 신탁을 규정하며, 이에 위반시는 동법 제24조의2에 의하여 형사처벌된다.
2) 「공직자윤리법」 제3조 제1항 제13호 및 동법 시행령 제3조 제5항 제6호에 의거, 경사 이상이 대상이다.
3) 「공직자윤리법」 제15조(외국 정부 등으로부터 받은 선물의 신고) ① 공무원(지방의회의원을 포함한다. 이하 제22조에서 같다) 또는 공직유관단체의 임직원은 외국으로부터 선물(대가 없이 제공되는 물품 및 그 밖에 이에 준하는 것을 말하되, 현금은 제외한다)을 받거나 그 직무와 관련하여 외국인(외국단체를 포함한다. 이하 같다)에게 선물을 받으면 지체 없이 소속기관·단체의 장에게 신고하고 그 선물을 인도하여야 한다. 이들의 가족이 외국으로부터 선물을 받거나 그 공무원이나 공직유관단체 임직원의 직무와 관련하여 외국인에게 선물을 받은 경우에도 또한 같다. 동법 시행령 제28조(선물의 가액) ① 법 제15조 제1항에 따라 신고하여야 할 선물은 미국화폐 100달러 이상이거나 국내 시가로 10만원 이상인 선물로 한다.

의 이해충돌 방지법」상 이해충돌방지 의무[5]를 부담하고 있다. 또한 「부정청탁 및 금품 등 수수의 금지에 관한 법률」에 따라 부정청탁에 따른 직무수행금지, 대가성없는 금품수수 제한 등[6]의 의무를 부담한다.

그러나 개별법령에 규정되어 있는 모든 의무를 이곳에서 논하는 것은 너무 광범위하므로, 이하에서는 「국가공무원법」과 「경찰공무원법」 및 그 부속법령의 규정을 중심으로 경찰공무원의 의무를 살펴보기로 하겠다.

제1절 ▮ 「국가공무원법」상 의무

Ⅰ. 선서의 의무

경찰공무원은 취임할 때에 소속기관장 앞에서 선서할 의무를 갖는다. 다만 불가피한 사유가 있을 때에는 취임 후에 선서하게 할 수 있다(「국가공무원법」 제55조).

---

4) 「공직자윤리법」 제17조 이하 경사 이상 퇴직 경찰공무원은 퇴직 전 5년간 근무부서의 업무와 밀접한 업무관련성이 인정되는 기관에 퇴직 후 3년 이내에 취업을 희망할 경우, 공직자윤리위원회에 승인요청하여 취업심사를 받고 취업해야 한다. 이러한 취업심사 대상기관은 일정 규모 이상의 영리 사기업체, 법무법인, 회계법인, 공직유관단체, 시장형 공기업, 사립대학 등이다. 서비스업이나 단순 노무 등으로의 취업시는 심사가 면제된다. 위반시 동법 제29조에 의하여 형사처벌된다.

5) 2021년에 제정된 「공직자의 이해충돌 방지법」은 제4조에서 「공직자윤리법」 제2조의2와 유사한 내용의 규정을 둔 후, 제5조 이하에서 사적이해관계자의 신고 및 회피·기피 신청(제5조), 공공기관 직무 관련 부동산 보유·매수 신고(제6조), 고위공직자의 민간 부문 업무활동 내역 제출 및 공개(제8조), 직무관련자와의 거래 신고(제9조), 직무관련자와의 거래 신고(제10조), 가족 채용 제한(제11조), 수의계약 체결 제한(제12조), 공공기관 물품 등의 사적 사용·수익 금지(제13조), 직무상 비밀 등 이용 금지(제14조), 퇴직자 사적 접촉 신고(제15조) 등의 구체적인 의무를 부과하고 있다. 동법 제27조, 제28조에서는 위반시 「공직자윤리법」 제2조의2와 달리 형사처벌과 과태료를 규정한다.

6) 위반시 동법 제22조에 의하여 형사처벌된다.

Ⅱ. 성실의 의무

1. 의 의

경찰공무원은 성실히 직무를 수행할 의무를 지는바(「국가공무원법」 제56조),[7] 독일의 충실의무에서 비롯된 것으로 이해되고 있다.[8] 성실의 의무란 "최대한으로 공공의 이익을 도모하고 그 불이익을 방지하기 위해 전인격과 양심을 바쳐서 성실히 직무를 수행할 의무를 의미한다(대법원 1989.5.23. 선고 88누3161 판결 참조)". 이 같은 성실의 의무는 공무원의 모든 의무의 원천이 되는 기본적 의무로서, 각종의 직무상 의무 등도 여기에서 나오는 것이다.

2. 성 질

성실의무는 윤리적 성격을 바탕으로 하지만, 「국가공무원법」에 근거한 법적 의무이다. 따라서 성실의 의무를 위반하는 경우 징계사유가 된다. 다만 이에 대해서 성실의무는 공무원의 성향과 신조에 대한 의무로서 그 위반이 바로 징계사유가 되는 것은 적절치 않다는 반론이 제기되어 있다. 즉, 공무원이 성실의 의무를 부담하는 것과 그 위반이 징계사유가 되는 것은 별개로 보아야 하며, 따라서 성실의무는 이를 구체화하는 다른 의무들을 통하여 간접적으로 적용되도록 하는 것이 바람직하다고 한다.[9]

따라서 성실의 의무를 규정하고 있는 「국가공무원법」의 규정은 전형적인 일반조항으로 이해하여야 한다. 즉, 다른 의무위반이 우선 적용되고, 불명확할 때만 동 의무로 포섭되어야 한다.[10]

---

7) 한편 (경찰)공무원 개인이 아닌 행정청의 성실의 의무는 2021년 9월 시행된 「행정기본법」에 도입되었다(「행정기본법」 제11조).
8) 이진수, 공무원의 성실의무에 대한 재검토, 행정법연구 제60호, 2020.2., 142-146면.
9) 이진수, 공무원의 성실의무에 대한 재검토, 행정법연구 제60호, 2020.2., 159면.
10) 박보영, 공무원의 성실의무와 징계제도에 관한 연구, 입법과 정책 제14권 3호, 국회입법조사처, 2022.12., 118면.

Ⅲ. 직무상 의무

1. 법령준수의 의무

(1) 근거법령과 위반시 효과

모든 공무원은 법령을 준수하여야 한다(「국가공무원법」 제56조). 공무원이 법령에 위반하면 징계책임은 물론, 형사책임·민사책임도 부담하게 된다. 또한 공무원이 법령에 위반하여 행정행위를 하게 되면, 그것은 하자있는 행정행위가 된다.

(2) 공무원의 법령심사권

공무원의 법령준수의무와 관련하여 공무원이 법령의 위법여부를 심사하고, 나아가 법령의 적용을 배제할 수 있는지가 문제되는바, 이와 관련하여서는 다음과 같이 경우를 나누어 설명하는 것이 일반적이다.

① **형식적 법령심사권**: 공무원에게 형식적 법령심사권이 인정된다는 것에 대해서는 학설이 대체적으로 일치하고 있다.

② **실질적 법령심사권**: 공무원의 실질적 법령심사권과 그에 따른 적용배제권과 관련하여서는 ㉠ 전면적으로 부정하는 견해, ㉡ 전면적으로 긍정하는 견해 및 ㉢ 실질적 심사권은 갖되 그의 적용을 배제할 권한은 인정되지 않는다는 견해의 대립이 있다. 생각건대 공무원은 어떤 법령이 위법하다고 생각되는 경우에도 그에 대한 의견을 상관에게 제시할 수 있을 뿐, 자신의 독자적인 판단에 따라 그의 적용을 배제할 수는 없다고 할 것이다.

2. 복종의무

경찰공무원은 직무를 수행할 때 소속상관의 직무상 명령에 복종할 의무를 진다(「국가공무원법」 제57조).[11] 한편 공무원의 어떤 행위가 소속상관의 직무상 명령에 위반된 것인지 여부를 판단하기 위해서는 해당 관청이 행하는 공무의 종류, 당해 직무상 명령이 발하여진 동기, 상황, 추구하는 공익의 내용, 당해 직무의 성질, 담당 공무원의 재량 또는 판단여지의 존부 등을 종합적으로 고려하여 판단하여야 한다(서울고등법원 2014.7.15. 선고 2013누25193 판결 참조).

(1) 소속상관

소속상관이란 그 기관이 행정청인지, 보조기관인지의 여부와 관계없이 당해 공무원의 직무에 관하여 지휘·감독권을 가진 모든 자를 말한다(「국가공무원 복무·징계 관련 예규」 제1장).

(2) 직무명령

① 의 의: 직무명령이란 상관이 부하에 대하여 발하는 명령인데, 특별한 규정이 없는 한 문서·구술의 어느 형식에 의하여도 무방하다.

② 성 질: 직무명령의 처분성을 인정할 수 있는지의 문제에 관하여는 학설의 대립이 있으나, 법원은 이를 긍정한바 있다.

〈관련판례〉「진압명령은 경찰공무원관계 내에서의 직무상의 명령 내지 직무명령의 하나이고, 직무명령도 구체적 사실에 관한 법집행으로서의 공권력의 행사 내지 이에 준하는 행정작용이라고 평가되는 경우에는 행정심판법 제2조 제1항 제1호 및 행정소송법 제2조 제1항 제1호 소정의 처분으로 볼 수 있으므로 그로 인하여 권리 또는 법적 이익을 침해당한 자는 행정심판 및 행정소송 등을 통하여 그 취소를 구할 수 있다고 보아야 할 것이다」(헌법재판소 1995.12.28. 선고 91헌마80 결정).

③ 직무명령에 위반한 행위의 효력: 직무명령은 행정조직 내부에서만 효력을 가질 뿐 일반국민에 대해서는 아무런 효력도 갖지 못하므로 공무원이 그에 위반하여도 위법하지 않으며, 행위 자체의 효력에는 영향이 없다. 단지 위반행위를 한 공무원의 직무상 의무위반이 문제가 되어 징계사유가 될 뿐이다.

---

11) 전시·사변, 그 밖에 이에 준하는 비상사태이거나 작전 수행 중 이에 위반시 「경찰공무원법」 제37조 제1항이 적용되어 7년 이하의 징역 또는 금고에 처한다. 또한 집단 살상의 위급 사태가 발생한 경우 이에 위반시 「경찰공무원법」 제37조 제2항이 적용되어 7년 이하의 징역 또는 금고에 처한다.

(3) 직무명령의 요건

① 형식적 요건

㉠ 정당한 권한을 가진 소속상관에 의하여 발해질 것

㉡ 부하 공무원의 직무에 속하는 사항일 것

㉢ 부하 공무원의 직무상 독립이 보장되는 범위에 관한 것이 아닐 것

〈관련판례〉「구체적으로 그러한 직무상의 명령이 유효하게 성립하기 위해서는 하급자인 그 검사의 직무범위 내에 속하는 사항을 대상으로 하여야 할 것인데, 그 검사가 대질신문을 받기 위하여 대검찰청에 출석하는 행위는 검찰청법 제4조 제1항에서 규정하고 있는 검사의 고유한 직무인 검찰사무에 속하지 아니할 뿐만 아니라, 또한 그 검사가 소속 검찰청의 구성원으로서 맡아 처리하는 이른바 검찰행정사무에 속한다고 볼 수도 없는 것이고, 따라서 위 출석명령은 그 검사의 직무범위 내에 속하지 아니하는 사항을 대상으로 한 것이므로 그 검사에게 복종의무를 발생시키는 직무상의 명령이라고 볼 수는 없다」(대법원 2001.8.24. 선고 2000두7704 판결).

② 실질적 요건: 적법·타당하며, 실현가능하고 명백할 것

(4) 복종의무의 한계

직무명령에 흠이 있는 경우 부하 공무원이 그에 복종할 의무가 있는지와 관련하여 통설은 "부하공무원은 직무명령의 형식적 요건에 관해서는 심사권을 갖고, 그 요건이 결여된 경우에는 복종을 거부할 수 있다. 그러나 실질적 요건에 관해서는 심사할 수 없고, 따라서 실질적 요건을 갖추지 못한 직무명령에 대해서는 의견을 진술할 수 있을 뿐 복종을 거부할 수 없다. 그러나 이 경우에도 직무명령의 내용이 명백하게 범죄를 구성하거나 중대하고 명백한 하자가 있는 경우에는 복종을 거부할 수 있다"고 한다.

〈관련판례〉 ①「공무원이 그 직무를 수행함에 즈음하여 상관은 하관에 대하여 범죄행위 등 위법한 행위를 하도록 명령할 직권이 없는 것이며, 또한 하관은 소속상관의 적법한 명령에 복종할 의무는 있으나 그 명령이 대통령 선거를 앞두고 특정후보에 대하여 반대하는 여론을 조성할 목적으로 확인되지도 않은 허위의 사실을 담은 책자를 발간·배포하거나 기사를 게재하도록 하라는 것과 같이 명백히 위법 내지 불법한 명령인 때에는 이는 벌써 직무상의 지시명령이라 할 수 없으므로 이에 따라야 할 의무가 없다」(대법원 1999.4.23. 선고 99도

636 판결).[12]

⚖️ **독일 공무원의 이의제기(Remonstration) 제도[13]**

독일의 연방공무원법(BBG, Bundesbeamtengesetz)상으로도 공무원은 직무상 명령을 수행하여야 할 복종의 의무를 갖는다. 다만, 직무상 명령이 아닌 법에만 따라야 하는 경우에는 복종의 의무가 적용되지 않는다[연방공무원법 제62조: 복종의무(Folgepflicht)].

공무원의 직무행위는 합법적이어야 하고, 이는 개별 공무원 스스로의 책임으로 한다. 이를 위해 직무상 명령의 합법성이 의심되면 공무원은 즉각 문서로써 직속 상관에게 이를 주장하여야 하고, 명령이 유지된다면 직속 상관의 상관 혹은 그 위의 상관에게 의견을 개진하여야 한다. 그 후에 유지되는 명령에 대하여는 복종하여야 하되, 집행에 대한 개인책임은 면책된다[연방공무원법 제63조: 적법성에 대한 책임(Verantwortung für die Rechtmäßigkeit)].

(5) 위법한 직무명령에 복종한 공무원의 책임

직무명령의 요건을 갖추지 못한 위법한 직무명령이어서 복종을 거부할 수 있음에도 불구하고 그 위법한 직무명령에 따라 범죄행위 등을 행한 해당 공무원은 그 책임을 면할 길이 없다.

〈관련판례〉 ① 「호적담당 공무원이 호적부에 변조된 사실이 있음을 알고도 허위내용의 호적등본 2통을 발급하였다면, 상급자인 시민봉사실장의 종용과 결재에 따라 허위내용의 호적

---

12) 同旨: 대법원 2013.11.28. 선고 2011도5329 판결: 공무원이 그 직무를 수행함에 있어 상관은 하관에 대하여 범죄행위 등 위법한 행위를 하도록 명령할 직권이 없는 것이며, 또한 하관은 소속상관의 적법한 명령에 복종할 의무는 있으나 위와 같이 명백히 위법 내지 불법한 명령인 때에는 이는 벌써 직무상의 지시명령이라 할 수 없으므로 이에 따라야 할 의무가 없다.
13) 우미형, 공무원의 복종의무와 그 한계, 일감법학 제38호, 2017.10., 358면.

정정신청서를 작성, 행사하였다고 하더라도 이에 관여하여 허위공문서 작성 및 동행사에 책임이 있는 이상, 징계해임 처분은 적법하다」(대법원 1991.10.22. 선고 91누3598 판결). ②「상관의 적법한 직무상 명령에 따른 행위는 정당행위로서 「형법」 제20조에 의하여 그 위법성이 조각된다고 할 것이나, 상관의 위법한 명령에 따라 범죄행위를 한 경우에는 상관의 명령에 따랐다고 하여 부하가 한 범죄행위의 위법성이 조각될 수는 없다고 할 것이다」(대법원 1997.4.17. 선고 96도3376 전원합의체 판결). ③「허위의 공문서를 작성하라는 지시는 위법한 명령에 해당할 뿐만 아니라, 위와 같은 위법한 명령을 피고인 3이 거부할 수 없는 특별한 상황에 있었다고 보기 어려우므로, 허위의 확인서 등 작성 범행이 강요된 행위 등으로 적법행위에 대한 기대가능성이 없는 경우에 해당한다고 볼 수 없다」(대법원 2015.10.29. 선고 2015도9010 판결).

(6) 직무명령의 경합

서로 상하관계에 있는 상관으로부터 내용상 서로 모순되는 직무명령이 발하여진 경우에는 직근상관의 명령에 복종해야 한다.

3. 직무에 전념할 의무

(1) 직장이탈금지

경찰공무원은 소속상관의 허가 또는 정당한 사유가 없으면 직장을 이탈하지 못한다. 수사기관도 현행범을 제외하고 공무원을 구속하려면 그 소속기관의 장에게 미리 통보하여야 한다(「국가공무원법」 제58조).[14]

무단결근은 물론,[15] 공무원이 사직원을 제출한 후 사직원이 수리되기 전에 결근하거나,[16] 법정 연가일수 내에서 연가신청을 하였더라도 허가가 있기 전 근무지를 이탈하는

---

14) 전시·사변, 그 밖에 이에 준하는 비상사태이거나 작전 수행 중에 이에 위반시 「경찰공무원법」 제37조 제1항이 적용되어 3년 이하의 징역 또는 금고에 처한다. 집단 살상의 위급 사태가 발생한 경우 이에 위반시 「경찰공무원법」 제37조 제2항이 적용되어 7년 이하의 징역 또는 금고에 처한다.

15) 대법원 1986.7.22. 선고 85누908 판결: 경찰간부(경위)가 소매치기 일당으로부터 수뢰했다는 혐의로 검찰청에서 수사를 착수하자 소속상관의 허가나 정당한 이유없이 47일간 무단결근함으로써 직장을 이탈하였다면 경찰관으로서 직무를 포기한 것으로 파면은 정당하다.

16) 대법원 1971.3.23. 선고 71누7 판결: 순경이 전투경찰대 근무발령을 받고도 3일간 지연부임 하였을 뿐더러 지연부임한 당일 가정사정을 이유로 제출한 사직원이 수리되기 전에 귀가하여 무단

경우 직장이탈에 해당한다.[17] 또한 무단이탈은 그것이 반드시 근무 또는 지정된 장소에서 멀리 떠난 경우뿐만 아니라 그 이탈로 인하여 그에 부과된 임무를 수행할 수 없는 정도로 이탈함으로써 족하다.[18]

〈관련판례〉 ① 「공무원이 그 법정 연가일수의 범위 내에서 연가를 신청하였다고 할지라도 그에 대한 소속 행정기관의 장의 허가가 있기 이전에 근무지를 이탈한 행위는 특단의 사정이 없는 한 국가공무원법 제58조에 위반되는 행위로서 징계사유가 된다」(대법원 1996.6. 14. 선고 96누2521 판결).
② 「세무공무원인 원고가 검찰에서 뇌물수수혐의로 수사를 개시하자 직장을 무단이탈하였다면, 그 후 검찰에 자진출석하여 무혐의결정을 받았더라도 원고에 대한 해임처분이 재량의 한계를 넘거나 남용한 처분에 해당한다고 볼 수 없다」(대법원 1990.10.12. 선고 90누3737 판결).

⚖ 경찰의 날 야외 체육행사와 직장이탈의 문제

「국민체육진흥법」은 2021년 8월 10일 개정시까지는 제7조에서 매년 체육의 날과 체육주간을 설정하도록 하면서, 이를 위임받은 동법 시행령 제5조에서는 매년 10월 15일을 체육의 날로, 매년 4월의 마지막 주간을 체육주간으로 규정하고, 체육의 날이나 체육주간이 속하는 달에는 각급 학교와 직장에서 체육행사를 할 수 있도록 정하고 있었다.

이에 따라 2020년까지는 10월 경찰의 날을 즈음하여 경찰에서 자체로 근무시간에 개최하는 야외체육활동이나 레크리에이션이 법적 근거를 가진 정당한 행사가 될 수 있었다. 하지만 동 법률의 개정에 이어 2022년 2월 8일 개정된 동법 시행령에서 제5조가 삭제됨으로써, 경찰의 날 야외 체육행사는 더 이상 동법에 의한 정당한 행사가 될 수 없게 되었다.

(2) 영리업무금지 및 겸직허가

① 금지되는 영리업무: 경찰공무원은 공무 이외의 영리를 목적으로 하는 업무에 종사하지 못한다(「국가공무원법」 제64조). 영리업무란 계속적으로 재산상의 이득을 취하는 행위이다(「국가공무원 복무·징계 관련 예규」 제9장).

이탈한 행위에 대하여 파면처분한 것은 정당하다.
17) 대법원 1996.6.14. 선고 96누2521 판결: 철도공무원이 불법적 집단행위에 참가한 사례.
18) 정상익, 무단이탈의 의미와 적용에 관한 연구, 부산대학교 법학연구 제61권 1호, 2020.2., 4면; 同旨: 대법원 1967.7.25. 선고 67도734 판결.

금지되는 대상은 상업, 공업, 금융업 또는 그 밖의 영리적인 업무를 스스로 경영하여 영리를 추구함이 뚜렷한 업무행위, 상업·공업·금융업 기타 영리를 목적으로 하는 사기업체(私企業體)의 이사·감사 업무를 집행하는 무한책임사원·지배인·발기인 기타 임원이 되는 것,[19] 직무와 관련 있는 타인의 기업에 대한 투자, 기타 계속적으로 재산상 이득을 목적으로 하는 업무 등으로, 이러한 업무에 종사함으로써 공무원의 직무 능률을 떨어뜨리거나, 공무에 대하여 부당한 영향을 끼치거나, 국가의 이익과 상반되는 이익을 취득하거나, 정부에 불명예스러운 영향을 끼칠 우려가 있는 경우 그 업무에 종사할 수 없다(「국가공무원 복무규정」 제25조).

한편 상위 법령인 「국가공무원법」은 공무원의 영리업무금지와 관련된 별도의 단서규정을 갖고 있지 않은데, 하위 법령인 「국가공무원 복무규정」이 영리업무금지와 관련하여 영리목적 업무에 종사함으로써 직무 능률을 떨어뜨리는 등의 추가요건을 규정함으로써 영리업무로서 금지되는 대상을 완화하고 있다. 입법론상 이러한 입법방식은 의문시되는 면이 있으며, 따라서 법제 정비가 필요하다고 보인다.

〈관련판례〉 「공무원으로서 겸직이 금지되는 영리업무는 영리적인 업무를 공무원이 스스로 경영하여 영리를 추구함이 현저한 업무를 의미하고 공무원이 여관을 매수하여 임대하는 행위는 (금지되는) 영리업무에 종사하는 경우라고 할 수 없다」(대법원 1982.9.14. 선고 82누 46 판결).

② **겸직허가 대상인 업무**: 경찰공무원은 소속기관장의 허가없이 다른 직무를 겸할 수 없다(「국가공무원법」 제64조 제1항). 여기서 겸직허가의 대상 행위는 금지까지는 되지 않는 영리업무와 비영리행위이나 업으로 계속 반복되는 행위이다.

경찰공무원이 복무규정 제25조에서 금지하는 영리 업무에 해당하지 아니하는 다른 직무를 겸하려는 경우에는 소속기관의 장의 사전 허가를 받아야 한다. 허가는 담당 직무수행에 지장이 없는 경우에만 허용된다(「국가공무원 복무규정」 제26조). 통상적으로 1차 산업(농업, 어업, 축산업)과 예술, 학술과 관련된 활동은 영리를 목적으로 하더라도 겸직허가를 받으면 활동할 수 있다. 그러나 담당직무의 수행에 지장을 주는 정도의 행위는 금지된다.

---

19) 참고로 「교육공무원법」 제19조의2에 따라 교수·부교수 및 조교수는 허가를 득한 후 사기업체의 사외이사를 겸직할 수 있다.

주택·상가 등을 다수 소유하여 관리하거나 수시로 매매·임대하는 등 지속성있는 영리업무로 판단되는 경우 겸직허가를 받아야 하고, 이 경우에도 부동산 관련 업무가 직무수행에 지장을 초래할 정도로 과다하다면 불허되어야 한다. 인터넷 플랫폼에서 수익을 창출하는 행위 역시 금지영업은 아니므로 허가신청의 대상으로 규제되면 된다(「국가공무원 복무·징계 관련 예규」 제9장).

> **〈관련판례〉** 「국가공무원 복무규정 제26조의 겸직허가 대상에는, 국가공무원 복무규정 제25조의 금지에 해당하지 않는 영리업무와 영리를 목적으로 하지 않는 계속성이 있는 업무가 해당된다. 공무원의 아파트 매입 및 임대행위는 국가공무원복무규정 제25조에 따라 절대적으로 금지되는 영리업무는 아니지만 동 규정 제26조에 따라 겸직허가가 필요한 계속적인 영리업무로서 징계사유에 해당한다」(서울행정법원 2019.8.13. 선고 2018구합88142 판결).[20]

겸직 허가기간은 2년 이내를 원칙으로 하되, 시간강사·자문위원 등과 같이 임명·위촉기간이 정해진 업무의 경우에는 그 기간의 종료일까지 허가할 수 있다(「국가공무원 복무·징계 관련 예규」 제9장).

공무원이 대학(교)의 시간강사·겸임교수 등으로 위촉되어 출강할 때와 1월을 초과하여 지속적으로 출강할 때(대가의 유무 및 월간 강의횟수와 무관)는 소속기관장의 겸직허가를 받아야 한다. 외부강의 출강은 반드시 요청기관의 공문에 의하도록 하여야 한다. 담당 직무의 수행과 관련이 있거나 해당기관의 기능수행 및 국가정책 수행 목적상 필요한 경우와 해당기관의 장이 필요하다고 인정하는 외부강의에 대하여는 출장 처리 가능하나, 그 외에는 원칙적으로 연가·외출·조퇴 등으로 복무 처리하여야 한다(「국가공무원 복무·징계 관련 예규」 제10장).

③ **금지나 허가없이 허용되는 영리행위**: 영리행위이지만 업으로서 계속적으로 반복되는 것이 아니라면 금지나 겸직허가의 대상에서 제외되어 그대로 허용된다.

공무원이 임대사업자로 등록하고 주택·상가를 임대하더라도 행위가 지속성이 없는 경우 겸직허가 대상이 아니다(「국가공무원 복무·징계 관련 예규」 제9장). 1회적인 저술·번역 등 행위도 겸직허가 대상 업무에 해당하지 않는다. 하지만 주기적 업데이트 및 월 ○○회, 연 ○○회 등 기간을 정한 저술 등 행위의 지속성이 인정된다면 소속기관장의 겸

---

20) 이 사례는 검찰공무원이 10개월 남짓한 기간 동안 16세대 아파트와 임야 1필지의 지분을 매입하였고 이 중 매입한 아파트는 모두 임대하였으며, 11세대의 아파트에 대해서는 민간임대주택에 관한 특별법에 따라 임대사업자로 등록을 해두고 있었던 것과 관련된 것이었다.

직허가를 받아야 한다. 직접 (출판자로서) 서적을 출판·판매하는 행위는 (당연히) 영리업무에 해당된다(「국가공무원 복무·징계 관련 예규」 제9장).

4. 영예 등의 제한

경찰공무원은 대통령의 허가없이 외국정부로부터 영예 또는 증여를 받지 못한다(「국가공무원법」 제62조). 이때 대통령의 허가는 중앙행정기관 소속 공무원에 대하여는 해당 중앙행정기관의 장에게 권한이 위임되고, 그 밖의 기관 소속 공무원의 경우에는 권한이 행정안전부장관에게 위임된다(「행정권한의 위임 및 위탁에 관한 규정」 제17조).

다만 「공직자윤리법」 제15조, 동법 시행령 제28조에 의하면 증여의 경우는 100달러 또는 10만원 이상의 선물에 한하여 신고하면 되도록 규정하고 있다.

5. 정치운동의 금지

공무원은 정치운동이 금지되는바, 그 취지는 공무원을 정당, 압력단체 등 정치세력의 부당한 영향과 갑섭, 침해로부터 보호하여 행정의 안정성과 계속성을 유지함으로써 공익을 증진하려는 것에서 찾을 수 있다.[21] 원칙적으로 모든 공무원에 대하여 적용되나, 「국가공무원법 제3조 제3항의 공무원의 범위에 관한 규정」 제2조에 규정된 정무직 공무원 등은 제한되지 않는다. 다만 선거운동에 관하여는 국회의원만 허용되고, 대통령이나 국무위원 등 동 규정 제2조에 규정된 정무직 공무원이라도 제한된다.

(1) 「국가공무원법」의 규정

「국가공무원법」은 공무원은 정당 기타 정치단체의 결성에 관여하거나 이에 가입할 수 없으며, 선거에서 특정정당 또는 특정인을 지지 또는 반대하기 위한 행위[22]를 하여서는

---

21) 법제처, 국가공무원법 주해, 2006.12., 272면.
22) 「국가공무원법」 제65조(정치 운동의 금지) ② 공무원은 선거에서 특정 정당 또는 특정인을 지지 또는 반대하기 위한 다음의 행위를 하여서는 아니 된다.
  1. 투표를 하거나 하지 아니하도록 권유 운동을 하는 것
  2. 서명 운동을 기도(企圖)·주재(主宰)하거나 권유하는 것
  3. 문서나 도서를 공공시설 등에 게시하거나 게시하게 하는 것

아니 된다고 규정하고 있다(「국가공무원법」 제65조 제1항, 제2항).

한편 「국가공무원법」 제65조가 의미하는 정치적 행위란 정당의 조직, 조직의 확장, 기타 그 목적 달성을 위한 것, 특정 정당 또는 정치단체를 지지하거나 반대하는 것, 법률에 따른 공직선거에서 특정 후보자를 당선하게 하거나 낙선하게 하기 위한 것 중 어느 하나에 해당하는 정치적 목적을 가진 것을 말한다. 이러한 정치적 행위 중 금지되는 것은 다음과 같은 것들이다(「국가공무원 복무규정」 제27조). 즉,

① 시위운동을 기획·조직·지휘하거나 이에 참가하거나 원조하는 행위

② 정당이나 그 밖의 정치단체의 기관지인 신문과 간행물을 발행·편집·배부하거나 이와 같은 행위를 원조하거나 방해하는 행위

③ 특정 정당 또는 정치단체를 지지 또는 반대하거나 공직선거에서 특정 후보자를 지지 또는 반대하는 의견을 집회나 그 밖에 여럿이 모인 장소에서 발표하거나 문서·도서·신문 또는 그 밖의 간행물에 싣는 행위

④ 정당이나 그 밖의 정치단체의 표지로 사용되는 기(旗)·완장·복식 등을 제작·배부·착용하거나 착용을 권유 또는 방해하는 행위

⑤ 그 밖에 어떠한 명목으로든 금전이나 물질로 특정 정당 또는 정치단체를 지지하거나 반대하는 행위

「국가공무원법」 이외에도 「공직선거법」 제86조에서 공무원이 선거에 영향을 미칠 수 있는 행위들을 금지하고 있다.

(2) 「경찰공무원법」의 규정

「경찰공무원법」 또한 경찰공무원은 정당이나 정치단체에 가입하거나 정치활동에 관여하는 행위를 하여서는 아니 된다고 규정하고 있다. 다만 경찰공무원에게는 특히 정치적 중립성이 강하게 요청되는 점을 고려하여 「국가공무원법」 규정과는 별도로 정치활동에 관여하는 행위의 유형을 다음과 같이 상세하게 규정하고 있다(「경찰공무원법」 제23조).

① 정당이나 정치단체의 결성 또는 가입을 지원하거나 방해하는 행위

② 그 직위를 이용하여 특정 정당이나 특정 정치인에 대하여 지지 또는 반대 의견을

---

4. 기부금을 모집 또는 모집하게 하거나, 공공자금을 이용 또는 이용하게 하는 것
5. 타인에게 정당이나 그 밖의 정치단체에 가입하게 하거나 가입하지 아니하도록 권유 운동을 하는 것

유포하거나, 그러한 여론을 조성할 목적으로 특정 정당이나 특정 정치인에 대하여 찬양하거나 비방하는 내용의 의견 또는 사실을 유포하는 행위

③ 특정 정당이나 특정 정치인을 위하여 기부금 모집을 지원하거나 방해하는 행위 또는 국가·지방자치단체 및 「공공기관의 운영에 관한 법률」에 따른 공공기관의 자금을 이용하거나 이용하게 하는 행위

④ 특정 정당이나 특정인의 선거운동을 하거나 선거 관련 대책회의에 관여하는 행위

⑤ 정보통신망을 이용한 이러한 행위

⑥ 소속 직원이나 다른 공무원에 대하여 이러한 행위를 하도록 요구하거나 그 행위와 관련한 보상 또는 보복으로서 이익 또는 불이익을 주거나 이를 약속 또는 고지(告知)하는 행위[23]

6. 집단행위의 금지

경찰공무원은 노동운동이나 그 밖의 공무(公務) 이외의 일을 위한 집단행위를 하여서는 아니 된다(「국가공무원법」 제66조).[24] 이와 관련하여 「국가공무원법」은 사실상 노무에 종사하는 공무원에 대해서는 예외를 인정하고 있으나, 「국가공무원 복무규정」 제28조가 사실상 노무에 종사하는 공무원으로 우정공무원만을 규정하고 있으므로, 경찰공무원의 경우는 이러한 예외가 인정될 수 없다. 또한 경찰공무원은 집단·연명(連名)으로 또는 단체의 명의를 사용하여 국가의 정책을 반대하거나 국가정책의 수립·집행을 방해해서는 아니 된다(「국가공무원 복무규정」 제3조).[25]

---

23) 「경찰공무원법」 제37조(벌칙) ③ 경찰공무원으로서 제23조를 위반하여 정당이나 정치단체에 가입하거나 정치활동에 관여하는 행위를 한 사람은 5년 이하의 징역과 5년 이하의 자격정지에 처하고, 그 죄에 대한 공소시효의 기간은 「형사소송법」 제249조 제1항에도 불구하고 10년으로 한다.

24) 이에 위반시 경찰공무원의 경우 「국가공무원법」 제84조의2(1년 이하의 또는 1천만원 이하의 벌금에 처한다) 대신에 「경찰공무원법」 제37조 제4항(2년 이하의 징역 또는 200만원 이하의 벌금에 처한다)이 적용된다.

25) 「국가공무원 복무규정」 제3조와 관련하여 「국가공무원법 제3조 제3항의 공무원의 범위에 관한 규정」에 따른 공무원에 대해서는 예외가 인정된다. 그러나 동 규정상의 공무원은 대통령, 국무총리, 국무위원, 국회의원, 처의 장, 각 원·부·처의 차관, 정무차관, 이러한 공무원(국회의원은 제외)의 비서실장 및 비서관과 전직대통령의 비서관, 국회의장·국회부의장 및 국회의원의 비서실장·보좌관·비서관 및 비서와 교섭단체의 정책연구위원을 말하므로 이 또한 경찰공무원에게는 적용되지 않는다.

(1) 공무 외의 집단적 행위

여기서 공무 외의 집단적 행위라 함은 "공무원으로서 직무에 관한 기강을 저해하거나 기타 본분에 배치되는 등 공무의 본질을 해치는 특정목적을 위한 다수인의 행위로서 단체결성 단계에 이르지 아니한 상태에서의 행위를 말한다(대법원 1992.3.27. 선고 91누9145 판결 참조)".

〈관련판례〉 「공무 외의 일을 위한 집단행위란 공익에 반하는 목적을 위한 행위로서 직무전념의무를 해태하는 등의 영향을 가져오는 집단적 행위라고 제한적으로 해석하여야 한다. 「국가공무원법」제66조는 형사처벌의 대상도 되므로 죄형법정주의 원칙상 엄격하게 해석하여야 하며 확장해석하거나 유추해석하여서는 아니 된다. 이 조항에 해당하려면 여럿이 같은 시간에 한 장소에 모여 집단의 위세를 과시하는 방법으로 의사를 표현하거나, 여럿이 단체를 결성하여 그 단체 명의로 의사표현하는 경우, 실제 여럿이 모이는 형태로 의사표현을 하지 않더라도 발표문에 서명날인을 하는 경우, 또는 일제 휴가나 집단적인 조퇴, 초과근무 거부 등 집단적인 태업으로 볼 수 있거나 이에 준하는 행위의 집단성이 인정되어야 한다. 국가인원위원회 직원들이 계약직인 동료직원에 대한 계약연장 거부결정에 대해 행한 릴레이 1인 시위, 릴레이 언론기고, 릴레이 내부 전산망 게시 등은 정부활동의 능률을 저해하기 위한 집단적인 태업행위나 이에 준하는 집단성을 인정하기 어렵다. 다만 일부가 1인 시위에 사용하였던 피켓을 모아서 함께 전시하였던 부분은 집단성을 인정할 수 있다. 이 사안은 공익을 위한 것은 아니라 할지라도 공익에 반하는 목적을 가지고 행한 것이라고까지 보기는 어렵다. 더구나 점심시간을 이용하는 1인 시위를 하였고 언론기고가 일과시간 중에 행하여졌다고 볼 만한 증거도 없으며 자신의 직무를 게을리 하는 등 직무전념의무를 해태하였다고 볼 자료도 부족하다」(대법원 2017.4.13. 선고 2014두8469 판결).[26)]

(2) 노동운동의 문제

「국가공무원법」제66조는 공무원의 노동운동을 금지하고 있으나, 「공무원의 노동조합 설립 및 운영 등에 관한 법률」이 노동조합의 조직 및 가입과 노동조합과 관련된 정당한 활동에 대하여는 집단행동의 금지를 규정하고 있는 「국가공무원법」제66조 제1항 본문을 적용하지 아니한다고 규정하고 있으므로(동법 제3조 제1항 참조), 공무원의 노동조합의

---

26) 이혜진, 공무원의 집단적 표현행위 제한의 정당성, 행정판례연구 23집－2, 2018.12., 224면: 이 판결 이전의 본 조항의 적용이 문제된 것은 주로 노동운동 사안이거나 정치적 표현과 관련된 사안이었고, 일반적 표현행위로서 집단행위에 대한 제한은 논의의 사각지대에 있었다.

결성은 이제 법적으로 허용되고 있다.

　이와 관련하여 근래에는 공무원노조법이나 직장협의회법이 제정되면서 공무원 노동운동의 법적 테두리가 이미 형성되었기에, 「국가공무원법」 제66조에서 '노동운동' 부분은 삭제하고 공무 외의 일을 위한 집단행위만 규율하면 된다는 주장이 나타나고 있다.[27]

> **〈관련판례〉** 「국가공무원법 제66조의 노동운동이란 공무원의 근로3권에 대해 제한을 두고 있는 헌법 제33조 제2항의 취지에 비추어 단결권, 단체교섭권, 단체행동권 등 근로3권을 기초로 이에 직접 관련된 행위만을 의미하는 것으로 좁게 해석하여야 한다」(헌법재판소 2007.8.30. 선고 2003헌바51 결정).

7. 친절·공정의 의무

　경찰공무원은 국민전체에 대한 봉사자로서 친절·공정히 집무하여야 할 의무를 지며, 공사(公私)를 분별하고 인권을 존중하며 친절하고 신속·정확하게 업무를 처리하여야 한다(「국가공무원법」 제59조, 「국가공무원 복무규정」 제4조).

8. 종교중립의 의무

　경찰공무원은 종교에 따른 차별 없이 직무를 수행하여야 하며, 소속상관이 종교중립의 의무에 위배되는 직무상 명령을 한 경우에는 이에 따르지 아니할 수 있다(「국가공무원법」 제59조의2, 「국가공무원 복무규정」 제4조).

9. 비밀유지의무(비밀엄수의무)[28]

(1) 비밀의 의의

　경찰공무원은 재직 중은 물론 퇴직 후에도 직무상 알게 된 비밀을 엄수해야 한다(「국가공무원법」 제60조). 여기서 '직무상 알게 된 비밀'이란 자신이 처리하는 직무에 관한 비

---

27) 이재용, 공무원인 근로자의 근로삼권과 국가공무원법 제66조의 집단행위의 금지, 법학연구 제49집, 2013.3., 130면.

28) 다만, 이 문제는 국민의 '알 권리'와 충돌될 수 있다는 점에서 재조명을 요한다.

밀뿐만 아니라 직무와 관련된 모든 비밀을 말한다.

이와 관련하여 「국가공무원 복무규정」 제4조의2가 직무상 비밀에 속하는 사항의 범위를 다음과 같이 규정하고 있음은 주목을 요한다. 즉,

① 법령에 따라 비밀로 지정된 사항, 정책 수립이나 사업 집행에 관련된 사항으로서 외부에 공개될 경우 정책 수립이나 사업 집행에 지장을 주거나 특정인에게 부당한 이익을 줄 수 있는 사항

② 개인의 신상이나 재산에 관한 사항으로서 외부에 공개될 경우 특정인의 권리나 이익을 침해할 수 있는 사항

③ 기타 국민의 권익 보호 또는 행정목적 달성을 위하여 비밀로 보호할 필요가 있는 사항

한편 프랑스의 경우 공무원법[29]에서는 비밀을 시민의 개인정보를 의미하는 직무상비밀과 행정내부의 정보를 의미하는 행정상 비밀로 구분하여 비밀엄수의무를 규정하고 있는데,[30] 우리나라의 경우에는 이러한 구분은 행해지지 않고 있다.

(2) 비밀의 판단기준

직무상 비밀에는 법률이 직무상 비밀로 정한 사항과 법률이 비밀로 정하지는 않았지만 비밀인 사항이 있다. 한편 후자의 경우 구체적인 경우에 있어 무엇이 비밀에 속하는지의 판단기준에 관하여는 ① 행정기관이 비밀로 취급하는 사항은 모두 비밀이라는 형식설과 ② 실질적으로 보호할 가치가 있는지 여부를 기준으로 하는 실질설의 대립이 있는바, 판례는 실질설에 따르고 있다.

〈관련판례〉「국가공무원법상 직무상 비밀이라 함은 국가 공무의 민주적, 능률적 운영을 확보하여야 한다는 이념에 비추어 볼 때 당해 사실이 일반에 알려질 경우 그러한 행정의 목적을 해할 우려가 있는지 여부를 기준으로 판단하여야 하며, 구체적으로는 행정기관이 비밀이라고 형식적으로 정한 것에 따를 것이 아니라 실질적으로 비밀로서 보호할 가치가 있는지, 즉 그것이 통상의 지식과 경험을 가진 다수인에게 알려지지 아니한 비밀성을 가졌는지, 또한 정부나 국민의 이익 또는 행정목적 달성을 위하여 비밀로서 보호할 필요성이 있는지 등이 객관적으로 검토되어야 한다」(대법원 1996.10.11. 선고 94누7171 판결).

---

29) 「공무원 일반법전」(Code général de la fonction publique, CGFP) 제L.121−6조, 제L.121−7조.
30) 강지은, 공무원의 비밀엄수의무와 비밀의 범위, 연세법학 제41호, 2023.2, 477면.

(3) 형사책임과의 관계

경찰공무원의 비밀누설은 징계의 원인이 될 뿐만 아니라 형사책임, 즉 피의사실공표죄(「형법」 제126조)나 공무상비밀누설죄(동법 제127조)를 구성하기도 한다. 다만, 퇴직한 경찰공무원에 대하여는 형사책임을 물을 수 있을 뿐 징계책임은 물을 수 없으나, 그 후에 있어서 공무원관계의 설정을 거부할 수 있다.

(4) 법원의 증인이 된 경우 등

경찰공무원 또는 경찰공무원이었던 자가 법원 등의 증인·감정인이 되어 직무상 비밀에 대하여 신문을 받은 때에는 소속공무소 또는 감독관공서의 허가를 받은 사항에 한하여 진술할 수 있다(「형사소송법」 제147조, 제177조, 「민사소송법」 제307조, 제333조). 그러나 국회로부터 증언의 요구를 받거나, 국가기관이 서류제출을 요구받은 경우에는 증언할 사실이나 제출할 서류의 내용이 직무상 비밀에 속한다는 이유로 증언이나 서류제출을 거부할 수 없다(「국회에서의 증언감정 등에 관한 법률」 제4조 제1항).

Ⅳ. 품위유지의 의무 등

1. 품위유지의 의무

(1) 의 의

경찰공무원은 직무의 내외를 불문하고 그 품위가 손상되는 행위를 하여서는 아니 된다(「국가공무원법」 제63조).[31] 공무원 신분으로부터 부여된 의무이므로 직무의 내외를 불문하고 적용된다. 즉, 품위유지의무는 사생활에서까지도 적용되는바, 본서에서 품위유지의무를 직무상 의무와 구별하여 논하는 이유도 여기에 있다.[32]

---

31) 1949년 제정된 「국가공무원법」에는 위반시 징계의 대상으로만 규정하고 있다가, 1963년 전면 개정된 「국가공무원법」에서 의무로 규정하였다(백창현, 경찰공무원의 품위유지의무에 관한 법적 고찰, 경찰학연구 제16권 2호, 2016.6., 39−42면).

32) 대법원 1992.2.14. 선고 91누4904 판결: 사실혼관계의 파탄이라는 사실만으로는 단순히 개인적인 사생활에 속하는 문제이나, 그것이 자신의 비인격적, 비윤리적 처신으로 인한 것이고 그러한 경위가 동료와 주민들에게 알려져 많은 지탄을 받게 되었다면 이는 이니 개인의 사생활을 벗어나 공무원으로서의 품위유지의무 위반행위가 된다.

여기에서 '품위'라 함은 주권자인 국민의 수임자로서의 직책을 맡아 수행해 나가기에 손색이 없는 인품을 말하는바,[33] 품위유지의무 위반 여부는 공무원이 공무를 수행하는 데 상당한 지장을 초래할 정도로 위엄과 신망에 손상을 가져와 공직의 신뢰를 잃어버렸는가를 기준으로 판단하게 된다.

한편 품위유지의무 위반 여부 또는 품위유지의무 위반을 이유로 한 징계처분에 있어서 징계의 양정 등의 판단에 있어 일반 공무원보다 경찰공무원에게 훨씬 더 엄격한 기준이 적용되고 있는데, 그 이유로는 경찰공무원이 법집행을 하면서 국민들의 기본권을 제한하는 권한을 가지기 때문이라는 점이 들어지고 있다.[34]

⚖️ **프랑스 「공무원 일반법전」상의 품위유지의무**

품위유지조항[35]은 프랑스를 제외하면 주요 외국에서는 그 예를 찾아 보기 힘들다. 한편 품위유지의무는 많은 경우 공무원이 사인으로서 누려야 할 표현의 자유의 한계를 이루는데,[36] 이와 관련하여 프랑스의 경우 공무원의 표현의 자유와 관련하여서는 판례로 별도의 신중의무(obligation de réserve)를 인정하여 공무원의 견해 표명 방식을 제한하고 있음은 주목을 요한다. 즉, 프랑스의 경우 공무원이 정부나 국가기관 등에 대하여 비판하는 것은 허용되지만, 지나치게 극단적이고 공격적인 비난은 허용되지 않으며, 프랑스 공화국의 국가기관에 대한 최소한도의 존중을 요구한다.[37] 다만 이러한 판례의 입장에 대하여는 신중의무는 모호하고 명확하지 않은 법리로서 공무원의 의무를 지나치게 넓히고 자유를 마비시킬 위험이 있다고도 지적된다.[38]

---

(2) 품위유지의무 조항의 위헌성

「국가공무원법」상의 품위유지의무 조항의 위헌성이 다투어진 바 있으나, 헌법재판소는 공무원의 행위유형은 다양하고 공무원의 직무관련 사유로만 징계사유를 규정하거나 품위손상 유형을 구체적으로 열거하는 방식으로는 입법목적을 달성하기에 불충분하므로

---

33) 대법원 1982.9.14. 선고 82누46 판결.
34) 백창현, 경찰공무원의 품위유지의무에 관한 법적 고찰, 경찰학연구 제16권 2호, 2016.6., 43면.
35) 프랑스의 품위유지조항: 「공무원 일반법전」(Code général de la fonction publique, CGFP) 제 L.121조.
36) 황성기, 공무원의 표현의 자유에 대한 제한과 그 한계, 법학논총 제34집 3호, 2017.9., 6면.
37) 강지은, 공무원의 비밀엄수의무와 비밀의 범위, 연세법학 제41호, 2023.2., 477면.
38) 강지은, 공무원의 비밀엄수의무와 비밀의 범위, 연세법학 제41호, 2023.2., 484면.

명확성 및 과잉금지원칙에 위배되지 않는다고 하여 합헌성을 인정한 바 있다.[39]

2. 청렴의무

이 규정의 취지는 공무원 직무행위의 불가매수성을 보호하고 공무원의 직무집행의 적정성을 보장하려는 데 있다.[40]

경찰공무원은 직무와 관련하여 직접적이든 간접적이든 사례·증여 또는 향응을 주거나 받아서는 안 되고, 직무상 관계가 있든 없든 그 소속상관에게 증여하거나 소속공무원으로부터 증여를 받아서는 안 된다(「국가공무원법」 제61조). 공무원의 청렴의무의 제도적 확보를 위하여 「공직자윤리법」이 제정되어 있다.

여기서 '사례'는 감사의 뜻을 금전적으로 나타내는 것을 말하며, '증여'는 당사자 일방이 무상으로 재산을 수여하는 의사표시를 하고 상대방이 승낙함으로써 성립하고, '향응'은 장소를 불문하고 접대하는 행위를 말한다.[41]

또한 공무원은 행정기관과 함께 자발적인 기탁금도 기부심사위원회의 심사를 거친 경우 외에는 접수하여서는 안 된다.[42]

---

39) 헌법재판소 2016.2.25. 선고 2013헌바435 결정. 대법원은 직무내외를 불문하는 지 적시하지 않은 외에는 헌법재판소와 같은 태도이다. 대법원 2017.4.13. 선고 2014두8469 판결.

40) 대법원 1991.11.27. 선고 92누3366 판결.

41) 법제처, 국가공무원법 주해, 2006.12., 264면.

42) 국가나 지방자치단체 및 그 소속기관·공무원은 기부금품을 모집할 수 없고, 자발적으로 기탁하는 금품이라도 이를 접수할 수 없다. 다만 사용용도와 목적을 지정하여 자발적으로 기탁하는 경우로서 기부심사위원회의 심의를 거친 경우와 모집자의 의뢰에 의하여 단순히 기부금품을 접수하여 모집자에게 전달하는 경우는 접수할 수 있다. 국회, 대법원, 헌법재판소 및 중앙선거관리위원회, 행정안전부 및 대통령령으로 정하는 기관에 기부심사위원회를 둔다(「기부금품의 모집 및 사용에 관한 법률」 제5조). 시·도경찰청 이상 경찰관서도 기부심사위원회 설치 대상이다(「기부금품의 모집 및 사용에 관한 법률 시행령」 제15조).

제2절 ┃「경찰공무원법」 및 「경찰공무원 복무규정」상 의무

I. 「경찰공무원법」상의 의무

1. 거짓 보고 등의 금지

경찰공무원은 직무에 관하여 거짓으로 보고나 통보를 하여서는 아니 된다.[43] 경찰공무원은 직무를 게을리하거나 유기(遺棄)해서는 아니 된다(「경찰공무원법」 제24조).[44]

2. 지휘권 남용 등의 금지

전시·사변, 그 밖에 이에 준하는 비상사태이거나 작전수행 중인 경우 또는 많은 인명 손상이나 국가재산 손실의 우려가 있는 위급한 사태가 발생한 경우, 경찰공무원을 지휘·감독하는 사람은 정당한 사유 없이 그 직무 수행을 거부 또는 유기하거나 경찰공무원을 지정된 근무지에서 진출·퇴각 또는 이탈하게 하여서는 아니 된다(동법 제25조).[45]

---

43) 「경찰공무원법」 제37조(벌칙) ① 경찰공무원으로서 전시·사변, 그 밖에 이에 준하는 비상사태이거나 작전 수행 중인 경우에 제24조 제2항 또는 제25조, 「국가공무원법」 제58조 제1항을 위반한 사람은 3년 이상의 징역이나 금고에 처하며, 제24조 제1항, 「국가공무원법」 제57조를 위반한 사람은 7년 이하의 징역이나 금고에 처한다.
② 제1항의 경우 외에 집단 살상의 위급 사태가 발생한 경우에 제24조 또는 제25조, 「국가공무원법」 제57조 및 제58조 제1항을 위반한 사람은 7년 이하의 징역이나 금고에 처한다.

44) 동법 제37조(벌칙) ① 경찰공무원으로서 전시·사변, 그 밖에 이에 준하는 비상사태이거나 작전 수행 중인 경우에 제24조 제2항 또는 제25조, 「국가공무원법」 제58조 제1항을 위반한 사람은 3년 이상의 징역이나 금고에 처하며, 제24조 제1항, 「국가공무원법」 제57조를 위반한 사람은 7년 이하의 징역이나 금고에 처한다.
② 제1항의 경우 외에 집단 살상의 위급 사태가 발생한 경우에 제24조 또는 제25조, 「국가공무원법」 제57조 및 제58조 제1항을 위반한 사람은 7년 이하의 징역이나 금고에 처한다.

45) 동법 제37조(벌칙) ① 경찰공무원으로서 전시·사변, 그 밖에 이에 준하는 비상사태이거나 작전 수행 중인 경우에 제24조 제2항 또는 제25조, 「국가공무원법」 제58조 제1항을 위반한 사람은 3년 이상의 징역이나 금고에 처하며, 제24조 제1항, 「국가공무원법」 제57조를 위반한 사람은 7년 이하의 징역이나 금고에 처한다.
② 제1항의 경우 외에 집단 살상의 위급 사태가 발생한 경우에 제24조 또는 제25조, 「국가공무원법」 제57조 및 제58조 제1항을 위반한 사람은 7년 이하의 징역이나 금고에 처한다.

3. 제복착용의 의무

경찰공무원은 제복을 착용하여야 한다(동법 제26조). 경찰복식은 경찰모(警察帽), 경찰제복, 경찰화(警察靴), 계급장, 경찰장 어깨표장, 휘장(徽章) 및 그 부속물, 기타 경찰청장이 정하는 복식으로 구분하고, 경찰공무원은 경찰공무원의 복식을 착용하여야 한다(「경찰복제에 관한 규칙」 제2조, 제3조).

II. 「경찰공무원 복무규정」에 따른 의무

1. 상호 예절준수

경찰공무원은 상·하급자 및 동료 간에 서로 예절을 지켜야 한다(「경찰공무원 복무규정」 제4조). 어느 관계에서나 예의는 상호 간에 있는 것인데, 상급자나 연장자들이 자신에 대한 예의만 강요하면서 많은 갈등이 야기된다는 점에서, 이를 법적 의무로 규정한 것은 의미가 크다고 할 수 있다.

2. 용모복장 단정

경찰공무원은 용모와 복장을 단정히 하여 품위를 유지하여야 한다(동령 제5조).

3. 청결한 환경유지

경찰공무원은 사무실과 그 주변환경을 항상 깨끗하게 정리·정돈하여 명랑한 분위기를 유지하여야 한다(동령 제6조).

4. 갈등조장 및 불건전오락 금지

경찰공무원은 상·하급자 및 동료를 비난·악평하거나 서로 다투는 행위를 하여서는 아니 되며, 항상 협동심과 상부상조의 동료애를 발휘하여야 하고, 경솔하거나 난폭한 행동을 하여서는 아니 된다. 또 건전하지 못한 오락행위를 하여서는 아니 된다(동령 제7조).

5. 지정장소 외에서의 직무수행금지

경찰공무원은 상사의 허가를 받거나 그 명령에 의한 경우를 제외하고는 직무와 관계 없는 장소에서 직무수행을 하여서는 아니 된다(동령 제8조).

한편 이러한 규정을 경찰공무원이 소속 경찰기관 관할 이외에서 상사의 허가를 받지 않거나 명령되지 않은 일체의 직무수행을 금지하는 것으로 해석하여서는 안 된다. 생각 건대 동 규정은 경우를 나누어 고찰할 필요가 있다. 즉, 경찰공무원이 경찰행정청의 권 한을 지시받아 경찰행정청의 명의로 집행하는 경우(예를 들어 통고처분서 발급, 풍속업소의 점검 등)에는 해당 경찰공무원에게 이러한 규정을 적용함은 문제가 없으나, 경찰공무원 이 단독관청으로서 자신의 권한을 자신의 명의로 행사하는 경찰관의 지위에 서 있는 경 우(예를 들어 위험방지, 범죄제지 등)에는 이 규정에 따른 별도의 관할 제한을 받지 않는다 고 보아야 한다. 다만 내부적으로는 경찰관은 소속 행정기관장인 경찰행정청에게 권한 행사에 따른 보고의무를 행하여야 한다.

6. 근무시간 중 음주금지 및 취기 중 근무금지

경찰공무원은 근무시간중 음주를 하여서는 아니 된다. 다만, 특별한 사정이 있는 경 우에는 예외로 하되, 이 경우 주기가 있는 상태에서 직무를 수행하여서는 아니된다(동령 제9조).

7. 민사분쟁에의 부당개입금지

경찰공무원은 직위 또는 직권을 이용하여 부당하게 타인의 민사분쟁에 개입하여서는 아니 된다(동령 제10조).

모든 민사분쟁에 경찰의 개입을 금지하는 것은 아니며, 부당한 개입만이 제한된다. 오 히려 민사상 분쟁이 법원에 의하여 해결될 수 없는 경찰상 위험을 동반하는 경우 경찰 의 개입은 의무화된다. 특히 민사상 손해배상청구권이 확보되기 어려운 긴급한 상황은

경찰에 의한 최소한의 긴급보전이 필요하다고 할 수 있다.[46)]

8. 상관에 대한 신고

경찰공무원은 신규채용·승진·전보·파견·출장·연가·교육훈련기관에의 입교 기타 신분관계 또는 근무관계 또는 근무관계의 변동이 있는 때에는 소속상관에게 신고를 하여야 한다(동령 제11조).

9. 여행의 제한(소위 '관외여행')

경찰공무원은 휴무일 또는 근무시간 외에 2시간 이내에 직무에 복귀하기 어려운 지역으로 여행을 하고자 할 때에는 소속 경찰기관의 장에게 신고를 하여야 한다. 다만, 치안상 특별한 사정이 있어 경찰청장, 해양경찰청장 또는 경찰기관의 장이 지정하는 기간 중에는 소속 경찰기관의 장의 허가를 받아야 한다(동령 제13조).

> ⚖️ **경찰청장이 관외여행을 하는 경우의 문제**
>
> 2022.10.29. 이태원 압사사고가 발생한 날 경찰청장은 관외여행의 신고없이 충북 제천에 머무르다, 사고발생 4시간이 지나 서울로 복귀하였다. 이와 관련하여 경찰청장의 관외여행이 논란이 되었던바, 경찰청은 "경찰청장에게는 (최상위 계급으로 도의적이나 관리자로서의 책임 이외에) 관외여행 규정이 적용되지 않는다"는 입장을 밝힌 바 있으며, 이러한 경찰청의 입장에 대하여는 자기 결재를 해서라도 경찰청장의 소재를 분명히 하여야 한다는 의견이 제시된 바 있다.[47)]
>
> 생각건대 경찰청장은 연가를 사용하여 차하위 계급에 부재중 권한을 위임한 경우가 아니라면 관외여행의 신고로 그 책임을 벗을 수 있는 지위가 아니며, 전국 어디서나 24시간 연락이 되고 지휘를 할 수 있어야 한다. 결론적으로 이번 이태원 압사사고 시에 경찰청장의 행위는 적어도 24시간 연락체계가 손상되었다는 점에서 문제가 있었다고 생각한다.

---

46) 김형훈/서정범, 사권보호를 위한 경찰개입에 관한 연구, 경찰대학, 경찰학연구 제22권 3호, 2022, 117면 이하; 파스칼 바쉬텐 저, 김형훈/서정범 공역, 경찰실무에서의 사법, 박영사, 2021.(원문; Basten, Pascal, Privatrecht in der polizeilichen Praxis, 1. Auflage, 2013.) 참고.
47) 배상훈, 아시아경제, 최상위 계급엔 적용 안된 복무규정 … 윤희근 참사일 휴가 신청 안했다, 2022.11.18.

경찰공무원의 복무, 교육, 평가 및 상훈

제6장

경찰공무원의 복무, 교육, 평가 및 상훈

본장에서는 경찰공무원의 복무와 교육훈련, 근무성적평가와 경력평정을 주된 내용으로 하는 평가 그리고 훈장 또는 포장의 수여 및 표창을 내용으로 하는 상훈(賞勳)에 관하여 서술하고자 한다. 이들은 틀림없이 상호 이질적인 요소를 내포하고 있다.

그럼에도 불구하고 이들을 하나의 장으로 묶어서 서술하는 이유는 경찰공무원의 교육훈련은 경찰공무원의 복무와 연장선상에 있다고 볼 수 있는 측면이 있으며, 복무와 교육훈련은 근무성적평정 등과 같은 평가를 함에 있어 중요한 평가요소가 될 수 있기 때문이다. 또한 훈장 또는 포장의 수여 및 표창은 직무에 힘을 다한 자 등을 대상으로 하는 것이어서 이 또한 복무와 무관하지 않은 면이 있다고 보았다.

제1절 ┃ 경찰공무원의 복무

「국가공무원법」은 제67조에서 공무원의 복무에 관하여 필요한 사항을 대통령령에 위임하고, 이를 수임한 「국가공무원 복무규정」이 상세한 규정을 두고 있다. 「경찰공무원법」은 별도의 위임규정없이 부속 대통령령으로 「경찰공무원 복무규정」을 두어 복무에 관하여 필요한 상세한 규정을 두고 있는 한편, 동 규정 제20조에서 경찰공무원의 복무에 관하여 이 영에서 규정한 사항 외에는 「국가공무원 복무규정」을 적용한다는 준용규정을 두고 있다.

이하에서는 이들 2가지 복무규정과 이에 부속하는 행정규칙 등을 중심으로 경찰공무원의 복무에 관한 사항을 서술하기로 하겠다.

I. 근무일 및 근무시간

1. 근무일

(1) 기본원칙

행정기관의 근무일에서 「관공서의 공휴일에 관한 규정」에서 지정한 공휴일,[1] 임시공휴일, 대체공휴일 및 토요일은 제외된다. 기관장은 임의로 공휴일에 속하지 아니하는 날에 전 공무원을 휴무하게 하여 행정기관을 폐청할 수는 없다(「국가공무원 복무·징계 관련 예규」 제3장).

(2) 공무원에 대한 「근로자의 날 제정에 관한 법률」의 적용 여부의 문제

① 문제의 의의: 공무원의 근무일과 관련하여 공무원에 대한 「근로자의 날 제정에 관한 법률」의 적용 여부, 특히 공무원이 근로자의 날(노동절)인 5월 1일에 근무하여야 하는지가 문제가 된다.

---

1) 일요일은 공휴일에 속한다.

② **학설의 대립**: 이 문제에 관하여 종래 학계에서는 "공무원에게는 「근로기준법」이 적용이 되지 않으므로 공무원에게는 「근로자의 날 제정에 관한 법률」 또한 적용되지 않는다. 따라서 공무원법의 적용을 받는 자는 근로자의 날인 5월 1일 근무하여야 하고, 공무원이 아닌 기타 근로자만 휴게한다"는 견해가 유력했고, 헌법재판소 역시 같은 취지의 결정을 행한 바 있다.[2]

그러나 「헌법」 제33조 제2항이 명시하고 있듯이 공무원도 근로자이며, 「근로자의 날 제정에 관한 법률」 또한 "5월 1일을 근로자의 날로 하고, 이날을 「근로기준법」에 따른 유급휴일(有給休日)로 한다"라고만 규정하고 있을 뿐 특별히 공무원에 대하여 동법의 적용을 배제하거나, 동법이 「근로기준법」상의 근로자만을 대상으로 한다는 내용을 두고 있지는 않다. 물론 공무원법의 부속 법령인 「관공서의 공휴일에 관한 규정」에서 근로자의 날을 휴일로 지정하고 있지는 않지만,[3] 「관공서의 공휴일에 관한 규정」은 「근로기준법」에서 근로자의 날을 휴일로 지정하고 있지 않아도 「근로자의 날 제정에 관한 법률」에 의해 근로자의 날이 휴일로 지정되는 것과 마찬가지로 해석되어야 한다.

나아가 공무원에게 「근로기준법」이 적용되지 않는다는 규정은 「국가공무원법」을 포함하여 공무원의 신분에 관하여 규율하는 어떤 법률에서도 찾아볼 수 없으며, 「근로기준법」 또한 근로자의 개념을 "직업의 종류와 관계없이 임금을 목적으로 사업이나 사업장에 근로를 제공하는 사람을 말한다"라고 포괄적으로만 규정하고 있을 뿐이다(제2조). 더욱이 「근로기준법」이 제3조에서 "이 법에서 정하는 근로조건은 최저기준이므로 근로관계 당사자는 이 기준을 이유로 근로조건을 낮출 수 없다"고 규정하고 있음을 고려할 때 근무일에 관한 「근로기준법」상의 규정은 공무원에게도 적용됨이 마땅하다. 따라서 공무원의 근로기준에 관한 특별법으로 「국가공무원법」 등이 적용된다 하더라도 근로기준에 관하여 모든 것을 「국가공무원법」에서 특별히 정하고 있지 않는 한, 특별규정이 없는 범위에서는 공무원에게도 「근로기준법」이 일반법으로서 적용된다고 보아야 한다.[4]

---

2) https://www.ytn.co.kr/_ln/0103_202304271450355423(YTN, "우리 회사 안 쉽니다" 5월 1일 근로자의 날 일했다면, 휴일수당 받을 수 있나?, 2023.4.27.).

3) 헌법재판소는 「관공서 휴일에 관한 규정」에서 근로자의 날을 휴일로 지정하고 있지 않은 것에 대한 초등학교 교사들의 헌법소원에서 동 규정의 합헌성을 인정한 바 있다(헌법재판소 2022. 8. 31. 선고 2020헌마1025 결정).

4) 다른 입장으로 참고할 만한 문헌: 장우성, 공무원의 노동법상 지위에 관한 연구, 고려대학교 노동대학원 석사학위 논문, 2012.

③ **결어(사견)**: 이상과 같은 논의를 기초로 할 때 「근로자의 날 제정에 관한 법률」은 공무원에게도 적용되어야 한다고 생각한다. 실제로 최근 일부 지방자치단체에서 공무원도 근로자에 속한다는 판단에 따라 대체 휴가를 도입하고 있는 것을 볼 수 있다. 또한 제주특별자치시는 대체 휴무를 대신하여 포상휴가를 실시하고 있으며, 경기도 의회는 전 직원의 특별휴가를 실시하고 있는데,5) 이러한 사정은 본서의 입장과 같은 맥락에 서 있는 것으로 보인다.

> ⚖️ **[연결문제]** 근로자의 날에 경찰관서 식당 고용 종사자들이 근로하는 경우, 평일 근로인가? 아니면 유급휴일 근로인가?
>
> (1) 종래의 일반적 견해에 따르면 경찰관서에 근무하는 경찰공무원과 행정공무원들은 「근로기준법」이 적용되는 근로자가 아니므로 근로자의 날에 근무를 하는 것은 평일 근로에 해당하지만, 무기계약직에 해당하는 주무관은 「근로기준법」의 적용 대상이므로 그들이 5월 1일에 근무를 하게 되면 유급휴일 근로에 해당한다. 따라서 이날 주무관이 근로를 하였다면 대체 휴무나 휴일수당이 지급되어야 한다. 따라서 평일로 휴무를 대체하는 경우 하루 반(12시간)의 휴무가 주어져야 하고, 휴일수당을 지급하는 경우 일급의 1.5배가 수당으로 지급되어야 한다.
>
> (2) 그러나 경찰관서의 식당 종사자들은 국가와 계약을 맺은 주무관이 아니라 경찰기관의 복지위원회라는 별도의 사업장과 계약을 맺은 일반 근로자로서 종사자의 수가 4인 이하인 경우 「근로기준법」상의 보장은 동법 제11조에 의하여 제한적으로 적용된다. 물론 「근로자의 날 제정에 관한 법률」이라는 특별법으로 인해 경찰관서의 식당에 고용된 종사자들에게도 5월 1일은 유급휴일에 해당하므로, 이날 근무를 하였다면 「근로기준법」에 의해 대체휴무나 휴일수당이 지급되어야 한다. 그러나 종사자의 수가 4인 이하인 경우에는 「근로기준법」 제11조에 의해 동법 제56조의 초과, 야간, 휴일근로의 가산수당 규정이 적용되지 않으므로 이들이 근로자의 날인 5월 1일에 근로할 경우 대체휴무나 휴일수당은 150%가 아닌 100%만 지급된다.
>
> (3) 경찰관서의 식당 종사자들이 토요일, 일요일, 각종 공휴일에 1명씩 교대로 근무하는 것에 대해서도 휴일수당이 지급되어야 할까. 4인 이하 사업장에 대해서도 「근로기준법」 제55조 제1항의 주 1회 이상 유급휴일은 적용되지만, 동조 제2항으로 준용하는 「관공서의 공휴일에 관한 규정」이 4인 이하 사업장에는 적용되지 않으므로 일요일 및 국경일과 그 대체 공휴일이 모두 유급휴일에 해당하지는 않는다. 즉, 동조 제1항에 따라 매주 토요일이나 일요일 중 하루만 휴일을 부여하면 다른 공휴일에 근무하더라도 추가 수당 지급대상이 아니다.

---

5) http://news.kmib.co.kr/article/view.asp?arcid=0018205342&code=61131111&sid1=co (국민일보, 나도 일해요, 근데 왜 근로자의 날 못 쉬죠?, 2023.4.29.).

2. 근무시간

(1) 비현업공무원

공무원의 1주간 근무시간은 점심시간을 제외하고 40시간으로 하며, 토요일은 휴무함을 원칙으로 한다. 공무원의 1일 근무시간은 오전 9시부터 오후 6시까지로 하며, 점심시간은 낮 12시부터 오후 1시까지로 한다. 다만, 행정기관의 장은 직무의 성질, 지역 또는 기관의 특수성을 고려하여 필요하다고 인정할 때에는 1시간의 범위에서 점심시간을 달리 정하여 운영할 수 있다(「국가공무원 복무규정」제9조).

(2) 현업공무원

현업기관[6] 및 직무 성질상 상시근무 체제를 유지할 필요가 있거나 토요일 또는 공휴일에도 정상근무를 할 필요가 있는 기관에 소속된 공무원(현업공무원)의 근무시간과 근무일은 그 기관의 장이 소속 중앙행정기관의 장의 승인을 받아 따로 정할 수 있다(동령 제12조).

여기서 현업공무원이라 함은 해당 직무의 특성상 상시근무, 즉 업무에 공백이 없도록 24시간 근무(교대근무[7] 등)를 할 필요가 있는 경우, 교대근무를 시행할 경우 행정 비효율성이 예측되나 상시근무 체제에 준하는 근무를 해야 할 필요가 있는 근무형태의 공무원 등을 말한다.[8]

(3) 경찰기관 상시근무 공무원의 근무시간

경찰기관 상시근무 공무원의 근무시간에 관하여는 「경찰기관 상시근무 공무원의 근무시간 등에 관한 규칙」이 상세히 규정하고 있는바, 그 주요 내용은 다음과 같다.

① **경찰기관 상시근무 공무원의 근무시간**: 경찰기관에서 상시근무를 하는 공무원의 근무시간도 휴게시간을 제외하고 주 40시간을 원칙으로 한다. 여기서 휴게라 함은 식사시간을 포함하여 근무 도중 자유롭게 쉬는 시간을 말한다(「경찰기관 상시근무 공무원의 근무시간 등에 관한 규칙」제2조, 제3조).

---

6) 「국가공무원 복무·징계 관련 예규」제3장 22면: 현업기관이라 함은 권력집행적 행정작용을 수반하지 아니하고, 민간기업처럼 상품이나 서비스의 생산 및 판매활동을 하는 관청을 말하며, 이에 해당되는 기관으로는 우체국 등을 들 수 있다.
7) 근무 조를 나누어 일정한 사전 계획에 의한 반복주기에 따라 업무에 공백이 없도록 교대로 업무를 수행하는 근무형태를 의미한다.
8) 「국가공무원 복무·징계 관련 예규」제3장 23면.

② **휴게시간**: 각급 경찰기관의 장은 근무시간이 8시간인 경우에는 1시간 이상의 휴게시간을 근무시간 도중에 주어야 한다. 이 경우 1시간 이상을 일괄하여 주거나 30분씩 나누어 줄 수 있다.

또 지정된 휴게시간이라 할지라도 업무수행상 부득이 하다고 인정할 때에는 휴게시간을 주지 아니하거나 감축하거나 또는 대기근무를 대체하여 지정할 수 있다(「경찰기관 상시근무 공무원의 근무시간 등에 관한 규칙」 제4조). 여기서 대기라 함은 신고사건 출동 등 치안상황에 대응하기 위하여 일정시간 지정된 장소에서 근무태세를 갖추고 있는 형태의 근무를 말한다.

③ **수당지급 등**: 각급 경찰기관의 장은 현업공무원에게 시간외 근무를 명한 때에는 예산의 범위내에서 그에 상응한 수당을 지급하여야 한다.

수당을 지급하지 못한 때에는 시간외 근무시간을 누산하여 그 만큼의 휴무를 부여하여야 한다. 이 경우 정상적인 기관운영을 위하여 휴무 실시시기를 적절히 조정할 수 있다(「경찰기관 상시근무 공무원의 근무시간 등에 관한 규칙」 제5조). 여기서 휴무라 함은 근무일에 해당함에도 불구하고 누적된 피로 회복 등 건강유지를 위하여 일정시간 동안 근무에서 벗어나 자유롭게 쉬는 것을 말한다.

3. 유연근무

공무원은 통상의 근무일과 근무시간을 변경하는 근무 또는 온라인 원격근무9)(이하 '유연근무'라 한다)를 신청할 수 있다. 공무원이 유연근무를 신청한 경우 소속 행정기관의 장은 공무 수행에 특별한 지장이 없으면 이를 승인하여야 하며, 유연근무를 이유로 그 공무원의 보수·승진 및 근무성적평정 등에서 부당한 불이익을 주어서는 아니 된다(「국가공무원 복무규정」 제10조).

한편 유연근무의 형태는 크게 탄력근무제, 재량근무제, 원격근무제로 구분된다.

(1) 탄력근무제

탄력근무제는 1주 40시간을 유지하며 근무시간을 자율조정하는 것을 말한다. 한편 탄력근무제는 다시 1일 8시간을 유지하며 출근시간을 07:00~10:00로 퇴근시간을 16:00~ 19:00

---

9) 「전자정부법」 제32조(전자적 업무수행 등) ③ 행정기관등의 장은 필요하면 소속 직원으로 하여금 특정한 근무장소를 정하지 아니하고 정보통신망을 이용한 온라인 원격근무를 하게 할 수 있다.

로 조정이 가능한 시차출퇴근형, 1주 5일 근무를 유지하되 1일 근무시간은 06:00~24:00 중 4~12시간으로 조정이 가능한 근무시간선택형, 1주 3.5~4일 근무만 유지하면서 1일 근무시간을 06:00~24:00 중 4~12시간으로 조정이 가능한 집약근무형으로 나뉜다.

(2) 재량근무제

재량근무제는 근무시간, 근무장소 등에 구애받지 않고 구체적인 업무성과를 토대로 주 40시간 근무를 간주하는 근무형태이다.

(3) 원격근무제

원격근무제는 1주 5일, 40시간을 유지하되, 1주 4일 이내에서 특정한 근무장소를 정하지 않고 정보통신망을 이용하여 근무하는 것으로, 자택에서 근무하는 재택근무형과 스마트워크센터 등 별도 사무실에서 근무하는 스마트워크근무형으로 나뉜다. 출근시간은 08:00~10:00이며, 원격근무일은 1일 4~8시간 내에서 조정이 가능하다.

(4) 점심시간 연계 시차출퇴근형

변형된 유연근무 형태로서 '점심시간 연계 시차출퇴근형'도 있는데, 이를 이용하면 11:00~13:00 혹은 12:00~14:00에 외출할 수 있다. 1시간 일찍 출근하거나 1시간 늦게 퇴근하여 하루 8시간 근무를 준수하면 된다(「국가공무원 복무·징계 관련 예규」 제4장).

4. 초과근무(시간외 및 공휴일 근무)

(1) 시간외 근무 및 공휴일 근무

행정기관의 장은 공무 수행을 위하여 필요하다고 인정할 때에는 근무시간 외의 근무(이하 '시간외 근무'라 한다)를 명하거나 토요일 또는 공휴일 근무(이하 '공휴일 근무'라 한다)를 명할 수 있다.

다만 임신 중인 공무원 또는 출산 후 1년이 지나지 않은 공무원에게는 각각 본인이 신청하거나 동의하지 않는 한 오후 9시부터 오전 8시까지의 시간과 토요일 및 공휴일에 근무를 명할 수 없다.

(2) 대체휴무 등

초과근무를 한 공무원에 대하여 그 다음 정상 근무일을 휴무(대체휴무)하게 할 수 있고, 해당 행정기관의 업무 사정이나 기타 부득이한 사유가 있는 경우에는 6주일 이내의 다른 정상근무일을 지정하여 휴무하게 할 수 있다. 초과근무를 한 공무원은 「공무원수당 등에 관한 규정」 제15조에 따른 시간외 근무수당의 지급 범위에서 시간외 근무수당을 지급받는 대신에 해당 근무시간을 연가로 전환할 수 있다(「국가공무원 복무규정」 제11조, 「국가공무원 복무·징계 관련 예규」 제3장).

Ⅱ. 당직 및 비상근무

휴일 또는 근무시간 외의 화재·도난 또는 그 밖의 사고의 경계와 문서 처리 및 업무 연락을 하기 위한 일직·숙직·방호원(防護員) 또는 그 밖의 당직근무자는 모든 사고를 방지하여야 하며, 사고가 발생하였을 때에는 신속하게 필요한 조치를 하여야 한다(「국가공무원 복무규정」 제5조).

1. 당 직

(1) 일직과 숙직의 구분 및 순찰

당직(재택당직을 포함한다. 이하 같다)은 일직과 숙직으로 구분한다. 일직은 토요일과 공휴일에 두며, 그 근무시간은 정상 근무일의 근무시간에 준한다. 숙직근무시간은 정상 근무시간 또는 일직 근무시간이 끝난 때부터 다음 날의 정상근무 또는 일직근무가 시작될 때까지로 한다(「국가공무원 복무규칙」 제13조).

당직근무자는 청사 전(全)사무실을 대상으로 야간·휴일 등 사무실 잔류자 현황 파악 등 순찰 점검을 2회 이상[10] 반드시 수행하여야 한다(「국가공무원 복무·징계 관련 예규」 제5장).

---

10) 보안사고 취약 시간대인 22시~익일 01시, 익일 05시~07시 포함.

(2) 숙직 중 휴게 및 당직휴무

숙직근무자가 2명 이상일 때에는 일정한 시간을 정하여 교대로 취침하게 할 수 있다. 각급 기관의 장은 업무상 불가피한 경우를 제외하고는 당직근무자(재택당직근무자는 제외한다)에 대하여 그 근무 종료시각이 속하는 날(근무종료시각이 속하는 날이 토요일 또는 공휴일인 경우에는 그 다음 정상 근무일부터 토요일 또는 공휴일을 제외한 10일째 되는 날까지의 기간 중 1일을 말한다)의 일정 시간 동안 휴무(休務)하게 해야 한다(「국가공무원 복무규칙」 제14조).

⚖️ **1인 민원 응대 당직체제의 문제점**

경찰기관 당직근무자의 근무는 타 기관의 당직근무자와는 근무의 강도가 비교할 수 없을 만큼 강하다. 왜냐하면 경찰기관의 당직근무자는 타 기관의 당직근무자와 달리 시설 방호만 하는 것이 아니라, 24시간 민원 응대를 하도록 되어 있기 때문이다. 특히 심야 시간인 01:00~09:00에도 근무 인원을 1명으로 하고 자리를 비우지 못하는 정착근무[11]를 하도록 하는 것은, 피습 우려[12]는 물론 기본 생리현상도 해결할 수 없도록 하는 가혹한 근무형태이다. 물론 당장 전국 경찰서의 시간당 당직 인원을 지금의 2배로 늘리는 것은 예산상의 문제가 수반되어 여의치 않은 면이 있다. 그러나 현재의 1인 민원 응대 당직체제의 문제점을 개선하기 위한 적극적인 검토가 필요하다.

2. 비상소집과 비상근무

경찰기관의 장은 비상사태에 대처하기 위하여 필요하다고 인정할 때에는 소속경찰공무원을 긴급히 소집(이하 '비상소집'이라 한다)하거나 일정한 장소에 대기하게 할 수 있다(「경찰공무원 복무규정」 제14조).

(1) 비상소집

정상근무시간이 아닌 때에 비상근무를 발령하고자 할 경우 비상근무발령권자는 이를 상황관리관에게 지시하여 신속히 해당 기능 및 산하경찰기관 등에 연락하도록 한다. 연락을

---

11) 여기서 정착근무라 함은 사무실 또는 상황과 관련된 현장에 위치하는 것을 말한다.
12) 2023.10.31. ○○경찰서에서 1인으로 야간 당직근무 중이던 여경에게 주취자가 달려들어 주먹으로 당직실의 대형 아크릴창을 반파시킨 일이 발생하여, 형사당직자가 나와서 형사입건 조치하였다.

받은 해당 기관의 상황관리관 또는 당직 근무자는 즉시 지휘관에게 보고 후 경찰관 등의 전부 또는 일부를 지역별 또는 계급별, 기능별로 구분하여 소집되도록 연락하여야 한다.

비상근무발령권자가 아닌 경찰기관(경찰청의 소속기관)의 장은 자체 비상상황[13]의 발생으로 소속 경찰관 등을 비상소집하여야 할 필요가 있다고 판단되는 경우 해당 기관의 소속 경찰관 등을 비상소집할 수 있다(「경찰 비상업무 규칙」 제10조).

(2) 비상근무

① **비상근무의 유형 및 관할**: 경찰 비상근무 유형은 경비·작전·안보·수사·교통 및 재난비상으로 구분된다. 두 종류 이상의 비상상황이 동시에 발생한 경우에는 긴급성 또는 중요도가 상대적으로 더 큰 비상상황의 비상근무로 통합·실시한다.

적용지역은 전국 또는 일정지역(시·도경찰청 또는 경찰서 관할)으로 구분하되, 2개 이상의 지역에 관련되는 상황은 바로 위의 상급 기관에서 주관하여 실시한다(동 규칙 제3조).

② **비상근무의 등급**: 경찰 비상근무의 등급은 각 유형 공통으로 갑호 비상, 을호 비상 및 경계 강화로 나뉜다. 한편 경비, 작전, 재난비상에는 병호 비상이 추가되며, 작전비상에는 경계 강화 전 단계로 작전준비태세[14]가 추가된다.

갑호에는 지휘관과 참모가 정착근무하고 연가 중지 및 가용경력[15] 100%를, 을호에는 지휘관과 참모가 정위치 근무[16]하고 연가 중지 및 가용경력 50%를, 병호에는 지휘관과 참모가 정위치 또는 지휘선상 위치 근무[17]하고 연가 억제 및 30%의 가용경력이 동원된다. 경계 강화시는 비상연락체계와 경찰작전부대의 출동대기태세를 유지하되 별도의 경력(警力) 동원없이 특정분야의 근무만을 강화하고, 지휘관과 참모는 지휘선상 위치 근무

---

13) 여기서 비상상황이라 함은 대간첩·테러, 대규모 재난 등의 긴급 상황이 발생하거나 발생할 우려가 있는 경우 또는 다수의 경력을 동원해야 할 치안수요가 발생하여 치안활동을 강화할 필요가 있는 때를 말한다.

14) 여기서 작전준비태세라 함은 경계 강화를 발령하기 이전에 별도의 경력동원 없이 경찰작전부대의 출동태세 점검, 지휘관 및 참모의 비상연락망 구축 및 신속한 응소체제를 유지하며, 작전상황반을 운영하는 등 필요한 작전 사항을 미리 조치하는 것을 말한다.

15) 여기서 가용경력이라 함은 총원에서 휴가·출장·교육·파견 등을 제외하고 실제 동원될 수 있는 모든 인원을 말한다.

16) 여기서 정위치 근무라 함은 감독순시·현장근무 및 사무실 대기 등 관할구역 내에 위치하는 것을 말한다.

17) 여기서 지휘선상 위치 근무라 함은 비상연락체계를 유지하며 유사시 1시간 이내에 현장지휘 및 현장근무가 가능한 장소에 위치하는 것을 말한다.

한다(동 규칙 제4조, 제7조 및 별표1).

⚖️ **필수요원과 일반요원**

　경찰비상업무규칙에서 사용하고 있는 개념으로 필수요원과 일반요원이 있다. 여기서 필수요원이라 함은 전 경찰공무원 및 일반직 공무원 중 경찰기관의 장이 지정한 자로 비상소집 시 1시간 이내에 응소하여야 할 자를 말하며, 일반요원이라 함은 필수요원을 제외한 경찰관 등으로 비상소집 시 2시간 이내에 응소하여야 할 자를 말한다(동 규칙 제2조).

Ⅲ. 출 장

1. 의 의

　출장이란 상사의 명에 의하여 정규 근무지 이외의 장소에서 공무를 수행하는 것이다(「국가공무원 복무규정」 제6조, 「국가공무원 복무·징계 관련 예규」 제6장).[18]

2. 출장의 구분

　출장은 여비 지급을 위해 근무지내 출장과 근무지외 출장으로 구분된다.

(1) 근무지내 출장

　근무지내 출장은 동일 시(특별시와 광역시 포함), 군, 섬(교량연결 섬을 포함)의 내부 또는 여로가 12km 미만 거리의 출장을 말한다(「공무원 여비 규정」 제18조 제2항).

　근무지내 국내출장의 경우 별도의 여비의 구분 없이, 출장 여행시간이 4시간 미만인 경우 1만원, 4시간 이상인 경우 2만원을 지급하며, 운임, 일비, 식비, 숙박비 등 별도의 여비는 지급하지 않는다. 출장시간에 점심시간이 포함되어 있는 경우 출장시간에서 이를 제외하지 않는다. 1일 이내에 4시간 이상 근무지내 출장을 2회 이상 간 경우에도, 출장비 합산액은 2만원을 넘지 못한다. 공용차량(선박 포함) 또는 공용차량에 준하는 별도의 차량을 이용하거나 차량을 임차하여 사용하는 공무원에게는 1만원을 감액하여 지급한다.

---

18) 국외 출장의 경우 「경찰청 공무국외출장 업무처리규칙」으로 상세 규율한다.

근무지내 국내출장 중 왕복 2km 이내의 근거리 출장인 경우 실비로 지급하되, 4시간 미만 출장은 운임으로만 한정하여 상한액 1만원, 4시간 이상 출장은 운임 및 식비(1/3)로 한정하며 상한액 2만원으로 한다. 다만, 공용차량을 이용한 경우에는 운임은 지급하지 아니한다(「공무원 여비 규정」 제18조, 2023 「공무원보수 등의 업무지침」 제9장 582면).

(2) 근무지외 출장

「공무원 여비 규정」은 근무지내 출장의 개념에 관하여는 규정하고 있으나(제18조 제2항), 근무지외 출장에 대하여는 개념을 규정함이 없다. 따라서 근무지외 출장의 개념은 근무지내 출장의 반대해석을 통하여 그 개념을 이해하여야 한다. 결국 근무지외 출장은 동일 시, 군, 섬(교량이 연결되지 않은 섬을 말한다)의 외부로 여로가 12km를 넘는 출장을 말한다.

이에 반해 「공무원 여비 규정」은 근무지외 출장에 대한 여비지급은 규정하고 있다. 그에 따르면 근무지외 국내출장의 경우 운임, 숙박비, 식비, 일비 등이 모두 지급된다 (2023 「공무원보수 등의 업무지침」 제9장 584면).

국내출장의 경우 야간 및 휴일근무수당은 지급할 수 없으나, 출장의 목적상 필연적으로 시간외 근무의 발생이 예상되는 경우 시간외 근무명령에 따라 초과근무를 한 자에게는 초과근무수당도 지급이 가능하다(2023 「공무원보수 등의 업무지침」 제7장).

(3) 출장여비 지급의 제한

예산의 부족 또는 기타 여비를 지급하지 아니할 충분한 이유가 있다고 인정될 때에는 지급하는 여비를 감액하거나 여비의 전부 또는 일부를 지급하지 아니할 수 있다(「공무원 여비 규정」 제28조).

한편 출장명령은 출장여비의 지급근거가 되나, 출장명령이 있다고 하여 반드시 출장여비를 지급하여야 하는 것은 아니다. 예를 들어 직무수행의 일환으로 국가공무원인재개발원 등에 출강하여 여비 또는 여비가 포함된 강사료를 받은 경우에는 출장여비 지급 없이 출장으로 처리된다(「국가공무원 복무·징계 관련 예규」 제6장).

⚖️ **이전비**

여비 중 운임, 일비, 숙박비, 식비 등은 출장여비에 관련되나, 이전비, 가족여비, 준비금,[19] 퇴직자 여비, 사망자 여비 등은 출장과 구분되는 별도의 여비이다.

(1) 국내이전비

국내이전비는 근무지외 지역으로 부임의 명을 받은 공무원, 청사 소재지 이전에 따라 거주지를 이전하는 공무원 등에게 지급하되, 같은 시·군 및 섬 안에서 거주지를 이전하는 공무원에게는 지급하지 아니한다. 특별한 사정으로 소속기관의 장의 허가를 받아 6개월 이내에 신임지 외의 지역으로 거주지와 이사화물을 이전하는 경우에는 이전비를 지급할 수 있다(「공무원 여비 규정」 제19조 제1항, 제2항).

(2) 국외이전비

국외이전비는 외국으로 부임하는 공무원, 외국에서 다른 지역으로 전근하는 공무원과 외국에서 본국으로 전근하는 공무원에게 지급한다(「공무원 여비 규정」 제19조 제3항).

Ⅳ. 휴 가

공무원의 휴가는 연가(年暇), 병가(病暇), 공가(公暇) 및 특별휴가로 구분한다(「국가공무원 복무규정」 제14조).

휴가기간 중의 토요일 또는 공휴일은 그 휴가 일수에 산입하지 않는다. 다만, 같은 연도 내 병가, 공가, 특별휴가가 각각 30일 이상인 경우 그 휴가 일수에 토요일 또는 공휴일을 산입한다.

공무원은 휴가기간 중 공무 외로 국외여행을 할 수 있다. 휴가 일수를 초과한 휴가는 결근으로 본다. 시간선택제전환 공무원의 휴가는 별도로 정한다(동령 제22조 내지 제24조, 제24조의3).

1. 연 가

(1) 권장연가일수 등의 공지

행정기관의 장은 소속 공무원의 연가[20] 사용을 촉진하기 위하여 매년 3월 31일까지 소속 공무원이 그 해에 최소한으로 사용해야 할 10일 이상의 권장 연가 일수와 미사용

---

19) 외국에 부임하거나 국외 출장명령을 받은 공무원에게 지급되는 실비이다(「공무원 여비 규정」 제23조).
20) 최소는 1월 이상 1년 미만 재직자 11일 ~ 최대 6년 이상 재직자 21일이 연가로 주어진다.

권장 연가 일수에 대한 연가보상비 지급 여부 등을 정하여 공지해야 하며, 연가 사용 촉진에 특히 필요하다고 인정하면 권장 연가 일수 중 미사용 연가 일수에 대해서는 연가보상비를 지급하지 않을 수 있다(동령 제15조, 제16조의2).

(2) 연가일수의 이월·저축

공무원은 연가보상비를 지급받을 수 있는 연가 일수 중 사용하지 않고 남은 연가 일수를 그 해의 마지막 날을 기준으로 이월·저축하여 사용할 수 있다. 이월·저축한 연가(이하 '저축연가'라 한다) 일수는 10년 동안 유효하다. 저축연가와 제2항에 따라 소멸된 저축연가에 대해서는 연가보상비를 지급하지 않는다(「국가공무원 복무규정」 제16조의3).

따라서 저축연가와 당해 연도 연가가 있다면 10년간 소멸되지 않는 저축연가보다 권장 일수를 사용하지 않으면 남은 연가가 소멸되는 당해 연도 연가를 먼저 사용하는 것이 바람직하다. 당해 재직기간의 잔여 연가 일수를 모두 사용하거나 또는 사용 신청한 후에는 다음 재직기간의 연가 일수를 사용 신청할 수 있다(「국가공무원 복무·징계 관련 예규」 제8장).

(3) 연가사용신청의 승인

공무원이 3개월 이전에 10일 이상 연속된 연가 일수 사용을 신청한 경우에는 공무 수행에 특별한 지장이 없으면 이를 승인하여야 한다(「국가공무원 복무규정」 제16조의4).

2. 병 가

공무원은 질병 또는 부상으로 인하여 직무를 수행할 수 없거나, 감염병에 걸려 그 공무원의 출근이 다른 공무원의 건강에 영향을 미칠 우려가 있을 때, 연 60일의 범위에서 병가가 승인될 수 있다.

이 경우 질병이나 부상으로 인한 지각·조퇴 및 외출은 누계 8시간을 병가 1일로 계산하고, 병가가 연간 6일을 초과하는 경우 의사의 진단서를 첨부하되, 의사의 진단서가 첨부되지 않는 경우 먼저 연가로 처리하여 연가일수에서 제한다.

질병이나 부상이 공무상으로 인한 경우는 연 180일의 범위에서 병가를 승인받을 수 있다(동령 제17조, 제18조). 규정의 해석상 연가를 사용하고도 질병이나 부상이 완치되지 않을 경우, 의사의 진단서를 첨부하여 잔여병가 일수를 사용할 수 있다.

일반병가와 공무상 병가의 사용일수는 각각 별도로 운영되므로, 공무상 병가기간 만료 후에도 직무수행이 어렵거나 계속 요양이 필요한 경우에는 일반병가를 사용할 수 있다. 질병휴직의 경우 질병·부상의 완쾌 등을 전제로 복직할 수 있으므로, 휴직기간 만료시 동일한 사유로 연속하여 일반병가를 승인할 수 없다. 복직 후 근무가 정상적인 상태로 상당기간 지속된 경우에만 일반병가를 승인할 수 있다(「국가공무원 복무·징계 관련 예규」 제8장).

공상승인을 신청하였으나 승인이 있기 전 일반병가를 사용하다 60일이 지나 연가를 사용하고 있었다면, 공상승인이 난 후에는 사용한 연가를 소급하여 병가처리할 수 있다.[21]

3. 공 가

(1) 의 의

공가란 공무원이 일반국민의 자격으로 국가기관의 업무수행에 협조하거나 법령상 의무의 이행이 필요한 경우에 부여받는 휴가를 말하는 바(「국가공무원 복무·징계 관련 예규」 제8장), 공가는 이에 직접 필요한 기간 또는 시간으로 승인된다.

(2) 공가의 대상

공가의 대상이 되는 경우는 다음과 같다(「국가공무원 복무규정」 제19조).
① 공무와 관련하여 국가기관에 소환되었을 때
② 법률에 따라 투표에 참가할 때
③ 승진시험·전직시험에 응시할 때
④ 원격지로 전보발령을 받고 부임할 때
⑤ 건강검진 또는 결핵검진 등을 받을 때
⑥ 헌혈에 참가할 때
⑦ 외국어능력에 관한 시험에 응시할 때
⑧ 올림픽, 전국체전 등 국가적인 행사에 참가할 때
⑨ 천재지변, 교통 차단 또는 그 밖의 사유로 출근이 불가능할 때
⑩ 교섭위원으로 선임(選任)되어 단체교섭 및 단체협약 체결에 참석하거나 공무원노

---

21) 법제처, 국가공무원법 주해, 2006.12., 295면: 총무처 복무 01254-832, 1987.10.30.

동조합의 대의원회에 참석할 때

⑪ 공무국외출장 등을 위하여 검역감염병의 예방접종을 할 때

⑫ 제1급 감염병에 대하여 필수예방접종 또는 임시예방접종을 받거나 감염 여부 검사를 받을 때

4. 특별휴가

특별휴가에는 경조사휴가,[22] 출산휴가,[23] 여성보건휴가,[24] 모성보호시간,[25] 육아시간,[26] 수업휴가,[27] 재해구호휴가,[28] 유산 또는 사산휴가,[29] 난임치료시술휴가,[30] 포상휴가,[31] 가족돌봄휴가,[32] 임신검진휴가,[33] 심리안정휴가[34] 등이 해당한다(동령 제20조 및 별표2).

---

[22] 본인 결혼 5일, 자녀 결혼 1일, 배우자 출산 10일, 입양 20일, 배우자나 본인 및 배우자의 부모 사망 5일, 본인 및 배우자의 조부모와 외조부모 3일, 자녀나 자녀의 배우자 3일, 본인 및 배우자의 형제자매 1일 등이 주어진다.

[23] 출산 후의 45일(한 번에 둘 이상의 자녀를 임신한 경우에는 60일)을 포함한 출산전후의 90일(한 번에 둘 이상의 자녀를 임신한 경우에는 120일)이 부여된다. 다만, 인공임신중절을 제외한 유산이나 사산 경험자, 만 40세 이상자, 유산이나 사산 또는 조산의 위험이 있다는 의료기관의 진단서가 있는 때는 출산 전 어느 때라도 최장 44일(한 번에 둘 이상의 자녀를 임신한 경우에는 59일)의 범위에서 출산휴가를 나누어 사용할 수 있다.

[24] 여성공무원은 생리 중 휴식을 위하여 매월 1일의 여성보건휴가를 무급으로 받을 수 있다.

[25] 임신 중 여성공무원은 1일 2시간 내에서 휴식이나 병원진료 등을 위한 모성보호시간을 받을 수 있다.

[26] 5세 이하의 자녀가 있는 공무원은 자녀를 돌보기 위하여 24개월의 범위에서 1일 최대 2시간의 육아시간을 받을 수 있다.

[27] 한국방송통신대학교에 재학 중인 공무원은 출석수업에 참석하기 위하여 연가일수를 초과하는 출석수업 기간에 대한 수업휴가를 받을 수 있다.

[28] 배우자, 부모(배우자의 부모를 포함한다) 또는 자녀를 포함하여 재난으로 피해를 입은 공무원과 재난 발생 지역에서 자원봉사활동을 하려는 공무원은 5일(대규모 재난이 인정되는 경우 10일) 이내의 재해구호휴가를 받을 수 있다.

[29] 여성공무원이 유산하거나 사산한 경우 해당 공무원이 신청하면, 임신기간 15주 이내는 10일까지, 임신기간 16주 이상 21주 이내는 30일까지, 임신기간 22주 이상 27주 이내는 60일까지, 임신기간이 28주 이상은 90일까지 휴가를 부여한다. 남성공무원의 배우자가 유산하거나 사산한 경우는 해당 공무원이 신청하면 3일의 유산휴가 또는 사산휴가가 부여된다.

[30] 여성공무원이 인공수정 등 시술을 받는 경우 2일, 동결 보존된 배아를 이식하는 체외수정 시술을 받는 경우 3일, 난자 채취를 하여 체외수정 시술을 받는 경우 4일이 휴가로 부여된다. 남성공무원의 경우 정자 채취일 1일이 휴가로 부여된다.

[31] 공무원이 국가 또는 해당 기관의 주요 업무를 성공적으로 수행하여 탁월한 성과와 공로가 인정되는 경우에는 10일 이내의 포상휴가를 줄 수 있다.

[32] 어린이집, 유치원, 초·중·고 등(이하 어린이집 등)의 휴업·휴원·휴교, 그 밖에 이에 준하는 사

입양 이외의 경조사휴가를 실시함에 있어 왕복 8시간 이상이 소요되는 원격지일 경우에는 2일 범위 내에서 왕복소요일수를 가산할 수 있다(「국가공무원 복무·징계 관련 예규」 제8장).

경찰기관의 장은 근무성적이 탁월하거나 다른 경찰공무원의 모범이 될 공적이 있는 경찰공무원에 대하여 1회 10일 이내의 포상휴가를 허가할 수 있다(「경찰공무원 복무규정」 제18조).

V. 휴무 및 직무대리

1. 휴 무

연일근무자 및 공휴일근무자에 대하여는 그 다음날 1일의 휴무를, 당직 또는 철야근무자에 대하여는 다음 날 오후 2시를 기준으로 하여 오전 또는 오후의 휴무를 허가하여야 한다(동령 제19조).

2. 직무대리

경찰서장에게 사고가 있을 때에는 직제 시행규칙에서 정한 순서에 따른 직근 하위 계급의 과장이 대리한다(「경찰청 직무대리 운영 규칙」 제6조).

'과장'이 대리하므로 '관', '실장' 등은 직제 순서가 앞서더라도 직무대리가 되지 못한다. 경찰서 과장급 직제순서는 1급지 경찰서 기준으로 청문감사인권관(지휘관 직속기능), 경무과장, 경비안보과장(이상 공공안전 기능), 수사과장, 형사과장(이상 수사 기능), 범죄예방대응과장, 여청과장, 교통과장(이상 자치경찰 기능)이나, 청문감사인권관은 과장이 아니

유로 자녀 또는 손자녀를 돌봐야 하는 경우, 자녀 또는 손자녀가 다니는 어린이집 등의 공식 행사 또는 교사와의 상담에 참여하는 경우, 미성년자 또는 장애인인 자녀·손자녀의 병원 진료에 동행하는 경우, 질병, 사고, 노령 등의 사유로 조부모, 외조부모, 부모(배우자의 부모를 포함한다), 배우자, 자녀 또는 손자녀를 돌봐야 하는 경우, 연간 10일의 범위에서 휴가를 받을 수 있다. 가족돌봄휴가는 무급으로 하되, 자녀(질병, 사고로 인한 자녀 돌봄시는 미성년자 또는 장애인인 자녀로 한정)를 돌보기 위한 가족돌봄휴가는 연간 2일(자녀가 2명 이상이거나 장애인인 경우 또는 해당 공무원이 한부모 가족인 모 또는 부에 해당하는 경우에는 3일)까지 유급으로 한다.

33) 여성공무원은 임신기간 중 검진을 위해 10일의 범위에서 임신검진휴가를 받을 수 있다.

34) 직무를 수행하는 과정에서 인명피해가 있는 사건·사고를 경험하고, 이로 인해 심리적 안정과 정신적 회복이 필요하다고 인정될 때 4일의 범위에서 휴가를 부여할 수 있다(2023.7.18. 신설). 상세한 요건, 절차 및 기간 등에 대하여는 「국가공무원 복무·징계 관련 예규」(2023.7) 184면 참조.

므로 서장 유고시 직무대리 순서는 경무과장부터 교통과장까지이다.[35]

Ⅰ. 교육훈련

모든 공무원은 국민 전체에 대한 봉사자로서 갖추어야 할 공직가치를 확립하고, 담당 직무를 효과적으로 수행할 수 있는 미래지향적 역량과 전문성을 배양하기 위하여 교육 훈련을 받고 자기개발 학습을 하여야 한다. 교육훈련 실적은 인사관리에 반영하여야 한 다(「국가공무원법」 제50조). 이와 관련하여 「경찰공무원법」은 경찰청장은 모든 경찰공무 원에게 균등한 교육훈련의 기회가 주어지도록 하여야 한다고 규정하고 있다(제22조).

1. 교육장소에 따른 유형

경찰공무원의 교육훈련은 학교교육·위탁교육·직장훈련 및 기타 교육훈련으로 구분하 며(「경찰공무원 교육훈련규정」 제7조), 학교교육은 다시 신임교육·기본교육·재직자교육으 로 구분된다. 한편 위탁교육과 직장훈련 및 기타 교육훈련은 모두 재직자교육에 속한다.

(1) 학교교육

학교교육이란 경찰대학·경찰인재개발원·중앙경찰학교 및 경찰수사연수원에서 실시 하는 교육을 말한다.

(2) 위탁교육

경찰 외부기관에 위탁하여 이수되는 교육을 말한다.

---

35) 경찰청, 경찰서장 직무대리 관련 규정 해석 알림, 업무연락, 2023.3.31.

(3) 직장훈련

직장훈련이란 경찰기관의 장이 소속경찰공무원의 직무수행능력을 향상시키기 위하여 일상업무를 통하여 행하는 훈련을 말한다(「경찰공무원 교육훈련규정」 제2조).

행정기관의 장은 직장훈련계획을 작성하고 이에 따라 훈련을 실시하여야 한다. 행정기관의 장은 대통령령으로 정하는 바에 따라 소속 공무원의 직장훈련 실시결과를 인사관리에 반영할 수 있다(「공무원 인재개발법」 제14조).

직장훈련은 직장교육·체력단련 및 사격훈련으로 구분한다. 직장교육은 기관·부서·그룹단위의 업무관련 교육으로 한다. 체력단련[36]은 무도훈련(호신체포술 훈련을 포함한다. 이하 같다) 및 체력검정으로 한다. 사격훈련[37]은 정례사격과 특별사격으로 구분 실시한다(「경찰공무원 직장훈련 규칙」 제7조).[38]

직장훈련의 평가는 연 1회 실시하되 10월 말일을 기준으로 한다. 직장훈련평가 결과는 근무성적평정의 기초로 한다(「경찰공무원 직장훈련 규칙」 제15조, 제17조).

① **직장교육**: 직장교육은 월 2회 이상 실시하되 1회는 기관단위 소집교육(사이버교육을 포함한다)으로 하여야 하며, 1회 교육 시간은 1시간 이상으로 한다. 현장순회교육 등 연간 교육훈련계획에 따라 사전에 지정된 교육훈련기관 전문교육에 참여시 기관단위 교육에 참석한 것으로 인정할 수 있다(동 규칙 제9조).

② **무도훈련**: 무도훈련은 월 2회 이상 실시하되 1회 훈련시간은 1시간 이상으로 한다.

③ **체력검정**: 체력검정은 매년 10월까지 연 1회 정기적으로 실시한다.

④ **사격훈련**: 사격훈련은 정례사격 연 2회(2, 3분기 각 1회), 외근요원 특별사격 연 2회(1, 4분기 각 1회) 실시한다. 사격훈련은 경감 이하에만 해당하며, 경정의 경우 직장교육과 체력단련만이 해당한다.

(4) 기타 교육훈련

기타 교육훈련이란 학교교육, 위탁교육, 직장훈련에 포함되지 않는 것을 말하며, 대표

---

36) 체력단련과 관련한 상세한 기준은 「경찰공무원 체력관리 규칙」에서 정하고 있다.
37) 사격과 관련한 상세한 진행기준은 「경찰공무원 사격 규칙」에서 정하고 있다.
38) 「국가공무원법」 제45조(누구든지 채용시험·승진·임용, 그 밖에 인사기록에 관하여 거짓이나 부정하게 진술·기재·증명·채점 또는 보고하여서는 아니 된다)를 위반시, 「국가공무원법」 제84조의2와 「경찰공무원법」 제37조 제4항에 의하여 1년 이하의 징역 또는 100만원 이하의 벌금에 처한다.

적인 것으로 사이버교육이 있다.

사이버교육이란 전체 교육시간의 60% 이상이 인터넷 등 정보통신기술에 의한 사이버 공간을 활용하여 학습자와 강사 간 또는 학습자 간 상호작용을 통해 이루어지는 교육 중에서, 학교교육·직장훈련·위탁교육에 포함되지 않는 교육을 말한다(「경찰공무원 상시 학습제도 운영에 관한 규칙」 제2조).

2. 신임교육 및 기본교육

경찰 신임교육과 기본교육은 아래 표와 같다.

교육과정 \ 구분		교육대상	교육시간	교육기관
신임 교육 과정	신규채용자	경찰공무원으로 임용될 자 또는 임용된 자	52주 이내[39]	중앙경찰학교
	간부후보생	간부후보생	52주	경찰대학
기본 교육 과정	경사기본교육	경사 및 승진후보자	30시간	사이버교육 (경찰인재개발원)
	경위기본교육	경위 및 승진후보자	30시간	
	경감기본교육	경감 및 승진후보자	2주~8주	경찰인재개발원
	경정기본교육	경정 및 승진후보자	2주~8주	
	치안정책 교육과정	총경 및 승진후보자	24주	경찰대학

(「경찰공무원 교육훈련규칙」 별표)

3. 재직자 교육(상시학습)

경정 이하 경찰공무원은 직무와 관련된 전문교육을 받아야 한다. 교육훈련을 이수한 시간은 경찰청장이 인정하는 직무수행상 특별한 사유가 있거나, 특별승진임용하는 경우 를 제외하고 승진임용에 반영하여야 한다(「경찰공무원 교육훈련규정」 제6조의2, 제8조). 이 렇게 교육훈련시간을 승진에 반영하는 제도를 상시학습제도라고 한다. 연간 교육훈련

---

39) 2023.6.26. 입교하는 신입 제313기부터 기존 34주에서 38주로 교육시간이 4주가 연장되었고, 이 후 입교자에 대하여는 52주 이내로 연장 개정되었다.

기준시간은 경정 이하는 90시간, 총경은 60시간이다(「경찰공무원 상시학습제도 운영에 관한 규칙」제1조, 제4조, 제8조). 재직자 상시학습에는 학교교육, 위탁교육, 직장훈련, 사이버교육 등이 모두 포함된다.

II. 파 견

파견이란, "공무원이 다른 기관의 업무를 지원하거나 능력발전을 위하여 자기 본래의 직무를 일정기간 동안 떠나 다른 기관에서 근무하도록 하는 임용행위이다. 따라서 본래의 직위를 벗어나지 않으면서 다른 기관의 업무를 수행하는 겸임과 구별되며, 본래의 직위에서 벗어나면서 복귀를 전제하지 않는 전보와도 구분된다."[40] 보수는 원 소속기관에서 지급하지만(「공무원보수규정」제21조 제2항), 피파견기관장의 지휘감독을 받게 된다(「공무원복무규정」제7조).

1. 파견근무의 유형[41]

(1) 일반 파견근무

① **파견대상기관과 요건 및 절차:** 국가기관의 장은 업무수행을 위하여 필요하면 소속공무원을 다른 국가기관·공공단체·정부투자기관·국내외의 교육기관·연구기관, 그 밖의 기관에 일정 기간 파견근무하게 할 수 있으며, 여타 기관·단체의 임직원을 파견받아 근무하게 할 수 있다(「국가공무원법」제32조의4).

특히 경찰공무원의 타 기관으로의 파견은, 국가적 사업의 수행, 업무폭주로 인한 행정지원, 특수업무의 공동 수행, 교육훈련, 공무원교육훈련기관의 교수요원으로 선발, 국제기구나 외국의 정부 또는 연구기관, 국내연구기관, 민간기관 및 단체에서의 업무수행 및 능력개발 등을 위하여 필요한 경우에 이루어진다. 한편 경찰공무원의 파견의 경우에는

---

40) 법제처, 국가공무원법 주해, 2006.12., 149면.
41) 파견을 교육훈련과 함께 같은 절에서 다루는 것은 적절치 않은 면이 있는 것이 사실이다. 왜냐하면 파견의 유형 중 유학파견훈련과 달리 일반파견근무의 경우는 교육기관이나 연구기관 이외의 다른 기관으로의 파견이 이루어질 수 있기 때문이다. 다만 파견이 교육훈련의 일환으로 행해지는 경우가 많은 점을 고려하여 편의상 파견을 이곳에서 다루기로 하겠다.

미리 파견받을 기관 또는 단체의 장의 요청이 있어야 한다(「경찰공무원 임용령」 제30조).

② **수당 등의 지급**: 국외의 교육연구기관, 국제기구 또는 외국정부기관에 파견(「공무원 인재개발법」에 따른 유학파견은 제외한다)되거나, 공공기관 등의 국외지사에 파견된 공무원, 국외에 파견된 공무원에게는 재외공무원에게 지급하는 수당 등을 준용하여 지급한다(「공무원수당 등에 관한 규정」 제4조).

(2) 교육 파견근무

중앙행정기관의 장은 인사혁신처장과 협의를 거쳐 소속 공무원을 국내외 기관에 위탁하여 일정 기간 교육훈련을 받게 할 수 있다. 인사혁신처장은 연도별 공무원위탁교육훈련계획을 수립하고 교육훈련목적에 적합한 관계 중앙행정기관의 소속 공무원을 선발하여 국내외 기관에 위탁하여 일정 기간 교육훈련을 받게 할 수 있다. 이에 따른 교육훈련을 받은 공무원에게는 6년의 범위에서 일정 기간 복무의무를 부과할 수 있다(「공무원 인재개발법」 제13조).

인사혁신처장 또는 중앙행정기관의 장은 예산의 범위에서 국외훈련에 드는 입학금·등록금·체재비·부담금(국제기구·외국정부기관 등에서 실시하는 직무훈련의 경우에는 그 기관 등에서 요구하는 훈련) 기타 필요한 비용을 지급할 수 있다. 또 왕복항공료와 체재비를 지급하며, 배우자 및 자녀 등의 왕복항공료(6개월 미만의 국외훈련을 받는 경우에는 신체상의 장애로 훈련을 받는 공무원이 혼자 국외에 체재하는 것이 곤란하여 배우자 및 자녀 등이 그 훈련을 지원하기 위한 경우로 한정한다), 의료보험료 또는 의료보조비, 생활준비금, 귀국이전비를 더하여 지급할 수 있다(「공무원 인재개발법 시행령」 제39조).

2. 파견 결원보충

공무원이 파견근무를 하는 경우에는 파견 기간 중 그 파견하는 직급에 해당하는 정원이 따로 있는 것으로 보고 결원을 보충할 수 있다(「국가공무원법」 제43조). 한편 경찰공무원의 파견근무와 관련하여서는 「경찰공무원 임용령」이 "경찰공무원의 파견기간이 1년(공무원 교육훈련에 따른 파견의 경우에는 6개월) 이상인 경우에는 파견 경찰공무원의 계급에 해당하는 정원이 따로 있는 것으로 보고 결원을 보충할 수 있다. 이 경우 경찰청장은 미리 인사혁신처장과 협의하여야 한다"라는 특칙을 규정하고 있다(「경찰공무원 임용령」 제31조).

중앙행정기관(합의제 행정기관을 포함한다)의 장은 1년 이상의 파견근무 및 그 기간의 연장, 6개월 이상의 교육훈련 파견 등으로 별도 정원을 운용할 필요가 있다고 인정되는 경우에는 미리 인사혁신처장의 요청으로 행정안전부장관과 협의해야 한다(「행정기관의 조직과 정원에 관한 통칙」제24조의2).

제3절 | 평 가

I. 개설 - 평가의 필요성

경찰공무원의 복무와 관련된 사항의 준수 실태와 교육훈련에 대하여서는 정당한 평가가 이루어져야 하는 바,「국가공무원법」또한 각 기관의 장은 정기 또는 수시로 소속 공무원의 근무성적을 객관적이고 엄정하게 평정하여 인사관리에 반영할 것을 요구하고 있다(제51조).

이처럼 경찰공무원에 대한 정당한 평가가 강조되는 이유는 평가가 뒷받침되지 않으면 경찰공무원의 복무상 의무의 준수를 확보할 수 없고, 교육훈련의 실효성 또한 담보될 수 없기 때문이다. 더욱이 공무원법에 있어 성과주의가 지배하므로 평가는 승진 등 각종 임용의 중요한 요소로 기능을 하고 있다. 이에 경찰공무원의 능력과 자격에 대한 정당한 평가를 확보하기 위한 다양한 제도와 기술이 개발되어 왔으며, 경찰공무원과 관련된 각종 법규들은 이러한 제도와 기술을 입법을 통해 관철시키고 있다.

한편 경찰공무원에 대한 평가는 근무성적평정, 경력평정, 가점 평정 등과 같은 다양한 방식으로 행해지고 있는바, 이하에서 이러한 평가 방법에 대해 간단히 알아 보고자 한다.

II. 근무성적평정 등

근무성적평정은 다음 항목인 성과평가와 달리 근무 전반에 대한 평가이며, 주로 승진 후보자 명부를 작성하기 위한 자료로 사용된다. 이에 비해 성과평가는 그 해에 강조된 주된 성과지표에 관하여 얼마만큼 성과를 거양하였는지 평가하는 것이며, 주로 성과상 여금 지급에 차등을 두기 위한 자료로 사용된다.

1. 근무성적평정

총경 이하의 경찰공무원에 대해서는 매년 근무성적을 평정하여야 하며, 근무성적평정의 결과는 승진 등 인사관리에 반영하여야 한다. 근무성적평정은 10월 31일을 기준으로 연 1회 실시한다.

(1) 근무성적평정의 평정요소

근무성적은 제1 평정요소와 제2 평정요소에 따라 평정하되, 총경의 근무성적은 제2 평정요소로만 평정한다.

① **제1 평정요소**: 제1 평정요소에는 경찰업무 발전에 대한 기여도, 포상 실적, 그 밖에 행정안전부령으로 정하는 객관적 평정요소가 포함된다.

② **제2 평정요소**: 제2 평정요소는 근무실적, 직무수행능력, 직무수행태도 등 주관적 요소로 구성된다. 제2 평정요소에 따른 근무성적평정은 상대평가를 하되, '수' 20%, '우' 40%, '양' 30%, '가' 10% 등이다. '가'에 해당자가 없으면 '양'을 40페센트로 한다. 다만 경찰서 수사과에서 고소·고발 등에 대한 조사업무를 직접 처리하는 경위 계급의 경찰공무원을 평정할 때에는 상대평가를 적용하지 아니할 수 있다.

(2) 근무성적평정 결과의 공개

근무성적평정 결과는 공개하지 아니한다. 다만, 경찰청장은 근무성적평정이 완료되면 평정 대상 경찰공무원에게 해당 근무성적평정 결과를 통보할 수 있다(「경찰공무원 승진임용 규정」 제7조).

(3) 근무성적평정요소에 대한 배점

경정 이하의 경우 제1 평정요소는 30점을 만점으로 한다.[42] 제2 평정요소는 20점 만

---

42) 제1 평정요소의 만점인 30점은 업무발전기여도 6점, 상훈 9점, 교육훈련 13점, 근태 2점으로 구성된다. 교육훈련은 경감 이하의 경우 직장훈련 2점, 무도훈련 2점, 체력검정 3점, 사격 3점, 상

점을 기준으로 수는 19~20점, 우는 16~19점 미만, 양은 10~16점 미만, 가는 10점 미만으로 구분한다. 총경은 제2 평정요소만으로 50점이 만점 기준이 된다(「경찰공무원 승진임용 규정 시행규칙」 제4조, 제7조, 제9조).

(4) 근무성적평정의 배제

휴직·직위해제 등의 사유로 해당 연도의 평정기관에서 6개월 이상 근무하지 아니한 경찰공무원에 대해서는 근무성적을 평정하지 아니한다(「경찰공무원 승진임용 규정」 제8조).

⚖️ **일반직 공무원의 근무성적평정**

일반직 공무원의 근무성적평정은 성과계약 대상 공무원에 대한 평가(성과계약등 평가)와 기타 공무원의 근무실적 및 능력에 대한 평가(근무성적평가)로 구분한다(「공무원 성과평가 등에 관한 규정」 제2조, 제4조).

근무성적평가의 평가항목은 근무실적과 직무수행능력으로 하되, 소속 장관이 필요하다고 인정하는 경우에는 인사혁신처장이 정하는 범위에서 직무수행태도 또는 부서 단위의 운영 평가 결과를 평가항목에 추가할 수 있다(「공무원 성과평가 등에 관한 규정」 제14조).

평가는 3개 등급 이상의 상대평가로 하되, 최상위 등급의 인원은 평가 단위별 인원수의 상위 20%의 비율로, 최하위 등급의 인원은 하위 10%의 비율로 분포하도록 평가한다(「공무원 성과평가 등에 관한 규정」 제16조).

---

2. 경력평정

경찰공무원의 경력평정은 승진소요 최저근무연수가 지난 총경 이하의 경찰공무원이 해당 계급에서 근무한 연수(年數)에 대하여 실시하며, 경력평정 결과는 승진대상자 명부 작성에 반영한다. 한편 경찰공무원의 경력평정은 12월 31일을 기준으로 하되, 총경과 경정의 경력평정은 10월 31일을 기준으로 한다(「경찰공무원 승진임용 규정 시행규칙」 제4조).

(1) 경력평정의 구분

경력평정은 기본경력과 초과경력으로 구분하여 실시한다.

시학습 3점이며, 경정의 경우 사격 점수가 없는 대신 부서육성점수 3점이 포함된다.

① **기본경력**: 기본경력에는 총경은 평정기준일부터 '최근' 3년간, 경정·경감은 평정기준일부터 '최근' 4년간, 경위·경사는 평정기준일부터 '최근' 3년간, 경장은 평정기준일부터 '최근' 2년간, 순경은 평정기준일부터 '최근' 1년 6개월간이 포함된다.

② **초과경력**: 초과경력에는 총경 기본경력 전 1년간, 경정·경감은 기본경력 전 5년간, 경위는 기본경력 전 4년간, 경사는 기본경력 전 1년 6개월간, 경장은 기본경력 전 1년간, 순경은 기본경력 전 6개월간이 포함된다(「경찰공무원 승진임용 규정」제9조[43]).

(2) 경력평정의 배점

경력평정의 총평정점은 35점을 만점으로 한다. 기본경력 평정점은 최고점을 32점으로, 초과경력 평정점은 최고점을 3점으로 하여 산정한다(「경찰공무원 승진임용 규정 시행규칙」제13조).

(3) 경력평정 대상기간

경력평정 대상기간에서 국외유학으로 인한 휴직기간의 50%는 제외한다. 육아휴직의 경우는 최초 1년만 모두 산입하되, 부모 모두 6개월 이상을 휴직하거나 둘째 자녀 이후의 휴직은 1년을 넘더라도 기간 전체를 경력평정에 산입한다. 다른 휴직기간은 모두 경력점수가 부여되지 않는다(「경찰공무원 승진임용 규정 시행규칙」제5조, 제10조).

> ⚖️ **[심화문제] 경력평정 기간 계산에 관한 「경찰공무원 승진임용 규정」제9조의 문제점**
>
> **(1) 문제의 의의**: 「경찰공무원 승진임용 규정」제9조는 기본경력의 평정기간 계산과 관련하여 평정기준일로부터 '최근' ～년간이란 방식으로 규정하고 있는데, 이러한 규정방식은 경찰공무원이 국외유학 등으로 휴직했다면 휴직 이전의 근무경력이 아무리 장기간이더라도 이를 무의미하게 만들어서, 귀국 후 다시 처음부터 경력을 쌓아야 하는 결과를 초래하는 문제를 안고 있다. 이는 일반 공무원의 경우 경력평정은 '최근'이라는 제한이 없고 경력평정 가능기간으로만 규정되어 휴직 전 동일 직급의 경력이 모두 평정기간으로 포함되는 것(공무원 성과평가 등에 관한 지침 Ⅲ. 1. (5) 경력평정점 산출방법)과 비교해볼 때 형평성을 잃고 있다.

---

43) 개정된 동 규정 제9조의 기본경력 및 초과경력 평가기간이 2024.7.1. 시행되어 2025년 승진시 적용될 예정이다. 경정·경감의 기본경력은 평정기준일부터 최근 3년간, 초과경력은 최근 4년간, 경위는 2＋3년, 경사는 2＋1년, 경장은 1.6＋0.6년으로 변경되며, 순경은 현행과 같이 1.6＋0.6년이 유지된다.

(2) 국외유학의 사례를 통한 문제의 이해: 「경찰공무원 승진임용 규정」 제9조의 문제점을 경찰공무원이 국외유학을 위해 2년을 휴직하였다가 귀국한 경우를 예로 들어 설명하면 다음과 같다. 우선 (경감 이상의) 경찰공무원이 국외유학을 위해 2년을 휴직하였다가 귀국한 경우, 해당 경찰공무원은 휴직 전 아무리 오랜 기간 동일 계급에서 근무하였더라도, 귀국 후 4년간은 해당 계급 전체에서의 근무기간이 아닌 '최근' 4년을 평정하는 기본경력평정에서 최고점(만점)인 32점을 받을 수 없다. 즉, 귀국 직후부터 3차례의 정기승진에서 4년을 평정하는 기본경력 점수는 32점 만점(1년 8점씩)에서 휴직기간 2년에 해당하는 −8점이 감점되고, 귀국 후 4번째 정기승진에서는 휴직기간 2년 중 뒤쪽 1년에 해당하는 경력점수 8점의 50%인 −4점이 감점이 된다. 그리하여 귀국 후 5번째 정기승진을 맞이하여야 비로소 기본경력 점수가 만점이 된다.

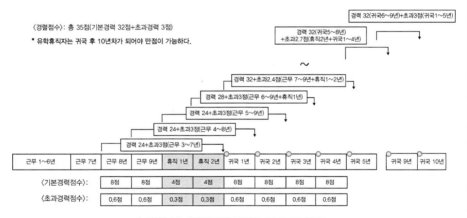

뿐만 아니라 초과경력 점수도 감점된다. 즉, 휴직기간이 초과경력에 걸치기 시작하는 귀국 4년차에는 기본경력 점수 감점 −4점에 더하여, 초과경력 점수 3점 만점(1년 0.6점)에서 휴직기간 1년에 해당하는 −0.3점 감점되고, 귀국 5년차부터 8년차까지는 기본경력 감점없이 초과경력 점수만 휴직기간 2년에 해당하는 −0.6점이 감점되다가 귀국 9년차에 다시 −0.3점이 감점된 후 귀국 10년차가 되어야 유학휴직이 경력평정에 감점을 주지 않게 된다.

이러한 문제는 첫째 자녀에 대한 1년을 넘는 부나 모 일방의 육아휴직의 경우에도 발생하지만,[44] 이러한 문제점에 대해서는 대다수의 경찰공무원들이 경력점수보다는 승진최소연수의 문제로서 인식하고 있는 듯하다.

---

44) 성수영/김상운, 경찰공무원 육아휴직제도의 문제점 및 개선방안에 관한 연구, 문화와 융합 제43권 1호, 2021.1., 854면: 경력점수를 감점당하지 않기 위하여 첫째 자녀의 경우 부모 모두 6개월 이상의 육아휴직을 사용하는 등 단서조항에 대한 논란이 많다.

(3) **결어**: 5배수 진입자 전체가 1점 미만의 점수로 승진자를 가리는 심사승진경쟁에 있어서 위와 같은 감점 요인은 유학휴직 후 4년간은 심사승진 가능성을 제로로 만들며, 초과경력 점수의 감점으로 사실상 10년까지도 큰 영향을 받게 된다. 더욱이 이러한 규정이 너무 깊이 숨어 있어서 유학휴직을 하면서 이러한 불이익을 아는 경우가 거의 없고, 다녀와서도 승진유력자만이 심사 누락 후에야 이유를 알게 되는 것 또한 문제이다. 2025년부터 시험승진은 축소되고, 심사승진이 70%가 되므로 심사승진에서의 불합리한 불이익이 재고되어야 한다.

결론적으로 이상의 논의를 고려할 때, 경찰공무원의 경력평정 역시 일반공무원과 같이 해당 계급 총 근무기간이 단절없이 경력평정의 대상으로 될 수 있도록 하는 것이 타당하다고 생각된다.

3. 가점 평정[45]

승진대상자 명부를 작성할 때에는 자격증 소지자, 국어 또는 외국어 능력이 우수한 사람, 재직 중 학사·석사 또는 박사 학위를 취득한 사람 등에게 가산점을 줄 수 있다(「경찰공무원 승진임용 규정」 제11조).

경찰공무원이 국어능력이나 외국어능력이 있는 경우에는 최대 0.5점을, 경찰공무원이 자격증을 소지하거나 학위를 취득한 경우에는 최대 1점의 가산점을 부여한다. 다만, 자격증을 두 가지 이상 소지한 경찰공무원에 대해서는 그중 유리한 것 하나만을 더하여 평정한다. 하위 계급에서 가점으로 평정한 사항에 대해서는 다시 가점으로 평정하지 아니한다(「경찰공무원 승진임용 규정 시행규칙」 제15조).

III. 성과평가

1. 성과주의

성과평가는 (경찰)공무원법을 지배하는 조직원리인 성과주의에 기초한 평가방법이다. 따라서 성과평가를 논하기 위하여는 그러한 논의의 전제를 이루는 성과주의에 대한 이해가 절대적으로 요구된다.

---

45) 승진심사시 반영되는 가산점 제도는 업무성과 중심의 승진을 위해 2023.12.19. 「경찰공무원 승진임용 규정」 제11조 제3항이 개정되어 2026.7.1.부터 폐지된다.

(1) 의의 및 연혁

성과주의는 공무원의 승진과 보수를 성과에 따라 정하는 것으로 승진과 보수 등을 연공서열을 기준으로 정하는 경력주의에 반대되는 개념이다. 성과주의는 원래 민간부문에서 기업의 조직관리수단으로 발전한 것인데,[46] 1980년대 이래로 많은 국가들이 신공공관리(NPM) 차원에서 공공조직을 개혁하면서 민간부문의 관리기법인 성과주의를 공공부문에도 받아들이기 시작했다.

한편 우리나라의 경우 성과주의는 1982년 전두환 정부의 모범공무원수당, 1995년 김영삼 정부의 특별상여수당[47]을 거쳐 1999년 김대중 정부의 성과상여금 도입으로 본격화되어 현재에 이르고 있다.

(2) 성과주의의 원칙

성과주의의 개념으로부터 추출되는 성과주의 원칙들로는 다음과 같은 것이 있다. 즉, 성과목표는 ① 누구에게나 달성가능한 것일 것, ② 산출된 성과가 계량화되고 객관적으로 측정가능할 것, ③ 지엽적이지 않고 조직의 핵심과업일 것 등이다. 한편 이러한 원칙들은 성과주의 속성상 본질적인 것으로, 그 타당성에 대하여는 사실상 논쟁의 여지가 없다.[48]

(3) 공공조직에 있어서 성과주의의 왜곡

전술한 성과주의의 원칙들을 고려할 때 공공조직에 있어 성과주의가 왜곡되는 유형으로는 다음과 같은 것을 들 수 있다.

① **상대평가와 무한가감의 목표 등**: 먼저 달성가능하지 않는 일을 성과의 대상으로 삼을 수 없다는 점에서 성과평가는 등수를 목표로 하게 하는 상대평가로 이루어져서는 안 된다.[49] 1등은 1명밖에 할 수 없기 때문이다. 목표치가 따로 없고 남보다 잘하는 것이 성과

---

46) 예컨대 자동차 공장에서 자동차를 연 평균 1,000대를 생산하는 라인의 작업자가 경영자와 연 평균 100대를 더 생산하면 그 성과금을 받기로 계약하는 것은 민간부문의 기업에서 성과주의가 적용되는 대표적인 예에 해당한다.

47) 이때를 성과급제도의 출발로 보는 시각: 우태식, 공무원 성과급제도의 문제 및 개선에 관한 연구, 사법행정, 2019.12., 37면.

48) ②와 ③의 요소에 대하여 언급하고 있는 자료로, 경찰청(기획조정관실), 2012 성과관리 시행계획, 2012.5., 254면.

49) 반대로 경찰의 활동을 단순한 수치로 계산할 수 없으므로 오히려 절대평가에서 상대평가로 전환

라고 하면 구성원을 무한실적경쟁에 몰아넣는 쥐어짜기식 조직관리가 되며, 모두가 성과가 저조해도 모두가 뛰어난 성과를 산출해도 1등에게 성과금을 지급하는 결과가 된다. 과거 경찰이 온라인으로 민원을 접수하는 국민신문고 만족도를 상대평가하는 바람에 전 경찰관서의 만족도가 95점을 넘어도 1등을 향한 민원달래기가 전 경찰공무원으로 하여금 자조를 낳게 했었다(2014년까지 실제 성과지표). 이때 정작 전 부처의 국민신문고 제도를 설계하고 운영하는 국민권익위원회에서는 만족도 80점을 절대목표치로 설정하고 있었다.

또한 목표치가 무한가속 또는 무한감속의 형태로 주어져서도 안 된다. 예를 들어 올해의 성과목표는 전년도 생산량의 10% 증가라는 식이라면 해를 거듭할수록 달성 불가능한 목표가 되고 만다. 교통사고의 감축이 전년도보다 감소라는 식이라는 것(현재 성과지표)도 마찬가지로 결국에는 달성 불가능한 목표가 되고 만다. 따라서 적정 목표치와 성과금을 지급할 추가 업무수행의 성과목표 크기가 얼마인지 절대치를 산정하여 제시하여야 한다. 예를 들어 올해 자동차 생산목표가 기본 1000대＋100대라면 내년에도 그러한 수준이 제시되어야 한다, 교통사고감축이 성과평가의 대상이라면 해당 경찰서에서 1년 동안 불가피하게 예측되는 교통사고의 건수가 얼마인지 정하고, 이에 대비한 감소치가 목표로 제시되어야 한다. 그러한 목표치는 교통상황의 변화가 없는 한 다음 해에도 같이 주어져야 한다.

산출의 주체가 공무원이 아닌 성과목표를 설정하는 것 역시 공무원의 노력으로는 달성불가능한 일이다. 예를 들어 경찰 경력(警力)으로 대비하여야 할 만큼 큰 규모의 집회에 연간 몇 건이나 대응하였는지에 따라 성과평가가 이루어진다면(현재 성과지표), 이때의 성과목표는 집회건수를 증가시키는 것이 된다. 이것은 경찰이 성과목표로 노력할 일도 아니며 노력해서 달성할 수 있는 일도 아니다. 이는 많은 집회에 대응하느라 수고하였다는 점에서 근무평정의 대상으로 되면 적절할 것이다.

② **주관적인 정성평가**: 다음으로 성과산출이 객관적으로 계량화될 수 있어야 평가결과가 구성원에게 수용가능하다. 소위 정량이 아닌 정성평가라고 하는 것은 노력도를 주관적으로 평가하는 것인데, 이는 불공정의 문제만 야기하는 것이며 결과적인 산출을 높이고자 하는 성과평가와는 본질적으로 다른 것이다. 외부자를 평가위원으로 초빙하느냐와 무관하게 정량으로 표시할 수 없는 주관적 정성평가(현재 성과지표)는 근무평정에 속하는

하여야 한다는 견해도 있다: 박한호, 경찰의 성과평가 지표 논의, 한국융합과학회지 제9권 2호, 2020.5., 173－174면.

것이라고 보아야 한다.[50]

③ **지엽적인 목표설정과 업무부풀리기**: 마지막으로 핵심적인 목표가 객관적인 성과산출의 계량화가 어려운 경우 지엽적인 것에 성과목표를 두게 되면[51] 이는 평가를 위한 평가일 뿐, 실질적인 성과산출과는 무관하게 된다. 1년에 관용차량 사고예방 교육을 몇 번 시켰는지 하는 것(현재 성과지표)은 당연한 근무감독의 대상일 뿐 조직의 핵심과업과는 거리가 멀다.

(4) 진단과 개선점

전술한 바와 같이 공무원의 과업수행에 성과주의 원칙들이 지켜지기 어려운 이유는 기업에서의 산출과 달리 핵심과업을 연간 산출하여야 할 성과목표로 계량화하기 어렵기 때문이다.[52] 특히나 경찰이나 군의 경우 적극적인 산출이 아니라 소극적인 현상유지 내지 부정적 현상의 감소가 목표이므로 성과노력과 성과산출의 인과관계를 확인하기 곤란하다.[53] 예를 들어 예방순찰의 증가가 범죄예방과 진압에 어떠한 영향을 미치는지는 측정하기 곤란하다.[54] 이러한 요소들은 성과급의 지급이 허울좋은 세금낭비라는 비난과 더불어 우연적이고 운명적이며 자의적인 성과보상이라는 공무원 내부의 불공정 인식을 야기한다.[55]

그럼에도 공조직의 무사안일을 타파하고 동기를 자극하기 위하여 구성원에게 수용가능한 성과주의를 도입하여야 한다면, 유일한 방법은 사전 동의 내지 협의하에 성과목표

---

50) 이에 반하여 설문조사 등 외부적인 정성평가를 계량화하며 더 확대 도입하자는 의견: 박한호, 경찰의 성과평가 지표 논의, 한국융합과학회지 제9권 2호, 2020.5., 174–175면(이 경우 계량화되면 정량평가라고 보아야 하지 않는지 의문이다).

51) 우태식, 공무원 성과급제도의 문제 및 개선에 관한 연구, 사법행정, 2019.12., 45면: "측정가능한 업무에만 치중하고 그렇지 않은 업무는 기피하게 된다. 따라서 업무 전체의 목표추구에 왜곡이 일어난다. 쉬운 방법으로 양적 기준만 충족하려할 가능성이 크다."

52) 박한호, 경찰의 성과평가 지표 논의, 한국융합과학회지 제9권 2호, 2020.5., 169면, 171–173면: "계량적 측정이 어려운 경찰의 활동들은 다양한 지표들에 의해 오늘날까지 논의되고 있다." "성과란 측정할 수 없다면 관리할 수 없다는 점에서 반드시 측정되어야 한다."; 우태식, 공무원 성과급제도의 문제 및 개선에 관한 연구, 사법행정, 2019.12., 44면.

53) 김형훈, 독일공무원법에 있어서의 성과주의, 한독법학 제19호, 2014, 18면: 질서행정에 대한 적절한 성과평가는 비용–수익 비교를 통하여 조사될 수 없어 곤란하다.

54) 박한호, 경찰의 성과평가 지표 논의, 한국융합과학회지 제9권 2호, 2020.5., 169면.

55) 김형훈, 독일공무원법에 있어서의 성과주의, 한독법학 제19호, 2014, 19면.

를 설정하는 것이다. 이와 관련하여 독일의 「연방직원대표법」 제75조 제3항 제4호가 성과지표를 설정하는 데 직장평의회가 공동결정을 하도록 규정하고 있음은 시사하는 바 크다고 생각된다.[56]

⚖️ 독일 공무원법에서 성과주의의 운용

독일의 경우 1994년 성과주의 도입을 위한 전망보고서가 제출되고, 1997년 2월 24일에 연방복무개혁법에 의해 공무원에게 성과호봉, 성과수당 내지 성과상여금을 지급할 수 있도록 하였다. 그리고 2001년 연방내무부장관의 보고서에서 선별된 성과가 다른 공무원에게 귀감을 주지 못하여 동기화 효과가 오히려 감쇄되었다는 점이 지적되면서 2002년 성과 인정범위를 넓히는 법개정이 이루어졌다.

2008년에는 「연방공무원법」(BBG)의 개정으로 근무평정에도 성과주의를 반영하도록 하였다.[57] 또한 성과평가에 이의가 있는 경우 독일 각 주의 주공무원법(Landesbeamtengesetz)이나 「연방공무원권리법」(BRRG: Beamtenrechtrahmengesetz) 및 행정소송법에 의하여 행정심판을 제기할 수 있고, 그와 연결하여 행정소송까지 제기할 수 있도록 되어 있다. 행정소송에 있어서의 법적 보호이익은 퇴직이 아닌 한 성과평가가 완료되었다는 사실에 의하여 부정되지 않는다.[58]

행정소송으로 인한 부담이 과중해지는 것을 막기 위하여, 전술한 것처럼 직장평의회의 공동결정에 의한 성과지표를 기준으로 성과평가가 이루어지도록 하고 있다.

---

2. 성과평가의 유형

성과평가는 기관평가, 부서평가 및 개인평가로 나누어 운용된다.

(1) 성과평가의 유형별 법적 근거

① **기관평가의 법적 근거**: 기관평가의 법적 근거로는 2006년 시행된 「정부업무평가 기본법」이 각 중앙행정기관과 그 소속기관, 지방자치단체와 그 소속기관 및 공공기관에 대한 평가를 규정하고 있다.[59] 한편 경찰청에 대한 정부업무평가를 위하여는 「경찰청 정

---

56) 김형훈, 독일공무원법에 있어서의 성과주의, 한독법학 제19호, 2014, 26면.
57) 김형훈, 독일공무원법에 있어서의 성과주의, 한독법학 제19호, 2014, 9－10면.
58) 김형훈, 독일공무원법에 있어서의 성과주의, 한독법학 제19호, 2014, 14면.
59) 「정부업무평가 기본법」 제2조(정의) 2. "정부업무평가"라 함은 국정운영의 능률성·효과성 및 책임성을 확보하기 위하여 다음 각 목의 기관·법인 또는 단체(이하 "평가대상기관"이라 한다)가

부업무평가 운영에 관한 규칙」이 제정되어 있다.[60]

② **부서평가와 개인평가의 법적 근거**: 부서평가와 개인평가의 법적 근거로는 「공무원수당 등에 관한 규정」이 있는바, 동 규정에 따라 성과상여금을 규정함으로써 예산에 근거한 성과평가 계획을 수립하고 운용할 수 있게 된다.

소속 장관은 공무원 중 근무성적, 업무실적 등이 우수한 사람에게는 예산의 범위에서 성과상여금을 지급한다. 소속 장관은 개인별이나 부서별로 차등지급하거나, 양자를 병용하여 차등지급 등의 지급방법으로 성과급심사위원회의 심사를 거쳐 성과상여금을 지급한다. 다만, 소속 장관이 직종 및 업무의 특성상 필요하다고 인정하는 경우에는 실·국·과 등 부서별 또는 지급 단위 기관별로 지급방법을 달리 정할 수 있다.

성과상여금은 계급 또는 직위별로 정하되, 소속 장관이 필요하다고 인정하는 경우에는 계급을 통합하거나 세분하여 지급할 수 있다. 성과상여금의 지급등급은 3개 등급 이상으로 한다. 해당 연도를 포함하여 3년 이상 연속으로 최상위등급의 성과상여금 또는 성과연봉을 받은 공무원에게는 해당 공무원에게 지급되는 성과상여금 또는 성과연봉 지급액의 50% 이내의 금액을 장기성과급으로 지급할 수 있다(「공무원수당 등에 관한 규정」 제7조의2).

(2) 성과평가의 내용과 적용

기관평가, 부서평가, 개인평가를 포함하여 매년 수립되는 「치안종합성과평가 계획」이 구체적으로 적용된다.

동 계획에 의하면 성과평가는 매년 11.1.~ 익년 10.31.까지를 대상기간으로 하되, 기관평가는 내부만족(직무만족도), 외부만족(치안고객만족도), 체감안전도 등 3대 만족도 조사, 다면평가, 청렴도, 인권보호 등과 부서별 성과과제를 대상으로 한다. 부서평가는 부서별 성과과제를 대상으로 한다. 개인평가는 부서 성과과제 점수와 다면평가에 의하여 실시된다.

행하는 정책등을 평가하는 것을 말한다. 가. 중앙행정기관 나. 지방자치단체 다. 중앙행정기관 또는 지방자치단체의 소속기관 라. 공공기관.
60) 동 규칙 제1조(목적) 이 규칙은 경찰청 정부업무평가의 대상, 절차, 방법 등 정부업무평가 전반에 관한 사항을 규정함으로써 경찰청 정부업무평가의 원활한 수행을 목적으로 한다.

성과등급은 관서, 부서, 개인평가 모두 S등급 20%, A등급 40%, B등급 30%, C등급 10%로 배분된다. 성과평가 결과는 성과연봉이나 성과상여금(성과급)뿐만 아니라, 심사승진, 교육생 선발, 주재관 선발 등에 활용된다(이상 광주경찰청, 「2023년 치안종합성과평가 계획」).

「공무원 성과평가 등에 관한 규정」이나 「공무원 성과평가 등에 관한 지침」[61]은 일반직 공무원의 성과평가에만 적용되며 경찰공무원 개인의 성과평가에 적용되지 않는다.

〈**관련판례**〉 「지방공무원 수당 등에 관한 규정」 제6조의2 제7항의 위헌성: 공무원들이 지급받은 성과급을 재배분하는 행위를 '성과급을 거짓이나 부정한 방법으로 지급받은 것'과 마찬가지로 취급해 성과급을 몰수하고 1년간 성과급을 지급하지 않도록 하는 규정[62]은 합헌이다. 당사자들의 개별적 동의절차를 거쳐 스스로 재산을 처분하도록 하였더라도, 성과상여금 제도가 그 도입 취지에 맞게 정착되고 운영되기 위해서는 재분배 행위를 금지하는 이외에 다른 방법을 찾기 어려워 수단의 적절성이 인정된다. 성과상여금을 재분배하는 행위가 직무성과에 대한 평가 기준이나 성과상여금 지급 기준 등에 대한 불신에서 비롯된 측면이 있다 하더라도 성과상여금제도는 기관의 자율성을 존중하고 구체적 합리성을 도모하는 방향으로 개선되어 왔고, 불합리한 측면이 있다 하여도 성과상여금제도의 취지 자체를 몰각시키는 재분배행위를 허용할 수는 없으므로, 침해의 최소성도 인정된다. 또한 성과상여금 재분배행위를 금지하여 성과상여금제도의 취지가 달성된다면 효율적이고 경쟁력 있는 공무원조직을 만들 수 있고, 이와 같은 공익은 위 조항으로 인하여 청구인들이 받는 불이익보다 중대하므로 법익의 균형성도 인정된다. 따라서 위 조항은 과잉금지원칙에 위배되어 청구인들의 재산권 및 일반적 행동자유권을 침해하지 아니한다(헌법재판소 2016.11.24. 선고 2015헌마1191 전원재판부 결정).[63]

---

61) 동 지침 Ⅰ 총칙 3. 적용범위: 일반직(연구직·지도직 공무원 포함) 국가공무원.
62) 2015.9.25. 신설된 「지방공무원 수당 등에 관한 규정」 제6조의2 제7항, 「지방공무원법」 제45조 제3항에 따라 지방자치단체의 장이나 지방의회의 의장은 소속 공무원이 제1항에 따른 성과상여금을 거짓이나 그 밖의 부정한 방법으로 지급(지급받은 성과상여금을 다시 배분하는 행위를 포함한다)받은 경우에는 그 지급받은 성과상여금에 해당하는 금액을 징수하고, 1년의 범위에서 성과상여금을 지급하지 않는다.
63) 다만 「지방공무원 수당 등에 관한 규정」 제6조의2 제7항과 같이 명백한 규정이 있지 않은 일반 기업 근로자의 경우에는 회사 정관의 위반을 이유로 성과급을 재분배한 일반근로자를 해고하는 것이 부당노동행위에 해당한다. 대법원 역시 "현실적으로 지급되었거나 이미 구체적으로 지급청구권이 발생한 임금은 근로자의 사적 재산영역으로 옮겨져 근로자의 처분에 맡겨진 것이므로 성과급 재분배 금지명령에 위반한 것을 이유로 징계(해고)한 것은 부당노동행위에 해당한다"고 판시하고 있다(대법원 2021.11.25. 선고 2019두30270 판결).

제4절 ▎상 훈

공무원으로서 직무에 힘을 다하거나 사회에 공헌한 공적이 뚜렷한 자에게는 훈장 또는 포장을 수여하거나 표창을 하는바(「국가공무원법」제54조), 이에 관한 자세한 사항을 규정하기 위하여 「상훈법」이 제정되어 있다.

Ⅰ. 훈장과 포장

훈장(勳章)과 포장(褒章)은 (일반인과 공무원을 불문하고) 대한민국 국민이나 우방국 국민으로서 대한민국에 뚜렷한 공적을 세운 사람에게 수여한다(「상훈법」제3조).

1. 훈 장

훈장의 종류에는 무궁화대훈장, 건국훈장, 국민훈장, 무공훈장, 근정훈장, 보국훈장, 수교훈장, 산업훈장, 새마을훈장, 문화훈장, 체육훈장, 과학기술훈장 등이 있다(동법 제9조).

공무원에게 수여될 수 있는 훈장은 근정훈장이며 5등급으로 나뉜다: 청조 근정훈장(1등급), 황조 근정훈장(2등급), 홍조 근정훈장(3등급), 녹조 근정훈장(4등급), 옥조 근정훈장(5등급)(「상훈법」제14조, 「상훈법 시행령」제11조 별표1).

2. 포 장

포장은 훈장에 다음가는 훈격(勳格)으로서, 건국포장, 국민포장, 무공포장, 근정포장, 보국포장, 예비군포장, 수교포장, 산업포장, 새마을포장, 문화포장, 체육포장, 과학기술포장 등이 있다(「상훈법」제19조).

공무원에게 수여될 수 있는 포장은 근정포장으로 훈장의 경우와 달리 다시 세부 등급이 나뉘지 않는다(동법 제23조).

Ⅱ. 표 창

표창은 대한민국에 공적(功績)을 세우거나 각종 교육·경기 및 경연 등에서 우수한 성적을 거둔 자에게 수여하는바, 정부 각 기관에서 하는 표창에 관한 사항을 규정하기 위하여 「정부 표창 규정」이 마련되어 있다. 경찰 내부적으로는 매년 관련 지침을 수립한다 (「2023년 경찰표창 업무지침」).

표창은 공적에 대한 표창인 포상(褒賞)과 성적에 대한 표창인 시상(施賞)으로 구분된다 (「정부 표창 규정」 제3조).

1. 표창의 구분

(1) 포 상

포상은 대통령표창, 국무총리표창, 기관장표창으로 나뉜다(「정부표창규정」 제3조). 공적에 대한 표창인 포상은 표창장과 감사장으로 나뉜다(「경찰표창 및 경찰공무원 기장 수여 등에 관한 규칙」 제4조).

포상은 직무 수행이나 협조로 국가 또는 사회의 발전에 기여한 경우, 국민의 생명·신체 또는 재산을 보호하거나 국민의 복지 증진에 기여한 경우, 창의적인 의견이나 고안으로 업무혁신을 촉진하거나 국민 서비스 향상에 기여한 경우, 국가의 명예와 위상을 드높인 경우에 수여된다(「정부 표창 규정」 제4조).

(2) 시 상

시상은 대통령상, 국무총리상, 기관장상으로 나뉜다(「정부 표창 규정」 제3조). 성적에 대한 표창인 시상은 상장이라 한다(「경찰표창 및 경찰공무원 기장 수여 등에 관한 규칙」 제4조).

시상은 교육 성적 우수, 경기 및 경연 성적 우수의 경우 수여된다(「정부 표창 규정」 제5조).

2. 표창권자 등

표창권자란 경찰청장 및 소속기관장을 말하며, 표창대상자를 추천할 수 있는 직위는 경찰청의 국·관, 소속기관의 과장이다. 추천권자가 그 소속 직원이 아닌 사람이나 기관에 대하여 표창을 추천하고자 할 때에는 표창대상자 소속기관장의 동의를 얻어야 한다(「경찰 표창 및 경찰공무원 기장 수여 등에 관한 규칙」 제2조, 제8조). 따라서 예를 들어 어느 경찰서 경비과장이 소속 직원이 아닌 여성청소년과 직원의 숨은 공적을 발견하고 표창을 추천하 는 경우 경찰서장에게 동의를 얻어야 한다.

Ⅲ. 기 장

기장(記章)은 「상훈법」이나 「정부 표창 규정」에서 규정하고 있지는 않으나 그에 준하 는 의미를 갖는다고 볼 수 있는 것으로, 기장에 관하여는 「경찰표창 및 경찰공무원 기장 수여 등에 관한 규칙」이 규정하고 있다.

1. 의 의

기장은 지휘관장, 근속기장, 경호 및 경비 기념장을 말하며, 수여권자는 경찰청장이다 (「경찰표창 및 경찰공무원 기장 수여 등에 관한 규칙」 제2조, 제18조).

2. 기장의 구분

지휘관장은 총경 이상의 경찰기관장에게 수여한다. 근속기장은 10년 이상 성실장, 20 년 이상 봉사장, 30년 이상 충성장, 40년 이상 평생장으로 나뉜다. 지휘관장은 총경 이 상의 경찰공무원이 경찰기관장으로 최초 임명될 때 수여되며, 근속기장은 매년 경찰의 날에 수여된다. 각종 기념장은 수여대상자가 있을 때 수여된다(동 규칙 제17조, 제19조).

3. 기장의 수여

기장을 수여할 때에는 오른 가슴에 기장정장, 왼쪽 가슴에 약장과 함께 수여증을 수여 한다. 직무수행상 패용이 곤란한 경우 패용하지 않을 수 있다. 또 기장정장은 수여하지 않을 수 있다(동 규칙 제20조, 제21조).

퇴직 경찰관에 대한 가슴표장(흉장)과 기념패는 기장과는 별도로 수여되며 「경찰관 가슴표장 발급관리 등에 관한 지침」으로 규율된다.

Ⅳ. 기 타

「상훈법」, 「정부 표창 규정」, 「경찰표창 및 경찰공무원 기장 수여 등에 관한 규칙」 등에서 별도의 규정을 갖고 있지 않아서 '상훈'이라고 하기에는 적당하지 않은 면이 있으나, 공무원의 공적·성적 또는 모범적인 선행이나 제안 등에 기초하여 행해진다는 점에서 상훈에 준하는 것으로 볼 수 있는 것으로는 다음과 같은 것이 있다.

1. 모범공무원 선발

모범공무원은 일반직 6급 이하 공무원과 이에 상당하는 공무원 중에서 선발한다. 모범공무원으로 이미 선발된 사실이 있는 사람은 다시 모범공무원으로 선발할 수 없다(「모범공무원 규정」 제2조). 모범공무원의 추천은 중앙행정기관의 장과 서울특별시장이 하며, 행정안전부장관과의 협의를 거쳐 국무총리가 선발한다(「모범공무원 규정」 제3조, 제4조).

모범공무원으로 선발된 사람에게는 왼쪽 가슴 위에 모범공무원 표장(標章)과 모범공무원증을 수여한다. 모범공무원으로 선발된 사람에게는 예산의 범위에서 월 5만원의 모범공무원 수당을 지급하되, 지급기간은 모범공무원으로 선발된 날이 속하는 달의 다음 달부터 3년간으로 한다(동령 제5조, 제6조, 제8조의2).

2. 장려제도

장려는 「경찰표창 및 경찰공무원 기장 수여 등에 관한 규칙」의 표창 정도에 이르지 아니하는 공적·성적 또는 모범적인 선행을 장려하고 우대할 필요가 있는 경우에 행한다(「경고·주의 및 장려제도 운영 규칙」 제3조).

경찰공무원등이 장려장을 받은 때에는 일정한 상점을 부여한다. 장려장의 상점은 장려장을 받은 해당 계급에서 효력을 가진다. 1년 이내에 2회 이상의 장려장을 받은 경우에는 공적을 심사하여 표창을 실시할 수 있다. 장려장은 직권경고(불문경고는 제외한다)의 벌점을 상계한다(동 규칙 제7조).

3. 경찰공무원 제안에 따른 특별승진 등

행정 운영의 능률화와 경제화를 위한 공무원의 창의적인 의견이나 고안(考案)이 제안으로 채택되고 시행되어 국가 예산을 절약하는 등 행정 운영 발전에 뚜렷한 실적이 있는 자에게는 상여금을 지급할 수 있으며 특별승진이나 특별승급을 시킬 수 있다(「국가공무원법」 제53조).

(1) 채택제안

채택제안이란 중앙행정기관의 장이 접수한 공무원 제안 중 그 내용을 심사한 후 채택한 것을 말하는 바, 채택제안의 창안등급은 특별상·우수상 및 우량상으로 구분하되 그 등급에 해당하는 제안이 없는 경우에는 등급을 부여하지 않는다. 채택된 제안의 제안자에 대하여는 경찰청장이 표창할 수 있다. 채택되지 아니한 제안에 대하여도 제안자의 노력도 및 경찰업무발전에의 기여도를 감안하여 경찰청장이 표창할 수 있다(「경찰청 공무원 제안 제도 운영규칙」[64] 제16조, 제17조).

또한 채택된 제안의 제안자에 대하여는 예산의 범위 안에서 다음 기준에 따라 부상을 수여할 수 있다(「경찰청 공무원 제안 제도 운영규칙」 제20조). 즉,

① 특별상: 50만원 이상 100만원 이하

② 우수상: 20만원 이상 50만원 이하

③ 우량상: 10만원 이상 30만원 이하

나아가 채택제안의 실시로 예산절감이나 국고수입에 직접적이고 현저하며 막대한 효과가 있거나 획기적인 행정개선이 있는 경우 3천만원 이하의 상여금[65]을 지급할 수 있다(「공무원 제안 규정」 제19조). 경찰청 기획조정관은 실시 성과의 평가결과 그 내용이 동 규정 제19조에 따른 상여금 지급대상에 해당되는 경우에는 위원회 심의를 거쳐 당해 연

---

64) 관련 모법은 「국가공무원법」 제53조, 「공무원 제안 규정」 및 「공무원 제안 규정 시행규칙」이다.
65) 법제처, 국가공무원법 주해, 2006.12., 237-238면: "여기에서의 상여금은 공무원수당규정상의 상여수당과는 그 성격이 전혀 다르며, 일정의 보상금의 성격으로 보아야 한다. 또 제안채택에 따른 부상금과도 성격이 달라서 실제 예산절감에 따른 과실을 공무원에게 지급하는 것이다."

도의 예산에서 이를 지급한다. 다만, 상여금의 전부 또는 일부를 당해 연도의 예산에서 지급할 수 없는 경우에는 다음 연도의 예산에 이를 계상하여 지급한다(「경찰청 공무원 제안 제도 운영규칙」 제24조, 제25조).

(2) 자체우수제안

자체우수제안이란 중앙행정기관의 장이 채택제안 중 그 내용이 우수하다고 인정하여 행정안전부장관에게 추천한 것을 말하는 바, 경찰청장은 자체우수제안으로 선정되고 시행되어, 국가 예산을 절약하는 등 행정 운영 발전에 뚜렷한 실적이 있는 경우 그 제안자에게 특별승급의 인사상 특전을 부여할 수 있다(동 규칙 제19조).

(3) 중앙우수제안

중앙우수제안이란 행정안전부장관이 자체우수제안 중 그 내용을 심사한 후 채택한 것을 말한다(「공무원 제안 규정」 제2조). 중앙우수제안의 창안 등급은 금상·은상·동상 및 장려상으로 구분하고, 제안자에게는 훈장·포장 수여 또는 표창을 하거나 모범공무원으로 선발할 수 있으며, 부상으로는 50만원에서 800만원 이하의 부상을 지급한다. 또 특별승진 또는 특별승급의 대상으로 할 수 있다(동령 제17조, 제18조).

4. 적극행정 우수공무원의 우대

각 기관의 장은 공무원의 적극행정을 장려하기 위하여 인사상 우대 및 교육의 실시 등에 관한 계획을 수립·시행할 수 있다(「국가공무원법」 제50조의2).

선발된 적극행정 우수공무원 또는 유공공무원에게 특별승진, 대우공무원 선발을 위한 근무기간 단축, 근속승진기간 단축, 특별승급, 최고등급의 성과상여금, 가점부여, 포상휴가, 기타 희망 부서로의 전보, 교육훈련 우선 선발 등 인사혁신처장이 정하는 인사상 우대 조치 중 하나를 부여하여야 한다(「적극행정 운영규정」 제15조).

제7장

경찰공무원의 책임

경찰공무원법

제7장

경찰공무원의 책임

제1절 ┃ 개 설

경찰공무원의 책임이란, 위반시 경찰공무원으로 하여금 법률상 제재 또는 불이익을 받게 하는 개별·구체적으로 부여된 당위를 말한다.[1] 그러나 통상적으로 경찰공무원의 책임이라고 하게 되면 공무원이 그에 위반시 받게 되는 법률상 제재 또는 불이익 자체를 가리킬 때가 많으며, 특히 본장에서는 이러한 개념으로 사용하고자 한다.

경찰공무원의 책임은 다시 ① 경찰공무원이 공무원법상의 의무를 구체적인 경우 위반함으로 인하여 사용주인 국가 등에 대하여 지는 책임을 의미하는 협의의 경찰공무원의

---

1) '의무'와 '책임'은 일견 비슷한 개념으로 생각될 수 있다. 그러나 의무가 일반·추상적으로 부여된 당위를 의미하는 것에 반하여, 책임은 개별·구체적으로 부여된 당위를 의미한다는 점에서 양자는 그 개념적 구조를 달리한다. 그리고 이것이 본서가 경찰공무원의 의무(제5장)와 경찰공무원의 책임(제7장)을 별개의 장으로 나누어 서술하는 이유가 된다. 또한 의무는 「경찰공무원법」과 같은 신분법에서, 책임은 작용법에서 주로 다루어지는 경향이 있다.

책임(공무원법상의 책임, 행정상 책임)과 ② 협의의 경찰공무원의 책임 이외에 형사책임(형사처벌)·민사책임(배상[2])을 포함하는 광의의 경찰공무원의 책임으로 구분된다.[3]

다만 형사책임과 민사책임은 일반 형사법과 민사법의 원리가 그대로 적용되는 면이 있으므로 공무원법에서 별도로 형사책임과 민사책임을 논한 실익은 사실상 없다. 따라서 본장에서는 경찰공무원이 공무원법상의 의무를 위반함으로 인하여 부담하게 되는 책임을 의미하는 협의의 경찰공무원의 책임을 주로 다루게 된다. 한편 협의의 경찰공무원의 책임은 다시 회계공무원에 대한 변상책임[4]과 징계책임으로 구분되는바, 이 중에서도 논의의 중점은 징계책임에 두어진다. 경찰공무원의 책임의 경우는 약간의 특례규정을 제외하면 공무원의 책임에서의 논의가 그대로 타당하므로, 이하에서는 공무원의 책임이란 용어를 주로 사용하여 서술해 나가도록 하겠다.

제2절 ▮ 공무원법상의 책임(행정상 책임)

I. 징계책임

1. 개 설

(1) 징계·징계벌·징계책임

공무원의 의무위반이 있는 경우 공무원관계의 질서를 유지하기 위하여 임용권자가 과하는 제재를 징계,[5] 그 제재로서의 벌을 징계벌, 그 제재를 받을 책임을 징계책임이라고 한다.

---

2) 구상(求償) 책임을 포함한다.
3) 한편 공무원의 책임은 복무규율 위반에 따른 책임과 직무상 의무위반 등에 따른 책임으로 구분할 수도 있다. 이 경우 전자를 신분법적 책임, 후자를 작용법적 책임이라도 한다. 이와 유사한 맥락에서 공무원의 의무를 신분상 의무와 직무상 의무로 구분하는 견해가 있다(정남철, 재난사고에 있어서 공무원의 의무와 책임, 행정판례연구 23-2, 2018, 179면). 그러나 공무원이 수행하는 직무는 공무원의 신분과 분리하기 어려운 경우가 적지 않고, 공무원의 직무상 의무에 해당하는 것들은 대부분은 공무원의 특수한 신분 때문에 인정되는 것이라고는 점을 고려할 때 공무원의 의무를 신분상 의무와 직무상 의무로 나누는 것은 여의치 않은 면이 있다.
4) 법적 근거는 「회계관계직원 등의 책임에 관한 법률」이다.
5) 한편 징계의 법적 성격과 관련하여 공무원법상의 징계사유가 직무상 의무를 해태함에 따른 채무

(2) 징계벌과 형벌의 구분

① **권력의 기초**: 징계벌은 특별권력, 형벌은 국가의 일반통치권에 근거하여 과해진다.

② **목 적**: 징계벌은 공무원관계의 내부질서유지를, 형벌은 일반사회의 질서유지를 그의 목적으로 한다.

③ **내 용**: 징계벌은 공무원의 신분적 이익의 박탈을, 형벌은 신분적 이익의 박탈뿐만 아니라 재산적 이익이나 생명·자유의 박탈까지도 박탈함을 그 내용으로 한다.

④ **대 상**: 징계벌의 대상은 공무원법상의 의무위반, 형벌은 형사법상의 의무위반, 즉 형사범만을 그의 대상으로 한다.

⑤ **주관적 요건**: 징계벌은 형벌과 달리 고의·과실을 그 요건으로 하지 아니한다.

(3) 징계벌과 형벌의 병과

전술한 바와 같이 징계벌과 형벌은 그 성질을 전혀 달리 하기 때문에 동일한 행위에 대하여 병과할 수 있으며, 병과하여도 일사부재리의 원칙에 저촉되지 아니한다. 또한, 형사소추선행의 원칙은 채택되어 있지 않으므로 검찰·경찰 기타 수사기관에서 수사중인 사건에 대하여도 징계절차를 진행시킬 수 있다. 따라서 공무원에게 징계사유가 인정되는 이상 관련 형사사건의 유죄확정 전에도 해당 공무원에 대하여 징계처분을 할 수 있다.

〈**관련판례**〉「징계처분 후 징계사유에 대한 형사사건으로 1심에서 유죄판결이 선고되었으나 그 후 항소심에서 무죄판결이 선고되고 이 판결이 대법원에서 확정되었다면 그 징계처분이 근거 없는 사실을 징계사유로 삼은 것이 되어 위법하다고는 할 수 있으나 그 하자가 객관적으로 명백하다고는 할 수 없으므로 징계처분이 당연무효가 되는 것은 아니다」(대법원 1994.1.11. 선고 93누14752 판결).

(4) 징계절차의 중지

감사원에서 조사중인 사건에 대하여는 징계절차를 진행시키지 못한다(「국가공무원법」 제83조).

불이행을 이유로 하고 있음 이유로, 징계제도가 채무불이행을 흡수하고 있다는 의견도 있다. 정상익, 징계의 특성에 관한 연구, 홍익법학 제19권 1호, 2018, 445면.

(5) 징계벌과 법치주의

공무원의 징계와 관련하여서도 법치주의의 적용이 있다.

2. 징계의 요건

(1) 징계의 사유

공무원에 대한 징계사유는 ① 「국가공무원법」 및 「국가공무원법」에 따른 명령을 위반한 경우, ② 직무상 의무를 위반하거나 직무를 태만히 한 때 및 ③ 직무의 내외를 불문하고 그 체면 또는 위신을 손상하는 행위를 한 때이다.

한편 수개의 징계사유 중 그 일부가 인정되지 않는 경우에 당해 징계처분의 위법성 여하에 관하여는 이하의 판례를 참조하기 바란다.

〈관련판례〉「여러 개의 징계사유 중 일부가 인정되지 않으나 인정되는 다른 일부 징계사유만으로도 당해 징계처분의 타당성을 인정하기에 충분한 경우에는 그 징계처분을 그대로 유지하여도 위법하지 아니하다」(대법원 2007.12.28. 선고 2006다33999 판결).

(2) 고의 · 과실 등

징계사유의 발생에 있어 공무원의 고의·과실은 불문한다(다수설·판례). 다만, 고의·과실의 유무는 최소한 징계의 양정에 있어서는 고려대상이 된다.

(3) 일사부재리의 원칙

징계처분에도 일사부재리의 원칙이 적용된다. 다만, 징계처분과 직위해제는 그 성질을 전혀 달리하므로 직위해제와 같은 사유로 징계처분을 함은 무방하다.

〈관련판례〉「직위해제처분은 공무원에 대하여 불이익한 처분이긴 하나 징계처분과 같은 성질의 처분이라고는 볼 수 없으므로 동일한 사유에 대한 직위해제처분이 있은 후 다시 해임처분이 있었다 하여 일사부재리의 법리에 어긋난다고 할 수 없다」(대법원 1984.2.28. 선고 83누489 판결).

(4) 징계사유의 발생시기

징계사유는 재직 중에 발생한 것이어야 하나, 임명 전의 것이라도 그것이 공무원의 위신을 손상하는 것이 되는 때에는 징계사유가 될 수 있다.

〈관련판례〉 「뇌물을 공여한 행위는 공립학교 교사로 임용되기 전이었더라도 그 때문에 임용 후의 공립학교 교사로서의 체면과 위신이 크게 손상되었다고 하지 않을 수 없으므로 이를 징계사유로 삼은 것은 정당하다. … 이 경우 징계시효의 기산점은 원고가 뇌물을 공여한 때가 아니라 공무원으로 임용된 때로부터 기산하여야 할 것이다」(대법원 1990.5.22. 선고 89누7368 판결).

(5) 징계요구의 소멸시효

징계 및 징계부가금은 징계 등의 사유가 발생한 사유가 발생한 날부터 일정기간이 경과하면 징계요구를 할 수 없다. 즉,

① 징계 등 사유가 다음 각 목의 어느 하나에 해당하는 경우: 10년

　　가. 「성매매알선 등 행위의 처벌에 관한 법률」 제4조에 따른 금지행위

　　나. 「성폭력범죄의 처벌 등에 관한 특례법」 제2조에 따른 성폭력범죄

　　다. 「아동·청소년의 성보호에 관한 법률」 제2조 제2호에 따른 아동·청소년대상 성범죄

　　라. 「양성평등기본법」 제3조 제2호에 따른 성희롱

② 징계 등 사유가 제78조의2 제1항 각 호의[6] 어느 하나에 해당하는 경우: 5년

③ 그 밖의 징계 등 사유에 해당하는 경우: 3년

한편 (원)징계처분이 행정소송을 통하여 취소되어 행정청이 가벼운 징계처분으로 경

---

6) 「국가공무원법」 제78조의2(징계부가금) ① 제78조에 따라 공무원의 징계 의결을 요구하는 경우 그 징계 사유가 다음 각 호의 어느 하나에 해당하는 경우에는 해당 징계 외에 다음 각 호의 행위로 취득하거나 제공한 금전 또는 재산상 이득(금전이 아닌 재산상 이득의 경우에는 금전으로 환산한 금액을 말한다)의 5배 내의 징계부가금 부과 의결을 징계위원회에 요구하여야 한다.
　2. 다음 각 목에 해당하는 것을 횡령(橫領), 배임(背任), 절도, 사기 또는 유용(流用)한 경우
　　가. 「국가재정법」에 따른 예산 및 기금
　　나. 「지방재정법」에 따른 예산 및 「지방자치단체 기금관리기본법」에 따른 기금
　　다. 「국고금 관리법」 제2조 제1호에 따른 국고금
　　라. 「보조금 관리에 관한 법률」 제2조 제1호에 따른 보조금
　　마. 「국유재산법」 제2조 제1호에 따른 국유재산 및 「물품관리법」 제2조 제1항에 따른 물품
　　바. 「공유재산 및 물품 관리법」 제2조 제1호 및 제2호에 따른 공유재산 및 물품
　　사. 그 밖에 가목부터 바목까지에 준하는 것으로서 대통령령으로 정하는 것

정한 경우에는 시효기간의 제한을 받지 않는다.

〈관련판례〉「일단 적법한 시효기간 내에 파면처분을 하였다가 그 처분에 대한 행정소송의 제기로 말미암아 이 건과 같이 징계양정의 과다를 이유로 위 파면처분이 취소되었다면 설사 그 징계사유가 발생한 날로부터 2년이 경과된 후에 다시 그 징계종류를 경감하여 그 징계의 결의 요구를 한다 하더라도 이는 징계의결의 새로운 요구가 아니고 이미 적법하게 그 징계의결이 요구된 징계처분의 내용을 일부 수정하는 것이라고 할 것이니 본건에 있어서는 징계사유의 시효기간이 경과되지 않았음이 명백하다」(대법원 1980.8.10. 선고 80누189 판결).

3. 징계의 종류

징계는 파면·해임·강등·정직·감봉·견책(譴責)으로 구분한다(「국가공무원법」 제79조). 파면·해임·강등·정직을 중징계, 감봉·견책을 경징계라고 한다(「공무원 징계령」 제1조의3, 「경찰공무원 징계령」 제2조).[7]

징계와 관련하여 2010년 법 개정을 통하여 징계부가금이 도입되어 있음은 주목을 요한다. 징계부가금은 징계의 사유가 뇌물수수 등 범죄이거나 국가재산을 횡령, 배임, 절도, 사기 또는 유용한 경우 그 금액의 5배 이내에서 징계에 부가하는 징계벌이다(「국가공무원법」 제78조의2). 한편 「부정청탁 및 금품등 수수의 금지에 관한 법률」에 의한 과태료가 부과된 경우에는 징계부가금을 의결하지 않으며, 징계부가금이 의결된 후에는 과태료를 부과하지 않는다(「부정청탁 및 금품등 수수의 금지에 관한 법률」 제23조 제6항). 징계와 징계부가금을 합하여 실정법에서는 '징계 등'이라고 한다(「경찰공무원 징계령」 제4조).

공무원으로서 징계처분을 받은 자에 대하여는 처분을 받은 날 또는 그 집행이 끝난 날부터 강등과 정직은 18개월, 감봉은 12개월, 견책은 6개월 동안 승진임용 또는 승급할 수 없다. 음주운전(측정불응 포함), 성폭력, 성희롱 및 성매매에 따른 징계처분의 경우에는 각각 6개월을 더한 기간이 적용된다. 징계처분을 받은 후 해당 계급에서 훈장, 포장, 모범공무원포상, 국무총리 이상의 표창을 받거나 제안의 채택 시행으로 포상을 받는 경우에는 최근에 받은 가장 무거운 징계처분에 대해서만 승진임용 및 승급 제한기간의 2분의 1을 단축할 수 있다(「공무원 임용령」 제32조, 「공무원 보수규정」 제14조).

---

7) 징계의 종류 중 파면과 해임처럼 공무원을 공무원 근무관계에서 완전히 배제시키는 것을 배제징계, 정직·감봉·견책과 같이 장래의 의무위반을 방지하기 위하여 신분상 이익을 일시적으로 박탈하는 것을 교정징계라고 하여 이를 구분하기도 한다.

(1) 파면 · 해임

파면과 해임은 양자 모두 공무원의 신분을 박탈하는 점에서는 공통하나 다음과 같은 점에서 차이가 있다.

① **연금의 지급**: 파면의 경우에는 연금이 제한되어 지급되는 것에 반하여 해임의 경우에는 연금의 지급에 아무런 제한이 없다.

② **재임용의 제한**: 파면을 당한 자는 이후 5년간, 해임을 당한 자는 이후 3년간 공무원에 재임용될 수 없다.

(2) 강 등

강등은 1계급 아래로 직급을 내리고(고위공무원단에 속하는 공무원은 3급으로 임용하고, 연구관 및 지도관은 연구사 및 지도사로 한다) 공무원신분은 보유하나 3개월간 직무에 종사하지 못하며, 그 기간 중 보수는 전액을 감하는 것을 말한다(「국가공무원법」 제80조 제1항).

(3) 정 직

정직은 1개월 이상 3개월 이하의 기간으로 하고, 정직 처분을 받은 자는 그 기간 중 공무원의 신분은 보유하나 직무에 종사하지 못하며 보수는 전액을 감하는 것을 말한다(동조 제3항).

(4) 감 봉

감봉은 1개월 이상 3개월 이하의 기간 동안 보수의 3분의 1을 감하는 것을 말한다(동조 제4항).

(5) 견 책

견책은 전과(前過)에 대하여 훈계하고 회개하게 하는 것을 말한다(동조 제5항).

⚖️ 경고와 주의

「국가공무원법」에 징계의 종류로 규정되어 있지는 않지만, 실제에 있어 문책의 성격을 가지고 있을 뿐만 아니라 벌점이 부과되는 등의 불이익이 따르는 것으로 주의와 경고가 있는바, 이하에서 이에 관해 간단히 논하기로 한다.

(1) 경고와 주의의 의의

① 경고: 경고란 징계위원회 또는 소청심사위원회에서 불문(不文)으로 의결하고 경고를 권고(불문경고)하거나, 경찰기관의 장이 징계사유에 이르지 아니한 경미한 사안의 경우 또는 감독자 등을 문책하는 경우 앞으로 그러한 행위가 다시 발생하지 않도록 엄중히 훈계하는 것(직권경고)을 말한다.

② 주의: 주의란 의무위반행위의 정도가 경고에 이르지 아니한 경미한 사안의 경우 또는 감독자 등을 문책하는 경우 앞으로 그러한 행위가 다시 발생하지 않도록 주의를 촉구하는 것을 말한다(「경고·주의 및 장려제도 운영 규칙」(경찰청 예규) 제3조).

(2) 경고와 주의의 허용성

경고와 주의는 「국가공무원법」 등과 같은 법률에 근거함이 없이 경찰청예규에 근거하여 행해지는 불이익처분이므로 법률유보의 원칙에 어긋나는 문제가 있다는 견해가 유력하다.[8] 그러나 이에 대하여는 경고와 주의는 징계를 대신하여 불이익을 낮추는 것이므로 침익적 성격을 갖는다고 보기 어렵고, 따라서 경찰청예규에 근거하여 경고와 주의를 행하는 것도 정당화된다는 반론[9]이 제기되고 있다.

(3) 경고와 주의의 처분성

경고와 주의를 항고소송의 대상이 되는 처분으로 볼 수 있는지에 대하여는 아직까지 학계에서의 논의는 그리 활발하지 않다. 그러나 대법원은 적어도 불문경고는 (직권경고와 달리) 표창사용 제한 등의 불이익이 수반되므로 항고소송의 대상이 되는 처분으로 보고 있다.[10]

(4) 경고와 주의의 효력

경찰공무원등이 경고를 받은 때에는 일정한 벌점이 부여된다. 경고의 벌점은 처분을 받은 해당 계급에서 1년간 효력을 가진다. 1년 이내에 2회의 경고를 받은 자가 같은 기간 내에 다시 경고에 해당하는 사유가 있는 경우에는 징계위원회에 회부하여야 한다. 다만, 감독책임으로 인한 경우는 제외한다. 경찰기관장은 경고 또는 주의를 받은 자에 대하여 그 처분

---

8) 신형석, 불문경고의 법적성격에 대한 고찰, 조선대학교 법학논총 제20집 1호, 2013.4., 170면.
9) 김용섭, 공무원법의 제문제, 국가법연구 제7집 3호, 한국국가법학회, 2021.10., 34-35면.
10) 대법원 2002.7.26. 선고 2001두3532 판결.

의 사유가 중하다고 판단되는 경우에는 같은 사유로 징계위원회에 회부할 수 있다. 징계위원회에 회부되어 징계 등의 의결이 있은 때에는 해당 처분의 효력은 상실한다(「경고·주의 및 장려제도 운영 규칙」(경찰청 예규) 제7조).

(5) 처분기록의 말소

감사업무 담당 부서장은 경고·주의를 받은 날부터 1년이 경과한 때, 소청심사위원회나 법원에서 경고의 무효 또는 취소의 결정이나 판결이 확정되는 경우, 경고·주의에 대한 일반사면이 있는 경우 경고 처분대장 또는 주의 처분대장에 등재된 경고·주의의 기록을 말소하여야 하고, 비고란에 그 사유를 기재하여야 한다(「경고·주의 및 장려제도 운영 규칙」(경찰청 예규) 제10조).

4. 징계에 있어서의 재량의 문제

(1) 결정재량

징계사유가 있는 경우 징계권자는 징계의결의 요구를 하여야 한다(동법 제78조). 따라서 징계의 요구와 관련하여 결정재량은 인정되지 않는다.[11]

(2) 선택재량

징계여부에 대한 결정재량이 부정되는 것과 달리 징계의 종류 중 어느 것을 선택할 것인가에 관하여는 선택재량이 인정될 수 있다.[12]

〈관련판례〉「공무원에 대한 징계처분은 공무원관계의 질서를 유지하고 기강을 숙정하여 공무원으로서 의의를 다하도록 하기 위하여 과하는 제재이므로 피징계자에 대하여 어떠한 처분을 할 것인가 하는 것은 징계권자의 재량에 맡겨진 것이고 … 」(대법원 1983.6.28. 선고 83누130 판결).

5. 징계권자

일반적으로 징계권은 임용권에 포함되는 것이므로 징계권자는 임용권자가 되는 것이 원칙이지만, 경찰공무원의 징계권자에 대하여는 경찰공무원법이 특칙을 두고 있다. 그에

---

11) 류지태, 박종수, 행정법 신론 제18판, 박영사, 2021, 876면.
12) 최선웅, 경찰공무원 징계재량에 대한 사법심사의 판단 기준, 한국경찰연구 제6권 3호, 2007, 233면.

따르면 경찰공무원의 징계는 징계위원회의 의결을 거쳐 징계위원회가 설치된 소속기관의 장이 발령하되, 국무총리 소속으로 설치된 징계위원회에서 의결한 징계는 경찰청장이 발령을 한다. 다만, 파면·해임·강등 및 정직은 징계위원회의 의결을 거쳐 해당 경찰공무원의 임용권자가 하되, 경무관 이상의 강등 및 정직과 경정 이상의 파면 및 해임은 경찰청장의 제청으로 행정안전부장관과 국무총리를 거쳐 대통령이 하고, 총경 및 경정의 강등 및 정직은 경찰청장이 한다(「경찰공무원법」 제33조).

6. 징계위원회

(1) 징계위원회

경무관 이상의 경찰공무원에 대한 징계의결은 국무총리 소속으로 설치된 징계위원회에서 한다. 총경 이하의 경찰공무원에 대한 징계의결을 하기 위하여 별도로 정하는 경찰기관에 경찰공무원 징계위원회를 둔다(동법 제32조).

(2) 징계위원회의 종류 및 설치

경찰공무원 징계위원회는 경찰공무원 중앙징계위원회(이하 '중앙징계위원회'라 한다)와 경찰공무원 보통징계위원회(이하 '보통징계위원회'라 한다)로 구분한다.

중앙징계위원회는 경찰청에 둔다. 보통징계위원회는 경찰청과 그 소속기관, 경찰기동대, 경찰청장이 지정하는 경감 이상의 경찰공무원을 장으로 하는 기관에 둔다(「경찰공무원 징계령」 제3조).

(3) 징계위원회의 관할

중앙징계위원회는 총경 및 경정에 대한 징계 또는 「국가공무원법」 제78조의2에 따른 징계부가금 사건을 심의·의결하며, 보통징계위원회는 해당 징계위원회가 설치된 경찰기관 소속 경감 이하 경찰공무원에 대한 징계 등 사건을 심의·의결한다(동령 제4조).

7. 징계절차

(1) 징계의결요구

① **징계의결요구 및 통지**: 경찰기관의 장은 소속 경찰공무원에게 징계사유가 있다고 인정할 때에는 지체 없이 관할 징계위원회를 구성하여 징계 등의 의결을 요구하여야 한다. 징계 등 의결요구 또는 그 신청을 할 때에는 중징계 또는 경징계로 구분하여 요구하거나 신청하여야 한다. 징계 등의 의결요구 또는 그 신청은 징계 사유에 대한 충분한 조사를 한 후에 하여야 한다. 징계 등의 의결을 요구할 때에는 경찰공무원 징계 의결요구서 사본을 수령을 거부하지 않는 한 심의 대상자에게 보내야 한다(동령 제9조).

② **징계의결요구의 법적 성격**: 징계의결요구는 행정기관 사이에서 표시되는 의사표시행위일 뿐 행정행위나 처분이라고 할 수는 없다.[13] 다만 징계요구된 징계사유가 아닌 사유로 징계의결은 이루어질 수 없다.[14]

③ **징계의결요구의 철회**: 징계의결요구의 철회에 대하여는 법령에 아무런 언급이 없다. 이로 인하여 징계의결요구는 별도 법적 근거 없이도 철회할 수 있다는 입장과 법적 근거가 있어야 가능하다 입장의 대립이 있다. 생각건대 징계의결요구가 잘못되어 이를 시정하는 의미에서의 철회는 인정되어야 할 것이다. 다만 명백한 징계사유가 있는데도 징계의결요구를 철회하는 것은 용납될 수 없으며, 징계절차가 종료될 수 없다고 하여야 한다.[15]

(2) 징계위원회의 심의

① **징계위원회의 출석요구**: 징계위원회가 징계 등의 심의 대상자의 출석을 요구할 때에는 출석 통지서로 하되, 징계위원회 개최일 5일 전까지 그 징계 등의 심의 대상자에게 도달되도록 해야 한다. 징계 등의 심의 대상자가 그 징계위원회에 출석하여 진술하기를 원하지 아니할 때에는 진술권 포기서를 제출하게 하여 이를 기록에 첨부하고 서면심사로 징계 등의 의결을 할 수 있다.

---

13) 김유환, 징계의결요구과 법적 효력, 법학논집 제15권 5호, 이화여자대학교 법학연구소, 2011.6., 104면.
14) 대법원 1984.9.25. 선고 84누299 판결.
15) 김유환, 징계의결요구과 법적 효력, 법학논집 제15권 5호, 이화여자대학교 법학연구소, 2011.6., 107－109면.

징계위원회는 출석 통지를 하였음에도 불구하고 징계 등의 심의 대상자가 정당한 사유 없이 출석하지 아니하였을 때에는 그 사실을 기록에 분명히 적고 서면심사로 징계 등의 의결을 할 수 있다. 다만, 징계 등의 심의 대상자의 소재가 분명하지 아니할 때에는 출석 통지를 관보에 게재하고, 그 게재일부터 10일이 지나면 출석 통지가 송달된 것으로 보며, 징계 등의 의결을 할 때에는 관보 게재의 사유와 그 사실을 기록에 분명히 적어야 한다.

또한 징계 등의 심의 대상자가 징계 등의 사건 또는 형사사건의 사실 조사를 기피할 목적으로 도피하였거나 출석 통지서의 수령을 거부하여 징계 등의 심의 대상자나 그 가족에게 직접 출석 통지서를 전달하는 것이 곤란하다고 인정될 때에는 징계 등의 심의 대상자가 소속된 기관의 장에게 출석 통지서를 보내 이를 전달하게 하고, 전달이 불가능하거나 수령을 거부할 때에는 그 사실을 증명하는 서류를 첨부하여 보고하게 한 후 기록에 분명히 적고 서면심사로 징계 등의 의결을 할 수 있다.

한편 징계 등의 심의 대상자가 국외 체류 또는 국외 여행 중이거나 그 밖의 부득이한 사유로 징계 등의 의결 요구서를 받은 날부터 상당한 기간 내에 출석할 수 없다고 인정될 때에는 적당한 기간을 정하여 서면으로 진술하게 하여 징계 등의 의결을 할 수 있다. 이 경우 그 기간 내에 서면으로 진술하지 아니할 때에는 그 진술 없이 징계 등의 의결을 할 수 있다(동령 제12조).

② **징계대상자의 진술권 등**: 징계위원회가 심의를 행함에 있어서는 징계대상자에게 진술할 수 있는 기회를 충분히 주어야 하며, 이를 거치지 않은 징계는 무효이다(「국가공무원법」 제81조 제3항).

〈관련판례〉 「징계위원회가 징계혐의자에게 징계위원회의 출석통지서를 송부하여 충분한 진술을 할 수 있는 기회를 부여하려고 하였음에도 징계혐의자가 진술권을 포기하거나 출석통지서의 수령을 거부하여 진술권을 포기한 것으로 보게 되는 경우 징계위원회가 그 후에는 징계혐의자에게 징계위원회에의 출석통지를 할 필요없이 서면심사만으로 징계의결할 수 있다」(대법원 1993.12.14. 선고 93누14851 판결).

한편 징계대상자는 의견서 또는 말로 자기에게 이익이 되는 사실을 진술하거나 증거를 제출할 수 있고, 증인심문을 신청할 수 있다(「경찰공무원 징계령」 제13조).

③ **징계의결 요구자의 진술권**: 징계 등의 의결을 요구한 자 또는 징계 등의 의결의 요구를 신청한 자는 징계위원회에 출석하여 의견을 진술하거나 서면으로 의견을 진술할 수 있다. 다만, 중징계 요구사건의 경우에는 특별한 사유가 없는 한 징계위원회에 출석

하여 의견을 진술해야 한다(동조).

④ **징계위원회의 심문, 검증 및 감정 의뢰권**: 징계위원회는 출석한 징계대상자에게 사실에 관한 심문을 하고 필요하다고 인정될 때에는 관계인을 출석하게 하여 심문할 수 있다. 또 필요하다고 인정할 때에는 사실 조사를 하거나 특별한 학식·경험이 있는 사람에게 검증 또는 감정을 의뢰할 수 있다(동조).

(3) 징계의결

① **징계의결 기한**: 징계 등의 의결 요구를 받은 징계위원회는 그 요구서를 받은 날부터 30일 이내에 징계 등에 관한 의결을 하여야 한다. 부득이한 사유가 있을 때에는 해당 징계 등의 의결을 요구한 경찰기관의 장의 승인을 받아 30일 이내의 범위에서 그 기한을 연기할 수 있다(동령 제11조).

② **징계위원회의 의결**: 징계위원회의 의결은 위원장을 포함한 위원 과반수의 출석과 출석위원 과반수의 찬성으로 의결하되, 의견이 나뉘어 출석위원 과반수의 찬성을 얻지 못한 경우에는 출석위원 과반수가 될 때까지 징계 등의 심의 대상자에게 가장 불리한 의견을 제시한 위원의 수를 그 다음으로 불리한 의견을 제시한 위원의 수에 차례로 더하여 그 의견을 합의된 의견으로 본다.

징계의결서의 이유란에는 징계등의 원인이 된 사실, 증거에 대한 판단, 관계 법령, 징계 등의 면제 사유 해당 여부 등을 구체적으로 기재하여야 한다. 징계위원회의 의결 내용은 공개하지 아니한다(동령 제14조).

③ **징계의결의 통지**: 징계위원회는 징계등의 의결을 하였을 때에는 지체 없이 징계등의 의결을 요구한 자에게 의결서 정본(正本)을 보내어 통지하여야 한다(동령 제17조).

(4) 징계의 집행

징계등의 의결을 요구한 자가 경징계의 징계등의 의결을 통지받았을 때에는 통지받은 날부터 15일 이내에 징계등을 집행하여야 한다. 이때 의결서 사본에 별지 제4호서식의 징계 등의 처분 사유 설명서를 첨부하여 징계 등의 처분 대상자에게 보내야 한다(「국가공무원법」 제75조, 「경찰공무원 징계령」 제18조).

징계등의 의결을 요구한 자는 중징계의 징계 등의 의결을 통지받았을 때에는 지체 없이 징계 등의 처분 대상자의 임용권자에게 의결서 정본을 보내어 해당 징계 등의 처분을 제청하여야 한다. 다만, 경무관 이상의 강등 및 정직, 경정 이상의 파면 및 해임 처분의 제청, 총경 및 경정의 강등 및 정직의 집행은 경찰청장이 한다. 중징계 처분의 제청을 받은 임용권자는 15일 이내에 의결서 사본에 별지 제4호서식의 징계 등의 처분 사유 설명서를 첨부하여 징계 등의 처분 대상자에게 보내야 한다(「경찰공무원 징계령」 제19조).

(징계처분의 실효성을 높이기 위하여) 휴직기간과 강등·정직·감봉의 징계처분 집행기간이 겹치는 경우 휴직기간 중에는 징계처분의 집행을 정지한다(「국가공무원법」 제80조 제6항).

〈관련판례〉「지방공무원법 제67조 제1항의 규정은 징계처분이 정당한 이유에 의하여 한 것이라는 것을 분명히 하고 또 피처분자로 하여금 불복이 있는 경우에 출소의 기회를 부여하는 데 그 법의가 있다고 할 것이므로 그 처분사유설명서의 교부를 처분의 효력발생요건이라고 할 수 없다」(대법원 1991.12.24. 선고 90누100 판결).

(5) 후임자의 보충발령 유예

파면·해임 등의 경우에 그 처분을 한 날부터 40일 이내에는 후임자의 보충발령을 하지 못한다(동법 제76조 제2항).

8. 징계에 대한 불복

징계처분을 받은 자는 처분사유설명서를 받은 날부터 30일 이내에 소청심사위원회에 심사를 청구할 수 있으며(동조 제1항), 소청심사위원회의 결정에 대하여도 불복이 있으면 행정소송을 제기할 수 있다.

⚖️ **부당한 징계에 대한 손해배상**

징계권자가 징계사유가 없음에도 징계를 하거나 경미한 징계사유가 있는 것에 불과함에도 불구하고 중대한 징계를 하는 경우처럼 징계가 부당한 경우 불법행위에 기한 손해배상책임이 발생할 수 있다.[16) 판례는 부당한 징계가 인정되기 위한 요건으로서 "조금만 주의를 기울이면 이와 같은 사정을 쉽게 알아 볼 수 있는데도 징계에 나아간 경우"를 들고 있다.[17) 다만 이러한 전제하에서 실제 손해배상책임을 인정한 경우는 많지 않다.

---

16) 정상익, 징계의 특성에 관한 연구, 홍익법학 제19권 1호, 2018, 461−463면.
17) 대법원 2002.9.24. 선고 2001다44901 판결 등.

II. 변상책임

공무원이 국가에 대하여 재산상의 손해를 발생하게 한 경우에는 그에 대한 변상책임을 부담하는 바, 그의 유형으로는 다음의 두 가지가 있다.

1. 「국가배상법」상의 변상책임

경찰공무원이 그 직무를 집행하면서 '고의 또는 중과실'로 법령에 위반하여 타인에게 손해를 가한 경우에는 국가는 그 공무원에게 구상할 수 있다(「국가배상법」 제2조 제2항).

한편 공공의 영조물의 설치·관리의 하자로 인하여 손해가 발생한 경우 경찰공무원에게 그 원인에 대한 책임이 있을 때에는 국가는 그 공무원에게 구상할 수 있다(동법 제5조). 이들 조항에 의해 공무원은 국가 또는 지방자치단체에 대하여 변상책임을 지게 된다.

2. 「회계관계직원 등의 책임에 관한 법률」에 의한 변상책임

(1) 회계관계공무원의 변상책임

회계관계공무원이 '고의 또는 중대한 과실'로 법령에 위반하여 국가 등의 재산에 손해를 끼친 때에는 변상책임이 있다(「회계관계직원 등의 책임에 관한 법률」 제4조 제1항).

(2) 현금출납공무원 등의 변상책임

현금 또는 물품을 출납보관하는 자가 현금 또는 물품을 망실·훼손하였을 경우에는 '선량한 관리자의 주의'를 태만히 하지 않음을 증명하지 못하면 변상책임을 부담한다(동조 제2항).

(3) 변상책임에 관한 판정

변상책임의 유무 및 변상액은 감사원이 판정한다(「감사원법」 제31조).

Ⅰ. 형사책임

1. 협의의 형사책임

공무원의 행위가 「형법」상의 범죄를 구성하는 경우에 지는 책임을 말하는바, 그에 관한 일반적인 것으로 「형법」상의 '공무원의 직무에 관한 죄'가 있다.

2. 행정형벌책임

공무원이 행정법규를 위반한 데 대하여 「형법」이 정한 벌을 받게 되는 경우를 말하는바, 공무원이 정치운동의 금지(「국가공무원법」 제65조), 집단행위의 금지(동법 제66조)를 위반함으로써 1년 이하의 징역 또는 300만원 이하의 벌금에 처해지는 경우가 그 예이다(동법 제84조).

Ⅱ. 민사책임

공무원이 직무상 불법행위로 개인에게 재산상의 손해를 가한 경우에 가해공무원은 국가 등의 구상에 응해 변상책임을 지는 것은 당연하다. 문제는 공무원이 피해자에 대해서 직접 배상책임을 지는가에 관한 것인데 학설은 긍정설·부정설·절충설이 대립해 있는 실정이며, 판례는 "공무원에게 고의나 중대한 과실이 있는 경우에는 직접 피해자에 대한 배상책임을 부담하며, 경과실뿐인 경우에는 공무원 개인은 직접 피해자에 대한 배상책임을 부담하지 아니한다"고 하고 있다(대법원 1996.2.15. 선고 95다38677 판결 참조).

경찰공무원의 권익보장 · 불이익 처분에 대한 구제

제8장

경찰공무원의 권익보장·불이익처분에 대한 구제

「헌법」은 "공무원의 신분과 정치적 중립성은 법률이 정하는 바에 의하여 보장된다"고 하여 공무원의 신분보장을 규정하고 있으며(제7조 제2항), 「국가공무원법」은 "공무원은 형의 선고, 징계처분 또는 이 법에서 정하는 사유에 따르지 아니하고는 본인의 의사에 반하여 휴직·강임 또는 면직을 당하지 아니한다"고 규정하여 그 내용을 구체화하고 있다(제68조 제2항). 따라서 경찰공무원 역시 치안총감과 치안정감을 제외하면 그 신분이 보장된다.

한편 이와 같은 경찰공무원의 신분보장의 취지가 관철되기 위하여는 경찰공무원에 대한 불이익 처분을 다툴 수 있는 제도인 소청과 행정소송이 마련되어 있어야 한다. 아울러 경찰공무원의 권익보장을 위한 고충심사 등의 제도 또한 필요하다고 할 것인바, 본장에서는 이들 제도에 관하여 간단히 알아보도록 하겠다.

제1절 ▌소 청

Ⅰ. 소청의 의의 및 대상

1. 의 의

소청이란 징계처분 그밖에 그의 의사에 반하는 불이익처분을 받은 자가 소청심사위원 회에 심사를 청구하는 것으로, (공무원관계에서 인정되는) 특별한 행정심판이다.

2. 소청 대상

소청의 대상은 징계처분·강임·휴직·직위해제·면직처분, 그밖에 본인의 의사에 반하는 불리한 처분이나 부작위이다(「국가공무원법」 제9조 제1항,소청절차규정 제2조 제1항). 따라서 처분의 성질을 가지 않음이 명백한 것들(예: 훈계, 권고, 내부적 결정 등)은 소청의 대상에서 제외된다.

한편 여기서 '본인의 의사에 반하는 불리한 처분'은 공무원의 신분에 관한 불이익처분 중 법에 열거되어 있는 것을 제외한 것을 말하는바, 의원면직의 형식에 의한 면직·전직·대기명령·경력평정 등이 그 예로 들어진다.

Ⅱ. 소청심사기관 – 소청심사위원회

1. 법적 지위

행정기관 소속 공무원[1]의 징계처분, 그 밖에 그 의사에 반하는 불리한 처분이나 부작위에 대한 소청을 심사·결정하게 하기 위하여 인사혁신처에 설치하는 소청심사위원회는 합의제 행정청의 성격을 갖는다.[2] 다만 징계처분을 받고 처분에 불복하는 의무경찰

---

1) 경찰공무원도 당연히 이에 속한다.
2) 다만 인사혁신처에 설치하는 소청심사위원회는 다른 법률로 정하는 바에 따라 특정직 공무원의 소청을 심사·결정할 수 있다. 한편 국회, 법원, 헌법재판소 및 선거관리위원회 소속 공무원의 소청에 관한 사항을 심사·결정하게 하기 위하여 국회사무처, 법원행정처, 헌법재판소사무처 및

의 소청은 각기 소속에 따라 해당 의무경찰대가 소속된 기관에 설치된 경찰공무원 징계위원회에서 심사한다(「의무경찰대 설치 및 운영에 관한 법률」 제6조).

2. 구 성

인사혁신처에 설치된 소청심사위원회는 위원장 1명을 포함한 5명 이상 7명 이하의 상임위원과 상임위원 수의 2분의 1 이상인 비상임위원으로 구성한다. 위원장은 정무직으로 보하며,[3] 상임위원은 고위공무원단에 속하는 임기제공무원으로 보한다(「국가공무원법」 제9조, 「인사혁신처와 그 소속기관 직제」 제23조). 위원장과 위원의 선임은 행정안전부 장관의 제청을 통해 대통령이 임명하는바, 위원장의 임기는 3년으로 1회에 한해서만 연임할 수 있다.

III. 소청의 절차

1. 심사의 청구

공무원이 징계처분·강임·휴직·직위해제·면직처분의 경우에는 처분사유설명서를 받은 날부터 30일 이내에, 기타의 불리한 처분을 받았을 때에는 그 처분이 있은 것을 안 날부터 30일 이내에 소청심사위원회에 심사를 청구할 수 있다(「국가공무원법」 제76조 제1항).

2. 소청의 심사

(1) 검증 · 감정 등

소청심사에 있어 필요하면 소청심사위원회는 검증·감정, 사실조사, 증인소환 등을 할 수 있다(동법 제12조 제2항).

중앙선거관리위원회사무처에는 각각 해당 소청심사위원회를 둔다.
3) 국회사무처, 법원행정처, 헌법재판소사무처 및 중앙선거관리위원회사무처에 설치된 소청심사위원회는 위원장 1명을 포함한 위원 5명 이상 7명 이하의 비상임위원으로 구성한다.

(2) 진술기회의 부여

소청심사위원회가 소청사건을 심사할 때에는 소청인 또는 대리인에게 반드시 진술의 기회를 주어야 하며, 진술기회를 주지 않은 결정은 무효이다(동법 제13조).

Ⅳ. 소청심사위원회의 결정

1. 결 정

소청심사위원회는 소청심사청구를 접수한 날로부터 60일 이내에(임시결정을 한 경우는 임시결정을 한 날부터 20일 이내에) 재적위원 3분의 2 이상의 출석과 출석위원 과반수의 합의로 그 이유를 구체적으로 밝힌 결정서로 결정을 하여야 한다(동법 제76조 제3항, 제4항, 제14조 제1항, 제7항).

2. 결정의 유형

(1) 각하 및 기각결정

소청심사위원회는 심사청구가 이 법이나 다른 법률에 적합하지 아니한 것이면 그 청구를 각하(却下)하고, 심사청구가 이유 없다고 인정되면 그 청구를 기각(棄却) 결정한다.

(2) 인용결정

소청심사위원회는 심사청구가 이 법이나 다른 법률에 적합하고, 심사청구가 이유 있다고 인정하면 인용(認容)결정을 한다. 한편 인용결정의 유형에는 다음과 같은 것이 있다.

① **취소 · 변경결정/취소 · 변경명령결정**: 처분의 취소 또는 변경을 구하는 심사청구가 이유 있다고 인정될 때 처분을 취소 또는 변경하거나 처분 행정청에 취소 또는 변경할 것을 명하는 결정을 말한다. 한편 소청심사위원회의 취소명령 또는 변경명령결정은 그에 따른 징계나 그 밖의 처분이 있을 때까지는 종전에 행한 징계처분에 영향을 미치지 아니한다.

② **확인결정**: 처분의 효력 유무 또는 존재 여부에 대한 확인을 구하는 심사청구가 이유 있다고 인정될 때 처분의 효력 유무 또는 존재 여부를 확인하는 결정을 말한다.

③ **이행결정**: 위법 또는 부당한 거부처분이나 부작위에 대하여 의무 이행을 구하는 심사청구가 이유 있다고 인정될 때 지체 없이 청구에 따른 처분을 하거나 처분할 것을 명하는 결정을 말한다.

3. 불이익변경금지의 원칙 등

(1) 불이익변경금지의 원칙

소청심사위원회가 징계처분을 받은 자의 청구에 따라 소청을 심사한 경우에는 원징계처분에서 부과한 징계보다 무거운 징계를 부과하는 결정을 하지 못한다(동법 제14조 제6항).

(2) 결정의 효력

소청심사위원회의 결정은 처분행정청을 기속한다(동법 제15조).

제2절 ▌ 행정소송

I. 행정소송의 제기와 피고

소청을 제기한 자가 소청심사위원회의 결정에 불복이 있는 때 또는 소청제기 후 60일이 지나도록 위원회의 결정이 없는 때 등에는 관할법원에 행정소송을 제기할 수 있다.

경찰공무원의 경우에는 징계처분, 휴직처분, 면직처분, 그 밖에 의사에 반하는 불리한 처분에 대한 행정소송은 경찰청장 또는 해양경찰청장을 피고로 한다. 다만, 임용권을 위임한 경우에는 그 위임을 받은 자를 피고로 한다(「경찰공무원법」 제34조).

II. 행정심판전치주의와의 관계

「행정소송법」 제18조는 "취소소송은 법령의 규정에 의하여 당해 처분에 대한 행정심판을 제기할 수 있는 경우에도 이를 거치지 아니하고 제기할 수 있다"고 규정하여 행정심판을 임의절차로 규정하고 있다. 그러나 「국가공무원법」은 그와 달리 대한 징계 기타 본인 의사에 반한 불리한 처분이나 부작위에 관한 행정소송은 소청심사위원회의 심사·결정을 거치지 아니하면 제기할 수 없다(「국가공무원법」 제16조 제1항)고 하여 행정심판전치주의를 채택하고 있다.[4]

한편 징계 기타 불리한 처분에 대한 행정소송과 관련하여 「국가공무원법」이 행정심판 전치주의를 도입한 이유로는 다음과 같은 것이 들어지고 있다. 즉, ① 분쟁해결이 간편한 행정심판을 통한 분쟁해결의 시간 및 비용을 절감할 수 있으며, ② 행정소송에서는 권력분립의 한계로 인하여 취소판결만이 가능하지만 행정심판에서는 적극적인 수정재결 등 구체적이고 탄력적인 재결이 가능하다. 또한 ③ 행정청이 자율적으로 잘못을 시정할 기회를 마련하고, 법원의 부담을 경감시킬 수 있다.[5]

III. 징계처분에 대한 사법심사의 한계

행정청이 행한 공무원에 대한 징계처분에 대해 (징계)재량권이 남용되었음을 이유로 행정소송을 제기하는 경우, 판례는 일관되게 사회통념상 현저하게 타당성을 잃어 징계 권자에게 맡겨진 재량권을 남용하였다고 인정하는 경우에 한하여 징계처분의 위법성을 인정한다.[6] 이는 징계처분과 관련하여서는 다른 행정소송 사건에서의 행정청의 재량권 일탈 및 남용에 관한 판단에 있어서 보다 재량처분의 위법성 판단에 있어서의 심사기준 및 심사강도가 완화되어야 한다는 것을 뜻한다.[7]

이러한 판례의 태도에 대하여 공무원은 특수한 법적 지위와 각종 직무상 의무를 갖는 만큼 기본권 제한을 어느 정도 감수하여야 한다는 전통적 특별권력관계 이론이 잔존하

---

4) 자동차운전면허취소처분 등 「도로교통법」상의 처분 등에 대하여도 행정심판전치주의가 적용된다.
5) 이영무, 수정재결이 이루어진 경우 소송의 대상과 피고적격, 법조 611호, 2007.8., 179면.
6) 대법원 2019.12.24. 선고 2019두48684 판결 등.
7) 강화연, 공무원을 대상으로 한 징계재량권 남용의 심사기준과 강도, 행정법연구 제71호, 행정법 이론실무학회, 2023.8., 596면.

는 것이며, 현재 폐기된 이러한 이론적 근거를 벗어나 공무원의 기본권 침해도 온전히 구제받을 수 있어야 한다는 주장이 제기되고 있다.[8]

제3절 ▌ 고충심사

Ⅰ. 고충심사의 의의

공무원은 각종 직무조건과 기타 신상문제에 대하여 인사상담이나 고충심사를 청구할 수 있는바(「국가공무원법」 제76조의2 제1항), 고충심사는 공무원을 위한 Ombudsman의 성격을 갖는다. 한편 고충심사의 청구를 받은 중앙인사관장기관의 장 등은 이를 고충심사위원회에 부쳐 심사하게 하거나 소속공무원에게 상담하게 하고 그 결과에 따라 고충의 해소 등 공정한 처리를 위하여 노력하여야 한다(동조 제2항).

Ⅱ. 소청심사와의 비교

1. 심사대상

소청은 공무원이 받은 신분상의 불이익처분이 주요대상인 것에 반하여, 고충심사는 각종 직무조건과 신상문제를 그 대상으로 한다.

2. 법적 성격

소청은 행정소송의 전심절차적 성격을 가지는 데 대하여, 고충심사는 행정소송과는 무관한 행정제도이다.

---

8) 강화연, 공무원을 대상으로 한 징계재량권 남용의 심사기준과 강도, 행정법연구 제71호, 행정법이론실무학회, 2023.8., 603면, 609면.

3. 기속력

소청심사위원회의 결정은 행정청을 기속하는 것에 반하여, 고충심사위원회의 결정에는 법적 기속력이 인정되지 않는다.

4. 관 할

소청은 소청심사위원회가 전담하는 것과 달리, 고충심사는 복수의 기관이 분담하고 있다.

Ⅲ. 고충심사기관

경찰공무원의 인사상담 및 고충을 심사하기 위하여 경찰청, 해양경찰청, 시·도자치경찰위원회, 시·도경찰청, 대통령령으로 정하는 경찰기관 및 지방해양경찰관서에 경찰공무원 고충심사위원회를 둔다.

Ⅳ. 고충심사결정의 성질

고충심사결정 그 자체에 의하여는 어떠한 법률관계의 변동이나 이익의 침해가 직접적으로 생기는 것은 아니므로 고충심사의 결정은 행정상 쟁송의 대상이 되는 행정처분이라고 할 수 없다(대법원 1987.12.8. 선고 87누657 판결 참조).

제9장

경찰공무원의 복지

경찰공무원의 복지

제1절 ▌개 설

Ⅰ. 경찰공무원 복지의 필요성

근래 들어 대다수의 사기업체들이 근로자에게 근로의 대가인 보수를 지급하는 것 이외에도 많은 복지정책을 경쟁적으로 도입하고 있다. 이러한 복지정책의 도입은 보다 훌륭한 인재를 영입하기 위한 부가적인 제도설계로서의 성격을 가질 뿐만 아니라, 근로에 수반하는 여러 부정적인 여건으로부터 구성원의 건강과 의욕을 보호함으로써 조직의 건강성을 유지하기 위하여 요구되는 사업주의 의무로서의 성격 또한 갖는다고 볼 수 있다. 요컨대 사기업이 실시하는 복지정책은 장기적인 조직의 효율성을 제고함으로써 궁극적으로는 구성원과 조직(사기업) 모두가 윈윈하게 만드는 기능을 갖는다.

한편 국가나 지방자치단체에 근무하는 공무원의 경우 신분보장 및 안정성이 있다는 이유만으로 오랜 기간 사기업체의 구성원에 비하여 열악한 보수를 지급받아 왔으며, 보수 이외에 별도의 복지정책은 크게 바랄 수도 없었다. 그러나 국가 전체의 기본 역량이 커져가면서 공무원이 누리는 신분보장 및 안정성이라는 장점을 다른 측면에서 충분히 커버해내는 일자리들이 사기업체에 의해 제공되기 시작했다. 사기업체의 경우 공무원과 유사한 기준으로 채용된 직원들의 기본적인 보수가 높고, 자기계발의 기회와 여건들이 주어지며, 업무수행에 따른 보상과 대가가 시장논리에 따라 확실하게 주어진다는 점에서 공직 사회와는 확연히 다른 차별성을 갖추고 있다. 이러한 현상은 공무원이 누리는 신분보장과 안정성이 더 이상 직업선택에 있어 메리트가 될 수 없게 만들었으며, 이로 인해 근래 들어서는 공무원 시험의 경쟁률마저 낮아지는 추세에 있다.

　나아가 논의의 장을 일반 행정공무원과 경찰공무원의 보수 및 복지정책으로 좁혀 비교하더라도, 양자 간에 상당한 격차가 있어왔음을 알 수 있다. 물론 과거에도 경찰공무원의 기본 보수가 일반공무원에 비해 적었던 것은 아니다. 그러나 경찰공무원의 보수 책정에 있어 일반공무원보다 훨씬 많은 근무시간 그리고 근무의 위험성 등이 제대로 반영되지 않은 면이 있다. 아무리 많은 시간이 동원되더라도 기본 보수 이외의 대가를 받지 못하고, 위험성이 높은 근무를 수행하여도 일반공무원의 근무와 같은 취급을 받게 되니 근무의욕이 저하될 수밖에 없었다.

　근래 들어 보수의 상향 조정 및 많은 복지정책들의 도입을 통해 이러한 문제들을 극복하면서, 경찰조직 또한 인간답게 생활할 수 있는 직장으로 변모 중이기는 하다. 하지만 아직도 상하 의사소통의 경직성, 불합리하고 불투명한 승진체계 등 많은 조직 내부의 문제와 함께 사기업체나 타 공무원에 비해 턱없이 부족한 복지정책이 조직의 사기를 떨어뜨리고 있어 조직관리의 중요한 포인트가 되고 있다. 그리고 이로 인해 상당 수의 젊은 경찰공무원들이 조기에 퇴직하고 있는 상황이다. 따라서 적정한 보수 수준의 확보와 아울러 재직자는 물론 퇴직자에 대한 복지정책을 강화하여 인재선발과 조직의 건강성을 단단히 할 수 있어야 한다.

⚖️ 경찰복지의 현주소

경찰이 아직 복지에 둔감하다고 볼 수 있는 대표적인 예로 2023년 경찰청 명예퇴직금의 조기소진으로 8월 이후 연말까지 4개월간 명예퇴직 신청이 제한된 일을 들 수 있다.[1] 이러한 명예퇴직 신청의 제한으로 제2의 인생을 열겠다고 퇴직 설계를 했던 많은 경찰공무원들이 명예퇴직금을 받지 못하게 되자 퇴직 후 예약된 재취업 자리를 포기하거나, 명예퇴직이 아닌 단순 의원면직을 신청하는 상황이 발생하였다. 한편 이러한 퇴직자 복지의 실패는 퇴직자에 대해서 악영향을 미칠 뿐만 아니라, 현직 구성원의 사기관리에도 직접적인 영향을 끼친다는 점에서 결코 간과할 수 없는 중요한 문제이다.

그러나 경찰청에서는 박근혜 정부시 공무원연금개혁 파동으로 인한 명예퇴직 불허 외에는 없었던 사상 초유의 대형복지사고에 대해 문제의식도 결여되어 있는 듯하다. 긴급히 편성한 예산은 턱없이 미진하였고, 예산부족과 초과근무로 연말까지 더 이상의 명예퇴직이 받아들여지지 않는다는 내부공지만을 하였을 뿐이다. 이같은 일련의 대응은 경찰청의 문제의식 결여를 단적으로 보여주는 것이라고 생각된다.

II. 경찰공무원 복지제도 개관

이처럼 경찰공무원의 복지가 중요하기 때문에 국가는 「공무원재해보상법」, 「경찰공제회법」, 「경찰공무원보건안전 및 복지기본법」, 「공무원연금법」, 「국가유공자 등 예우 및 지원에 관한 법률」 등과 같은 여러 법률을 제정하여 경찰공무원의 복지 증진을 도모하고 있다. 한편 경찰공무원의 복지증진을 위한 지원의 내용은 위 법률들과 그 시행령 등에 산재할 뿐만 아니라, 지원의 내용과 대상 또한 각기 다르게 나타나고 있다.

따라서 경찰공무원의 복지증진을 위한 지원 내용 전반을 조망해 보는 것은 쉬운 일이 아니다. 이에 본서는 경찰경찰공무원의 복지증진을 위한 지원의 주된 대상자가 누구인가를 기준으로 하여 ① 재직 경찰공무원과 퇴직 경찰공무원 모두의 복지를 규율하는 법령, ② 재직 경찰공무원의 복지만을 규율하는 법령, ③ 퇴직 경찰공무원의 복지만을 규율하는 법령으로 나누어 서술하여 경찰공무원 복지제도에 대한 체계적인 이해를 돕고자 한다.

---

1) 내일신문, 예산 조기 소진에 경찰 명예퇴직 감소, 2023.10.10.

제2절 | 재직 및 퇴직자의 복지에 대한 공통 규율

공무로 인한 부상이나 질병으로 인하여 사망하거나 퇴직한 공무원 또는 그 유족에게 연금 또는 보상을 지급하거나, 공무상의 부상·질병으로 인하여 요양하는 동안 소득 능력에 장애를 받을 경우 공무원이 받는 손실을 보상하는 공무원 재해보상제도와 공무로 인하지 아니한 사망·폐질·부상·질병·출산, 그 밖의 사고에 대한 급여까지 제공하는 맞춤형 복지 등의 제도가 법적 의무화되고 있다(「국가공무원법」 제77조 제2항 제2호 내지 제4호).

I. 공무원 재해보상

1. 의 의

공무원 재해보상은 공무원의 공무로 인한 부상·질병·장해·사망에 대하여 적합한 보상을 하고, 공무상 재해를 입은 공무원의 재활 및 직무복귀를 지원하며, 재해예방을 위한 사업을 시행함으로써 공무원이 직무에 전념할 수 있는 여건을 조성하고, 공무원 및 그 유족의 복지 향상을 목적으로 하는 제도이다.

원래 공무원 재해보상제도는 1960년 이래 공무원연금과 통합하여 운영되어 오다가 2018년 「공무원 재해보상법」 제정과 더불어 공무원연금과 분리되어 별도의 제도로 운영되기 시작하였는바, 「공무원 재해보상법」의 가장 큰 특색은 국가책임을 대폭 강화하였다는 것에서 찾아볼 수 있다. 특히 경찰과 소방 등 위험직무를 수행하는 공무원에 대한 순직요건을 확대하고, 보상수준을 현실화하였을 뿐만 아니라 심사체계를 간소화한 것은 큰 의미를 갖는 것으로 평가받고 있다.[2]

한편 우리나라의 공무원 재해보상과 유사한 외국의 제도로는 미국과 일본의 경찰공무원에 대한 공상과 순직 보상제도가 있다.[3]

---

[2] 신현기/김정일, 순직·공상 경찰공무원의 복지향상을 위한 공무원 재해보상법, 경찰복지연구 제6권 1호, 2018.6., 13면.

[3] 이에 관하여 자세한 것은 신현기/김정일, 미국과 일본의 순직·공상 경찰공무원 보상제도에 관한 연구, 한국민간경비학회보 제14권 5호, 2015.12., 156－175면 참조.

2. 공무상 재해의 인정기준

「공무원 재해보상법」에 따른 보상 등의 급여를 받기 위하여는 '공무상 재해'가 인정되어야 하는바, 그 인정기준은 다음과 같다.

(1) 일반적 기준

공무원이 공무상 부상을 당하거나 질병에 걸리는 경우와 그 부상 또는 질병으로 장해를 입거나 사망한 경우 공무상 재해로 본다. 다만, 공무와 재해 사이에 상당한 인과관계가 없는 경우에는 공무상 재해로 보지 아니한다.

여기서 '공무상 부상'이란 공무수행 또는 그에 따르는 행위를 하던 중 발생한 사고, 통상적인 경로와 방법으로 출퇴근하던 중 발생한 사고, 기타 공무수행과 관련하여 발생한 사고 등으로 인한 부상을 말한다.

또한 '공무상 질병'이란 공무수행 과정에서 물리적·화학적·생물학적 요인에 의하여 발생한 질병, 공무수행과정에서 신체적·정신적 부담을 주는 업무가 원인이 되어 발생한 질병, 직장 내 괴롭힘이나 민원인 폭언 등으로 인한 업무상 정신적 스트레스가 원인이 되어 발생한 질병, 공무상 부상이 원인이 되어 발생한 질병, 기타 공무수행과 관련하여 발생한 질병 등을 말한다.

한편 공무원의 자해행위가 원인이 되어 부상·질병·장해를 입거나 사망한 경우 공무상 재해로 보지 아니하나, 그 자해행위가 공무와 관련한 사유로 정상적인 인식능력 등이 뚜렷하게 저하된 상태에서 한 행위라면 공무상 재해로 본다(「공무원 재해보상법」 제4조, 「공무원 재해보상법 시행령」 제5조 및 별표2[4]).

⚖️ 공무상 재해 인정을 위한 경찰청의 지원

전술한 바와 같이 공무상 재해로 인정받기 위하여는 공무와 재해 사이에 상당한 인과관계가 있어야 하는바, 경찰관 개인이 이러한 인과관계를 증명하는 것은 쉬운 일이 아니다. 이에 경찰청에서는 공무와 재해 사이의 인과관계 증명이 어려운 경우 전문적인 조력을 받아 순직이나 공상 승인율을 높일 수 있도록 재해전문 노무법인과 자문용역계약을 체결하여 지원하는 제도를 마련하여 2021년 5월부터 시행 중에 있다.

---

4) 특히 별표2는 공무상 재해로 보지 않는 경우에 대한 상세한 예시를 들고 있다.

또한 인사혁신처의 순직이나 공상 불승인에 대해 재심 및 행정소송을 제기하는 경우 순직, 중한 공상, 국가유공자 불승인에 대해서 재심부터 행정소송(1~3심)까지 각 심급별 500만원 최대 2,000만원의 소송비를 지원한다. 소송비 지원신청은 변호사나 노무사를 선임 후 180일 내에 소속 경찰서에 하면 된다.

(2) 특례기준

유해하거나 위험한 환경에서 공무를 수행하는 공무원이 공무수행과정에서 상당기간 유해 · 위험요인에 노출되어 질병에 걸리는 경우와 그 질병으로 장해를 입거나 사망한 경우에는 공무상 재해로 추정한다.

여기서 질병의 종류는 근골격계 질병, 뇌혈관 질병 또는 심장 질병, 직업성 암, 정신질환 등으로 하고, 특히 심혈관계 질병의 경우는 발병 전 12주 동안 교대제 근무를 하면서 1주 평균 근무가 52시간을 초과하는 경우 공무에 의한 것으로 추정한다(「공무원 재해보상법」 제4조의2, 「공무원 재해보상법 시행령」 제5조의2, 「공무상 질병 판정기준」 Ⅲ. 공무상 질병 추정기준).

3. 위험직무 순직공무원

「공무원 재해보상법」은 위험직무 순직공무원의 유족에 대한 연금지급을 규정하고 있는바, 여기서 위험직무 순직공무원이란 생명과 신체에 대한 고도의 위험을 무릅쓰고 직무를 수행하다가 재해(災害)를 입고 그 재해가 직접적인 원인이 되어 사망한 공무원을 말한다.

이와 관련하여 「공무원 재해보상법」이 제5조에서 위험직무 순직공무원의 요건에 해당하는 재해로 경찰공무원을 직무를 수행하다가 입은 재해를 규정하고 있음은 특히 주목을 요한다.

「공무원 재해보상법」이 열거하는 위험직무 순직공무원의 요건에 해당하는 재해로서 경찰공무원의 직무를 다음과 같이 규정하고 있다. 즉,

① 경찰공무원이 범인 또는 피의자의 체포

② 경비, 주요 인사의 경호 및 대간첩 · 대테러 작전 수행

③ 교통단속과 교통위해의 방지

④ 긴급신고 처리를 위한 현장 출동

⑤ 범죄예방·인명구조·재산보호 등을 위한 순찰 활동

⑥ 해양오염 확산 방지

⚖️ **위험직무순직 최근 사례 및 지원방법 검토**

[사례] 2023.10.3. 05:20경 부천시 원미산 정상에 있는 정자에 화재가 발생하여 현장에 출동하였던 원미지구대 경찰관(경위, 35세)이 현장 확인 중 2층 정자 바닥에 뚫린 구멍으로 추락, 병원 후송하였으나 10.5. 14:30경 사망하였다.

이 사례에서 대상 경찰관과 유족에게 어떠한 지원이 행해질 수 있는지를 개관해 보면 다음과 같다.

(1) 대상 경찰관에게는 유공 순직자로서 1~2계급 특진이 검토될 수 있다(「경찰공무원법」 제19조).

(2) 유족에게는 공무로 인한 부상으로 사망한 경우로서 위험직무순직유족연금과 위험직무순직유족보상금 및 사망조위금이 지급될 수 있다(「공무원 재해보상법」 제8조).

(3) 국민의 생명과 재산을 보호하는 직무와의 직접 관련성에 따라 국가유공자인 순직군경(「국가유공자 등 예우 및 지원에 관한 법률」 제4조) 또는 보훈보상대상자인 재해사망군경(「보훈보상대상자 지원에 관한 법률」 제2조)으로서 보훈보상금, 보훈수당, 사망일시금, 교육지원, 취업지원, 의료지원, 대부, 주택 우선공급 등이 유족에게 제공된다.

(4) 이와 별도로 경찰위로·복지기금(재)에서 순직 경찰관 유족에게 위로금을 지급하게 된다(「경찰위로·복지기금 운영에 관한 규칙」 제8조)

(5) 경찰공제회에 가입된 회원인 경우, 구좌수에 따른 사망순직급여와 2천만원의 특별순직급여가 지급된다(「경찰공제회 자체 규정」).

---

4. 급여의 유형 등

(1) 급여의 유형

공무상 재해에 따른 급여의 유형은 다음과 같다(「공무원 재해보상법」 제8조).

① 요양급여

⚖️ **요양급여 긴급지원제**

　요양급여와 관련하여 2022년 11월 11일부터 요양급여 긴급지원제가 실시되고 있는바, 그에 따르면 제복공무원(소방, 경찰)은 명백한 공무상 부상시 다른 공무원과 달리 2주 이상 입원치료가 아닌 3일 이상 입원치료 필요시 긴급지원 대상으로 하여 요양승인 전에 공단이 병원에 비용지급을 보증하고 직접 정산하도록 되어 있다.

② 재활급여(재활운동비와 심리상담비)
③ 장해급여(장해연금과 장해일시금)
④ 간병급여
⑤ 재해유족급여(장해유족연금, 순직유족급여,[5] 위험직무순직유족급여[6])
⑥ 부조급여(재난부조금과 사망조위금)

(2) 급여상호 간의 조정

　순직유족급여와 위험직무순직유족급여는 중복하여 지급하지 아니한다. 즉, 위험직무순직유족연금 지급 결정을 받은 사람에 대해서는 순직유족연금을 지급하지 아니하며, 위험직무순직유족보상금 지급 결정을 받은 사람에 대해서는 순직유족보상금을 지급하지 아니한다.

　또한 장해유족연금 수급권자가 순직유족연금 수급권 또는 위험직무순직유족연금 수급권을 함께 갖게 된 경우에는 그중 하나를 선택하여 받을 수 있다(「공무원 재해보상법」 제19조).

(3) 다른 법령에 따른 급여와의 조정

　순직유족연금의 수급권자가 퇴직유족연금, 퇴직유족연금일시금, 퇴직유족일시금 중 어느 하나에 해당하는 급여의 수급권을 갖게 된 경우 순직유족연금과 해당급여 중 하나를 선택하여 받을 수 있다. 위험직무순직유족연금의 수급권자 또한 퇴직유족연금, 퇴직유족연금일시금, 퇴직유족일시금 중 어느 하나에 해당하는 수급권을 갖게 된 경우 위험직무순

---

5) 순직유족급여에는 순직유족연금과 순직유족보상금이 있다.
6) 위험직무순직유족급여에는 위험직무순직유족연금과 위험직무순직유족보상금이 있다.

직유족연금과 해당 급여 중 하나를 선택하여 받을 수 있다(「공무원 재해보상법」 제20조).

5. 연금액의 조정

연금인 급여(장해연금, 장해유족연금, 순직유족연금, 위험직무순직유족연금)는 통계청장이 고시하는 전전년도와 대비한 전년도 전국소비자물가변동률에 해당하는 금액을 매년 반영한다. 이렇게 조정된 금액은 해당 연도 1월부터 12월까지 적용한다(동법 제14조).

6. 이의심사의 청구

급여에 관한 결정, 그 밖에 이 법에 따른 급여 등에 관하여 이의가 있는 사람은 공무원재해보상연금위원회에 심사를 청구할 수 있다. 심사청구는 그 결정 등이 있었던 날부터 180일, 그 사실을 안 날부터 90일 이내에 하여야 한다. 다만, 그 기간 내에 정당한 사유가 있어 심사청구를 할 수 없었던 것을 증명한 경우는 예외로 한다. 급여에 관한 결정, 그 밖에 이 법에 따른 급여 등에 관하여는 「행정심판법」에 따른 행정심판을 청구할 수 없다(동법 제51조).

7. 시효 등

이 법에 따른 급여를 받을 권리는 그 급여의 사유가 발생한 날부터 요양급여·재활급여·간병급여·부조급여는 3년간, 그 밖의 급여는 5년간 행사하지 아니하면 시효로 인하여 소멸한다(동법 제54조).

한편 순직공무원과 그 유족에 대해서는 「국가유공자 등 예우 및 지원에 관한 법률」 또는 「보훈보상대상자 지원에 관한 법률」에서 정하는 바에 따라 예우를 할 수 있다(동법 제59조).

II. 경찰위로·복지기금 운영

경찰위로·복지기금은 여러 가지로 흩어져있는 경찰관련 기금들을 2000년 하나로 통합하여 재단으로 발족한 법인이다. 경찰청 차장이 이사장이며, 각 이사, 감사, 간사 및 실행위원들은 모두 경찰청 직원이 무급으로 겸직한다. 실무는 경찰청 경무인사기획국 복지정책과 복지지원계에서 담당한다.

1. 기금의 재원

기금은 다음 각호를 그 재원으로 한다(「경찰위로·복지기금 운영에 관한 규칙」제3조).
① 기금 설립 당시 순직·공상경찰관 위로기금의 잔여액
② 기금의 설립 당시의 수사경찰관 복지기금의 잔여액
③ 재단법인 보안경찰 육성회 해산 후 잔여재산
④ 기타 이자수익금 및 기금운영 수익금 등

2. 기금의 운영

기금은 재단법인으로 운영한다. 기금은 금융기관 등에 예탁하되, 수익과 안정성이 최대한 보장되도록 운용하여야 한다. 기금의 관리·출납 업무는 경찰청 재무관이 담당한다(「경찰위로·복지기금 운영에 관한 규칙」제4조, 제7조).

3. 기금의 용도

기금의 용도는 다음과 같다(「경찰위로·복지기금 운영에 관한 규칙」제8조).
① 순직·공상 경찰공무원의 위로금 지급
② 5.3 동의대 사태 행사경비 및 위로금 지급
③ 순직 경찰공무원의 조화대금 지급
④ 우수 경찰공무원의 국내외 연수 지원
⑤ 수사·안보경찰 직무교육 및 연구비 지원

⑥ 기타 경찰공무원의 사기진작 및 경찰 조직발전을 위하여 이사회에서 의결한 사안 등

Ⅲ. 복지시설과 경찰 체력단련장의 운영

1. 복지시설의 운영

(1) 복지시설

경찰공무원의 복지증진과 체력의 유지·향상을 위하여 복지시설 등을 설치·운영할수 있다. 다만, 보육시설 및 체육시설을 설치하기 어려운 경우에는 국가 또는 지방자치단체가 운영하는 시설이나 민간시설을 이용하게 할 수 있으며, 해당 시설을 이용하는 경찰공무원에게 그 소요비용을 지원할 수 있다. 복지시설등의 효율적인 운영을 위하여 필요한 경우에는 경찰공무원과 경찰공무원 가족 외의 사람에게도 복지시설 등을 이용하게할 수 있다(「경찰공무원 보건안전 및 복지 기본법」 제10조).

(2) 경찰수련원

경찰수련원의 이용 신청권자는 경찰공무원, 경찰관서 소속 일반직 공무원, 무기계약직·기간제근로자, 경찰위원회 전·현직 위원, 퇴직경찰관, 순직경찰관의 배우자 또는직계존속·비속, 경찰교육기관의 교육생(소속 경찰기관에서 단체로 이용하는 경우에 한한다), 경찰행정발전에 현저한 공로가 있어 경찰청장 또는 시·도경찰청장이 추천한 자 등이다. 수련원별 1회 이용은 1일 이상 2박 3일 이내로 하되, 한라경찰수련원은 성수기와공휴일 이외에는 3박 4일 이내로 한다(「경찰수련원 운영 및 이용 규칙」 제11조, 제12조).

2. 경찰 체력단련장 운영

경찰청장이 관리하는 체력단련장은 경기도남부경찰청 용인 체력단련장과 경찰인재개발원 체력단련장으로 한다(「경찰 체력단련장 운영 규칙」 제3조).

(1) 경찰 체력단련장의 사무

경찰 체력단련장의 회원관리, 예약 및 시설관리에 관한 사무는 체력단련장 소재지를

관할하는 시·도경찰청의 장 또는 부속기관의 장에게 위임할 수 있되, 경찰청장은 체력단련장 운영 및 관리에 필요한 예산을 확보하고, 해당 예산은 체력단련장별로 편성한다(동 규칙 제4조).

(2) 경찰 체력단련장의 회원

경찰 체력단련장의 정회원 자격자는 ① 경찰관, 경찰관서 공무원 및 무기계약·기간제 근로자로 재직 중인 사람, ② 이러한 직에 20년 이상 근속 후 퇴직한 사람, ③ 순직경찰관의 배우자 또는 직계존속·비속 등이다.

준회원 자격자는 ① 경찰업무 관련 법령상 위원회에 소속된 사람, ② 경찰행정발전에 현저한 공로가 있는 사람으로서 운영위원회에서 심의·의결된 사람 등이다.

지역사회 회원의 자격자는 체력단련장 소재지인 경기도 용인시 및 충청남도 아산시에 주민등록이 등재된 주민이다(「경찰 체력단련장 운영 규칙」 제15조).

(3) 체력단련장의 이용요금 등

체력단련장의 이용요금은 정회원, 준회원, 정회원 및 준회원의 배우자, 지역사회 회원, 일반인으로 구분된다(동 규칙 제17조). 회원이 아닌 사람(정회원 및 준회원의 배우자를 포함한다)은 정회원 및 준회원을 동반하여 체력단련장을 이용할 수 있다(동 규칙 제22조).

Ⅳ. 경찰공제회[7)

1. 의 의

경찰공제회는 경찰공무원을 회원으로 하여 공제사업을 하는 법정단체인데, 경찰공제회(이하 '공제회'라 한다)를 설립하여 경찰공무원에 대한 효율적인 공제제도를 확립·운영함으로써 이들의 생활안정과 복지 증진을 도모하고 경찰의 발전에 이바지함을 목적으로 「경찰공제회법」이 제정되어 있다.

---

7) 유사한 공무원 공제회로는, 한국교직원공제회(교육공무원뿐만 아니라 사립학교교원도 포함), 대한지방행정공제회(지방자치단체 소속 지방공무원 및 행안부 소속 국가공무원), 대한소방공제회(소방공무원), 군인공제회(군인 및 군무원) 등이 있다. 2023년 현재 국가직 공무원의 공제회로 국가행정공제회(가칭)의 설립이 추진 중에 있다.

2. 공제회의 회원

공제회의 회원이 될 수 있는 사람은 경찰공무원, 자치경찰공무원, 공제회의 임원 및 직원, 기타 정관으로 정하는 사람이다. 여기서 기타 정관으로 정하는 사람에는 경찰관서 소속 행정관과 무기계약직은 포함되지만, 기간제근로자는 포함되지 않는다(「경찰공제회법」 제7조).

한편 회원은 정관으로 정하는 바에 따라 급여 및 대여를 받고 복지시설을 이용할 권리가 있으며, 부담금을 내고 공제회의 운영에 협조할 의무를 진다. 회원이 퇴직 등의 사유로 자격을 상실하거나 임의로 공제회를 탈퇴하였을 때에는 정관으로 정하는 바에 따라 낸 부담금 등의 반환을 청구할 수 있다(동법 제8조).

3. 공제회의 사업

공제회는 그 목적을 달성하기 위하여 ① 회원에 대한 급여의 지급, ② 회원을 위한 복지후생시설의 설치·운영, ③ 기금 조성을 위한 사업, ④ 그 밖에 회원을 위한 복지·후생사업 등을 한다. 한편 공제회는 그 목적을 달성하기 위하여 필요한 범위에서 수익사업을 할 수 있다(동법 제16조).

경찰공제회의 정관과 자체 규정에 따른 주요 공제제도로는 급여금과 부조금 지급을 들 수 있다.[8]

(1) 급여금

① **퇴직/해약 급여금**: 정년퇴직, 명예퇴직, 면직(파면, 해임) 등의 사유로 가입자격을 상실한 회원과 공제회를 중도 탈퇴(해약)하는 회원들에게, 본인이 납부한 부담금 원금과 정관이 정한 지급 기준에 의한 부가금(이자)을 합한 금액이 지급된다. 해약 이외의 경우는 퇴직 증빙이 가능한 인사발령장 사본 등을 첨부하여 16시 이전에 신청하면 익일 오전 중 지급된다.

---

8) 경찰공제회 사이트(https://www.pmaa.or.kr/index.do) 방문(2023.10.15.).

퇴직 급여급을 일시금이 아니라 연금과 같이 분할지급 받을 수도 있다(2016.6.30.부터 시행). 기간은 5~30년 중 5년 단위로, 지급방식은 연지급 또는 월지급의 형태 중, 지급액은 100만원 단위로 선택하여 신청 가능하다(경찰공제회, 분할지급퇴직급여규정, 2016.5.23.).

② **사망순직 급여금:** 공무원연금관리공단의 유족보상결정에 근거된 회원의 사망 또는 순직시 부담금 가입 구좌 수에 따라 급여금(50만원~2백만원)을 지급한다.

③ **특별순직 급여금:** 범인검거, 시위진압, 인명구조, 교통지도단속 등 중요직무에 직접적인 공로로 순직한 회원의 경우 2000만원이 지급된다.

(2) 부조금

① **공상부조금:** 공상요양부조금은 인사혁신처에서 발급하는 공무상 요양승인결정서나, 근로복지공단에서 발행하는 산업재해요양·보험결정통지서에 근거하여 3주 이상 요양이 필요한 공상의 경우 20만원이 지급되며, 이로 인한 퇴직시 100만원이 지급된다.

② **결혼·출산부조금:** 결혼과 출산시 5만원씩이 지급된다. 배우자도 회원인 경우 각 회원에게 모두 지급된다.

③ **법률구조지원금:** 공적 업무와 관련한 법적 구제절차에 소용된 변호사 선임 비용의 일부를 지원하는 부조금이다. 회원이 불기소처분되거나 기소 후 무죄판결이 확정된 경우 기타 경찰업무에 중대한 영향을 미치는 등 지부장이 필요하다고 인정하는 경우에 1건당 1천만원 한도 내에서 지급된다.

2015.1.1.부터 시행되었고 가입기간 1년 이상, 가입구좌 10구좌(5만원) 이상 가입회원에 한하여 지급된다.

4. 공제회의 자본금 등

공제회의 자본금은 회원의 부담금과 국가의 보조금으로 하며, 국가의 보조금은 공제회의 보호·육성을 위하여 필요한 경우에만 지급한다(「경찰공제회법」 제17조). 한편 회원의 부담금 반환과 급여를 청구할 권리는 그 사유가 발생한 날부터 5년간 행사하지 아니하면 소멸시효가 완성한다(「경찰공제회법」 제22조).

V. 경찰법률보험과 공무원 책임보험

1. 경찰법률보험[9]

(1) 의 의

경찰법률보험은 퇴직자를 포함한 경찰청 소속 全 직원(경찰관, 일반직, 무기계약직, 기간제)이 직무로 인해 소송 등에 휘말리게 되는 경우 소송 등의 수행비용을 경제적으로 지원하는 제도이다.

(2) 대 상

경찰법률보험은 2013년 7월 12일 이후 수행한 직무행위를 대상으로 2018년 6월 1일 이후 1일 이후 청구된 사건에 소급 적용된다.

(3) 내 용

경찰법률보험은 연간 1인당 3회까지 지원하며, 민·형사 구분 없이 1건당 최대 5,000만원을 보장하되, 보험금은 보험사 청구시 바로 수령된다. 따라서 보험요건이 발생하면, (구비서류는 추후 제출하는 것이 허용되므로) 보험사에 즉시 통지하는 것이 무엇보다 중요하다. 한편 경찰법률보험의 구체적인 내용은 민사사건과 형사사건을 구별하여 고찰할 필요가 있다.

① **형사사건**: 형사사건의 경우에는 단계별로 지급 한도가 있다. 즉, 수사단계에서는 1,500만원, 1심 1,500만원, 2심 1,000만원, 3심 1,000만원이다. 형사합의금도 5,000만원 한도로 합의금의 80%를 보장한다. 한편 형사사건의 보장 범위는 공무원 책임보험과 달리 과실범으로 자격정지 미만의 형을 받는 경우에도 적용되며, 경찰직무의 특성을 고려하여 판결 확정 이후가 아닌 사건 진행 단계에서도 청구할 수 있다. 다만 과실범으로서 자격정지 이상의 형이 확정되거나 고의범으로 확정되게 되면, 판결 확정 후 보험금을 반환하여야 한다. 형사소송은 개인이 직접 변호사를 선임하며, 경찰 특약으로 변호사 선임 후 바로 보험금이 지급된다.

---

9) 경찰청(규제개혁법무담당관), 공무원 책임보험 Q&A 경찰법률보험, 2023.4.

② **민사사건**: 민사사건의 경우에는 고의와 중과실의 경우도 보장되며 국가가 구상권을 행사하는 경우에도 금액 한도 내에서 보장한다. 민사소송의 경우 보험사가 선임한 변호사가 소송을 대리하는 것이 원칙이나 사전협의를 통해 직접 변호사를 선임할 수 있으며, 후자의 경우 법원 확정 판결시 보험금을 수령하게 된다. 보험사가 민사소송을 대리하는 경우는 형사사건과 같이 심급별로 보험금이 지원된다.

2. 공무원 책임보험

(1) 의 의

공무원 책임보험은 2018년 6월 1일부터 운영되고 있던 경찰법률보험을 본떠서 2022년부터 전체 국가직 공무원을 대상으로 확대도입한 것으로, 공무원이 직무상 고소, 고발, 소송을 당하는 경우 보험사고로 보아 경제적으로 지원하는 제도이다. 형사사건의 경우 무죄판결 확정 통보 이후에 보험금을 지급받을 수 있다.[10]

(2) 보험계약의 체결

중앙행정기관의 장은 소속 공무원이 직무수행으로 인하여 수사기관의 수사를 받거나 민사상 또는 형사상 책임과 관련된 소송을 수행함으로써 부담하는 변호사 선임비용, 소송비용, 손해배상금 등의 비용을 지원하기 위하여 보험계약을 체결할 수 있다. 보험계약의 체결 등에 관한 업무를 공무원연금공단에 대행하게 할 수 있다(「공무원 후생복지에 관한 규정」 제17조의2, 2019.11.26. 신설).

(3) 공무원 책임보험과 경찰법률보험과의 관계

공무원 책임보험과 경찰법률보험은 기본적 성격은 동일하다. 다만 공무원 책임보험은 법령에 근거하여 각 행정기관 예산(경찰은 경찰청 예산)으로, 경찰법률보험은 KNP기금을 활용하여 경찰 자체적으로 운영하며 보험료를 납부하고 있다.

한편 경찰법률보험이 직무 특성을 반영하여 더 넓은 범위[11]를 보장하므로, 보험 청구

---

10) 경찰청(규제개혁법무담당관), 공무원 책임보험 Q&A 경찰법률보험, 2023.4, 1면.
11) 공무원 책임보험은 고의·중과실로 인한 민사 손해배상금, 국가 구상금, 형사합의금, 유죄확정시 등에 보험 적용이 되지 않는다.

를 하면 기본적으로 예산이 수반된 공무원 책임보험이 적용되며, 보장범위 초과시 자동으로 경찰법률보험이 보충적으로 적용된다. 실제로는 경찰청에서 양 보험을 같은 보험사와 계약을 체결하므로 하나의 창구에 서류를 제출하면 자동적으로 양 보험이 적합하게 적용 처리된다.[12)

3. 기타 소송지원 제도

(1) 「경찰관 직무집행법」에 의한 소송지원

[경찰관 직무집행법]
제11조의4(소송 지원) 경찰청장과 해양경찰청장은 경찰관이 제2조 각 호에 따른 직무의 수행으로 인하여 민·형사상 책임과 관련된 소송을 수행할 경우 변호인 선임 등 소송 수행에 필요한 지원을 할 수 있다.

본조는 2021.10.19. 신설되었다. 경찰관이 직무를 안정적으로 수행할 수 있도록 직무수행으로 인하여 민·형사상 책임과 관련된 소송을 수행할 경우 경찰청장이 소송수행에 필요한 지원을 할 수 있도록 법적 근거를 마련하고자 하였다.

가장 기본적인 형태의 소송지원은 행정적 지원이 될 것이다. 경찰 인력이 출장 등을 통해 소송 수행에 필요한 지원을 할 수 있는 근거가 된다. 하지만 누가 어느 범위에서 지원업무를 수행하여야 하는지에 대해 내부적으로 정해진 바가 없어 현실성이 낮은 상태이다. 다만 경찰법률보험, 공무원법률보험 및 소송지원단 지원 등을 제공받을 수 있도록 연계업무를 수행하는 담당자가 지정되는 것 자체도 이 법에 근거한 행정적 지원이라고 볼 수 있다.

참고로 경찰관 개인이 아닌 국가가 원고나 피고가 국가소송의 경우는 경찰청에서 2014년부터 송무관 제도를 운영하고 있다. 송무관은 변호사나 법학박사 등 법률전문가를 6급 상당의 임기제 공무원(2년 원칙, 최장 5년)으로 채용되어 각 시·도경찰청에 배치된 인력을 말한다. 송무관 채용 전에는 국가소송이 제기되면 관서별로 지정된 경찰공무원들이 소송수행을 담당하였다. 송무관 배치 이후에는 송무관이 변론출석, 답변서 작성 등의 소송을 수행한다.[13)

---

12) 2023년 현재 경찰청은 현대해상보험(1544-3025)과 계약 체결 중이다.
13) 이주민, 현장경찰관의 법률분쟁 지원에 관한 연구, 한세대학교 경찰학 박사학위논문, 2019.12.,

(2) 경찰 소송지원단

경찰 소송지원단은 경찰법률보험이 2018년 도입되기 이전인 2013년부터 상조회를 기반으로 운영되기 시작하였다. 이후 상조회 기금이 고갈되기 시작하여 2023년에는 명칭은 그대로 두고 재원을 변경하여 상조회 기반이 아닌 경찰복지카드기금을 기반으로 운영되기 시작하였다.

소송지원단은 기획조정관을 위원장으로 하고, 관련 기능의 과장 등으로 2~3명의 위원을 구성하여 지원여부 및 지원금액을 결정한다.

공무원 책임보험과 경찰법률보험은 엄연한 보험으로 보험 약관상 지원에 제한이 발생한다. 이러한 제한영역을 경찰 소송지원단이 지원하게 된다. 예로 경찰관이 직무와 관련되더라도 소송의 원고가 되는 경우와 유죄로 확정되는 경우는 보험 적용에서 제외되나, 사건의 내용이나 경찰관의 행위 상황으로 보아 지원 필요성이 명백한 경우가 경찰 소송지원단의 지원 대상이 된다.[14]

민사 원고소송은 심급별 변호사 선임료 최대 500만원까지이며, 형사 피소사건에서 보험한도를 초과한 변호사비 등은 소송지원단 의결로 결정한다.

(3) 정부법무공단의 민사변호사 할인 이용

정부법무공단[15]에서는 민사피소된 경찰관에게 저렴한 비용으로 변호사를 수임할 수 있도록 지원한다. 이는 2014년 경찰청과 정부법무공단의 MOU에 의한 것이다.

---

46 – 47면.

14) 세부유형으로는, 경찰직원이 정당한 직무집행과 관련하여 발생한 신체 및 재산상의 중대한 손해에 대해 민사소송의 원고가 되는 경우, 경찰직원이 형사소송에서 고의나 과실범을 가리지 않고 유죄가 확정된 경우 세부 정황을 고려하여 소송지원단이 인정하는 경우, 형사피소된 경찰직원이 지출한 변호사 수임료 등이 신청했던 경찰법률보험의 보장 한도를 넘는 경우로서 소송지원단이 인정하는 경우 등이다(경찰법률보험을 애초 신청하지 않은 경우는 한도 초과 지원도 불가).

15) 정부법무공단법에 따라 2008년 2월 15일 설립된, 법무부 산하 공공기관(기타공공기관)으로서 대한민국의 국가로펌이다. 국가 · 지방자치단체 · 행정기관 및 그 밖에 대통령령이 정하는 공공단체(이하 '국가등'이라 한다)로부터 위임받은 국가소송(국가를 당사자 또는 참가인으로 하는 소송을 말한다) · 행정소송(행정청을 참가인으로 하는 경우를 포함한다) · 민사소송, 조정 · 중재 · 비송 사건 및 헌법재판사건을 수행한다. 여기서 '공공단체'란 공공기관, 지방공사 및 지방공단, 지방연구원을 말한다.

(4) 공무원연금공단의 무료 법률상담

공무원연금공단에서는 대민업무를 수행하는 공무원을 대상으로 변호사를 연결하여 무료 법률상담서비스를 제공한다.[16]

Ⅵ. 경찰병원 진료비 감면

현직 및 퇴직 경찰공무원 모두와 현직 및 순직 경찰공무원의 직계존비속 및 배우자가 감면혜택의 대상이 된다. 현직 경찰공무원은 외래와 입원시 본인 부담금의 100% 면제되며, 퇴직자는 외래는 100%, 입원은 50%를 면제한다. 기타 건강검진이나 가족진료의 경우 등의 감면은 여러 유형으로 구분된다.

감면의 근거를 원래는 행정안전부령인 「경찰병원 수가규칙」에 두고 있었으나, 2006년부터 경찰병원이 책임운영기관으로 지정되고 있어서 진료비와 그 감면 등에 관하여 스스로 정할 수 있게 됨에 따라, 2018.4.10. 동 규칙은 폐지되었다.

감면의 구체적인 대상과 기준 등에 대하여는 매번 경찰병원 홈페이지에서 업데이트하고 있다.[17]

제3절 ▎ 재직 경찰공무원의 복지

Ⅰ. 의료지원

국가는 경찰공무원의 체력과 건강관리를 위하여 경찰공무원에게 업무적 특성을 감안한 심신건강연구, 건강검진 및 정신건강검사와 진료(심리치료를 포함한다) 등의 의료지원

---

16) https://www.geps.or.kr/bizInformation_publicWelfareBiz_legalAdvice(2023.12.8. 방문).
17) https://www.nph.go.kr/nph/bbs/B0000051/view.do?nttId=22003&searchCnd=&searchWrd
=&gubun=&delcode=0&useAt=&replyAt=&menuNo=200314&sdate=&edate=&view
Type=&type=&siteId=&option1=01&option5=&pageIndex=1.

을 제공할 수 있다(「경찰공무원 보건안전 및 복지 기본법」 제8조).

1. 건강진단

(1) 건강검진의 실시

야간 교대근무, 중요 범죄수사, 대규모 집회·시위 관리, 경호 등을 위한 장시간 집중 근무, 혹한(酷寒), 혹서(酷暑), 매연, 소음, 진동, 전자기파, 실내공기 오염 등 위해환경의 노출 등과 관련된 경찰공무원에 대하여 건강검진을 행한다. 건강검진은 2년에 1회 이상 실시하되, 필요하다고 인정하는 경우에는 수시로 실시할 수 있다.

(2) 검진항목

심장·뇌혈관·근골격계 질환, 매연 및 가스로 인한 호흡기 질환 등 경찰활동 및 그과 관련된 환경요인에 의한 질병의 조기발견에 필요한 검사, 기타 경찰공무원의 건강 보호 및 유지를 위한 검사.

(3) 건강검진결과에 따른 조치

경찰청장은 건강검진 및 정신건강검사 결과 치료가 필요하다고 인정되는 경우에는 해당 경찰공무원이 즉시 진료를 받을 수 있도록 조치하여야 하고, 정신건강검사 대상자를 판정하기 위하여 필요하면 민간 심리상담 전문기관에 경찰공무원의 정신건강 상태 진단을 의뢰할 수 있다. 정신건강검사는 외상 후 스트레스 장애 검사 등 경찰공무원의 정신 건강 보호 및 유지를 위하여 필요하다고 인정하는 검사로 한다(「경찰공무원 보건안전 및 복지 기본법 시행령」 제6조).

2. 특수건강진단

경찰청장은 경찰공무원의 건강 보호·유지를 위하여 경찰공무원에 대한 특수건강진단을 실시하여야 한다(「경찰공무원 보건안전 및 복지 기본법」 제8조의2). 특수건강진단에는 건강보험공단이 실시하는 일반검진 항목 이외에 암검진과 특수검진이 추가된다. 암검진은

90%를 건강보험공단에서 부담하고 10%만 특수건강진단 예산이 지원된다. 특수검진은 소음과 관련한 정밀 청력검사와 야간작업과 관련한 신경계, 심혈관계, 소화기계 등을 검진하고 100% 특수건강진단 예산으로 부담한다.

II. 관사지원

경찰공무원이 안정된 주거생활을 함으로써 근무에 전념할 수 있도록 하기 위하여 비연고지에 근무하는 경찰공무원에게 직원숙소를 제공할 수 있다(「경찰공무원 보건안전 및 복지 기본법」 제9조).

1. 직원숙소 입주자 선정기준

직원숙소의 입주자는 선정기준은 다음과 같다(「경찰공무원 보건안전 및 복지 기본법 시행령」 제7조). 즉,

① 직원숙소에서 함께 거주할 경찰공무원 가족의 수

② 연고지와의 거리

③ 연고지가 아닌 근무지에서의 근무 기간

④ 복무 기간

⑤ 무주택 기간

⑥ 장애인 또는 65세 이상자 부양 여부

⑦ 비상사태나 긴급하고 중요한 치안상황의 대비 등 업무의 특성

⑧ 섬, 외딴 곳 등 근무지의 특성

⑨ 기타 경찰청장 또는 해양경찰청장이 필요하다고 인정하는 사항

2. 관사의 사용기간 등

관사의 사용기간은 입주일부터 3년 이내로 하되, 필요하다고 인정할 때에는 위원회 심의를 거쳐 2년의 범위 안에서 연장할 수 있다(「경찰관사 운영규칙」 제8조). 관사의 운영비는 사용자가 부담하는 것을 원칙으로 한다(동 규칙 제11조).

Ⅲ. 위험직무 공상경찰공무원의 지원과 특별위로금

국가는 위험직무 공상경찰공무원의 원활한 직무복귀와 생활안정을 위하여 필요한 지원을 할 수 있다. 위험직무 공상경찰공무원이 그 질병 또는 부상으로 인하여 치료 등의 요양을 하는 경우에는 특별위로금을 지급할 수 있다(「경찰공무원 보건안전 및 복지 기본법」 제12조).

특별위로금은 「공무원 재해보상법」상 요양급여의 대상으로 결정된 경찰공무원에 대하여 공무상 요양으로 출근하지 아니한 기간에 대하여 지급하되, 36개월을 넘지 아니하는 범위에서 지급한다(「경찰공무원 보건안전 및 복지 기본법 시행령」 제11조).

⚖️ 공무상 요양급여 대상으로 결정된 경우의 지원제도

공무상 요양급여 대상으로 결정된 경찰공무원이 지급받을 수 있는 것으로는 다음과 같은 것이 있는데, 이들 급여나 부조금 및 위로금은 중복하여 수령이 가능하다.
- (1) 「공무원 재해보상법」상 <요양급여>
- (2) 「경찰복지법」에 의한 <특별위로금>
- (3) 「공무원 후생복지에 관한 규정」으로 운영되는 맞춤형 복지에 의한 <실손보험 보상>
- (4) 경찰복지카드 사용액의 일부가 적립되는 복지카드기금에서 지원하는 <특수요양비>
- (5) 경찰위로·복지기금 운용에 따른 <공상경찰공무원 위로금>
- (6) 「경찰공제회법」으로 설립된 경찰공제회에 가입한 회원이라면 <공상요양부조금>

Ⅳ. 맞춤형 복지제도

1. 의 의

2005년 제정된 「공무원 후생복지에 관한 규정」에 근거하여 전 공무원을 대상으로 시행되고 있는 맞춤형 복지제도란 사전에 설계되어 제공되는 복지혜택 중에서 공무원이 본인의 선호와 필요에 따라 개별적으로 부여된 복지점수를 사용하여 자신에게 적합한 복지혜택을 선택하는 제도를 말한다(「공무원 후생복지에 관한 규정」 제2조).[18]

[18) 同旨: 신현기/양재열, 국가경찰의 맞춤형 복지제도 실태 및 개선방안, 경찰복지연구 제4권 2호, 2016.12., 4면: "맞춤형 복지는 보편적 복지가 아니라 소위 선택적 복지이다. 복지혜택이 필요한

맞춤형 복지제도가 갖는 의의는 각 부처로 하여금 가급적 모든 복지정책을 맞춤형 복지제도를 중심으로 통합 운영함으로써 중복됨이 없이 복지정책의 일관성을 유지하고 복지혜택의 형평성을 증진시키도록 하려는 것에 있다. 따라서 혜택이 다른 구성원들에게 균등하게 배분될 수 없는 항목(예: 관사 이용, 임대주택, 대학 학자금 등)은 통합 운영에서 제외시키고, 휴양시설 등 불특정 조직 구성원의 수요가 많은 복지항목은 가급적 통합 운영한다(「2023 공무원 보수 등의 업무지침」 제10장 650면).

2. 맞춤형 복지제도의 구성

맞춤형 복지제도는 공무원이 의무적으로 선택하는 기본항목과 자율적으로 선택하는 자율항목으로 구성한다(「공무원 후생복지에 관한 규정」 제6조).

(1) 기본항목

기본항목은 다시 필수기본항목과 선택기본항목으로 구분한다.

① **필수기본항목**: 필수기본항목은 공무원조직의 안정성을 위하여 전체공무원이 의무적으로 선택하여야 하는 복지혜택으로서 본인의 생명보험·상해보장보험 등으로 구성한다.

② **선택기본항목**: 선택기본항목은 중앙행정기관의 장이 정책적 필요에 따라 설정하는 복지혜택으로서 소속 공무원으로 하여금 의무적으로 선택하게 하거나 일정요건에 해당하는 경우 자동적으로 적용받게 되는 것으로 구성한다(동령 제7조).[19]

(2) 자율항목

자율항목은 운영기관의 장이 소속공무원의 복지수요를 고려하여 정하는 복지혜택으로서 건강관리·자기계발·여가활용·가정친화 등에 관한 항목으로 구성한다(동령 제8조).

계측에게 복지효과를 집중시켜 상대적 차별이라는 단점도 있으나, 적은 비용으로 높은 효용을 이끌어낼 수 있는 장점도 있다."

19) 예로 배우자 생명/상해보험, 본인 및 가족 의료비 보장보험, 암·2대 질병 진단비, 건강검진 등이다.

3. 복지점수

(1) 의 의

맞춤형 복지제도의 운영을 위하여 제도의 설계·운영에 사용되는 계산단위(복지점수)를 두며, 복지점수 1점은 1천원에 상당하는 것으로 한다. 중앙행정기관의 장은 필요한 경우 복지항목별로 복지점수의 사용한도를 설정할 수 있으며, 복지점수에 상당하는 금액의 범위에서 소요비용의 일부를 지원하는 방법으로 맞춤형 복지제도를 운영할 수 있다(「공무원 후생복지에 관한 규정」 제9조).

(2) 복지점수의 구성

복지점수는 기본복지점수와 변동복지점수로 구성한다.

① **기본복지점수**: 기본복지점수는 기관별로 소속 공무원 등에게 일률적으로 부여하는 점수로, 기본복지점수는 일률적으로 400점이 부여된다.

② **변동복지점수**: 변동복지점수는 일정한 기준에 따라 소속공무원 등에게 차등적으로 부여되는 점수로 변동복지점수는 근무연수, 가족상황, 소속 공무원의 업무성과, 징계여부 등을 고려하여 정한다(「공무원 후생복지에 관한 규정」 제10조). 한편 변동복지점수는 상한을 300점으로 하며 매년 10점씩 배정되는 근속복지점수, 가족 4인을 상한으로 하여 배우자 100점과 직계존비속에 1인당 50점을 부여하되 자녀로만 4인이 초과되는 경우는 모두 지급하는 가족복지점수[20] 그리고 추가복지점수로 세분된다.

특히 가족복지점수에는 출산축하 복지점수가 포함되는 바, 둘째 자녀 출산시 2,000점(200만원), 셋째 자녀 이상 출산시 3,000점(300만원)의 배정이 권고된다. 또 난임 및 태아·산모검진 지원 복지점수도 설계되고 있는 바, 난임지원은 500점(50만원), 태아·산모검진지원은 1회당 100점(10만원)의 배정이 권고된다(「2023 공무원 보수 등의 업무지침」 제10장 656면).

---

20) 자녀 중 둘째는 100점이, 셋째부터는 200점씩이 부여된다.

4. 보 험

생명보험과 상해보장보험은 가입제한과 지급제한이 없는 단체보험으로 설계하고, 타 제도에 의한 보상과 관계없이 중복되더라도 약정한 보험금을 지급하는 정액형으로 보장한다. 의료비 보장보험은 보험증권에 기재된 금액한도 내에서 본인부담금과 비급여 의료실비(한방/치과의 경우도 입원의료비는 포함하되, 통원의료비는 미포함된다)를 모두 보장한다. 따라서 CT, MRI, 초음파 검사료, 식대, 병실차액, 임의 비급여, 임신 및 출산비용 등이 모두 보상된다. 하지만 자동차보험과 산업재해 보상보험에서 보상하는 경우는 제외된다(「2023 공무원 보수 등의 업무지침」 제10장 670면). 한편 의료비 보장보험과 관련하여 주의를 요하는 것으로는 다음과 같은 것이 있다.

(1) 실손보험의 중복회피의 문제

의료비 보장보험은 행정기관별로 소속 직원 의견수렴 또는 후생복지운영협의회 심의를 거쳐 가입여부를 결정하게 되나, 결정이 있으면 소속 공무원은 이에 따라야 하며 개인별로 가입여부를 선택할 수 없다. 따라서 정액형이 아닌 실손형으로 타 보험과 중복보장이 되지 않는다는 점에서 일괄적인 가입이 불만 요인이 되고 있어, 공무원이 맞춤형복지 의료비 보장보험과 중복되는 민간보험에 가입한 것으로 증빙서류에 의하여 확인된 경우에는 가입을 면제하도록 한다(「2023 공무원 보수 등의 업무지침」 제10장 671 – 672면).

(2) 개인실손보험의 중지

민영실손보험을 중지하고 단체 의료비보장보험에 가입하고자 하는 자는 단체보험 사전선택 기간 내에 의료비보장보험을 선택하고, 단체보험 계약 확정 후 가입 개시일부터 개인이 가입한 민영 보험사에 직접 실손보험 중지를 신청할 수 있다(단, 민영 실손보험 중지는 해당 보험 가입 후 1년 이상 유지한 경우에 한하며, 단체보험과 중복되는 개인실손 보장종목만 중지 가능하다). 다만, 배우자와 자녀의 의료비보장보험은 개인실손 중지 제도의 적용대상이 아니다.

(3) 단체실손의 개인실손 전환

단체실손보험을 개인실손보험으로 전환하기 위해서는 단체실손 종료(퇴직 등) 후 1개월 이내에 직전 단체보험이 가입된 보험회사에 전환신청을 해야 한다(단, 직전 5년간 단체 의료비보장보험에 가입되어 있어야 한다).

5. 맞춤형 복지카드

행정기관의 장은 맞춤형 복지예산의 효율적 사용과 공무원의 후생복지 증진을 위하여 시스템을 통한 맞춤형 복지카드 사용을 지속적으로 확대하고, 영수증 사용을 점차 축소한다(「2023 공무원 보수 등의 업무지침」 제10장 677면). 경찰의 경우 KNP복지카드가 여기에 해당한다.[21] 이는 장기재직자에게 지급하는 기프트카드의 기초가 된다. 장기재직자 기프트카드는 KNP복지카드 사용액의 일정비율을 복지기금으로 적립하여 20년 이상 장기재직자에게 20만원을 담아주는 카드이다. 또한 이 복지카드기금에서 공무상 요양 승인을 받은 공상경찰관이 연금공단에서 지원하지 않는 치료비를 자비부담할 때 그 50%를 특수요양비로 연 500만원 상한으로 지원한다.

경찰청의 맞춤형 복지는 경찰청 소속 공무원 모두와 무기계약직, 기간제근로자까지 적용된다.

V. 대여 및 대출

1. 학자금 대여

공무원연금공단이 수행하는 공무원 후생복지사업 중 공무원 본인과 그 자녀에게 학자금을 대여하는 데에 드는 대여금과 운영에 드는 경비는 국가나 지방자치단체가 부담한다(「공무원연금법」 제75조).

2. 무궁화 대출

이는 법령에 근거한 복지는 아니며 금융기관과의 협약사항으로 대출우대를 내용으로 한다. 신용대출한도가 연소득의 200%(주무관은 150%)이며, 담보대출 한도는 담보물 가격의 70% 이내이다. 마이너스 통장은 1억까지 가능하다. 이 외에 우대금리를 적용받는다.

---

21) 가입시 연회비 12,000원이면 주유, 교통, 이동통신, 음식, 쇼핑, 학원, 병원, 약국, 여가활동, 은행수수료 면제 등 한달에 최대 43만 5천원의 할인 혜택이 동반된다.

제4절 ▌퇴직 경찰공무원의 복지

Ⅰ. 개 설

1. 퇴직 경찰공무원 복지제도의 필요성

누구나 퇴직은 맞이하게 되므로 퇴직자에 대한 예우와 지원은 그 직장의 품격을 가늠할 수 있는 중요한 기준이 된다. 퇴직자의 건강이 점점 향상되고 기대수명이 연장되고 있는 요즈음에 이르러 제2의 인생을 설계할 수 있도록 직장에서 얼마나 조력하는지는, 신규채용 지원자들에게 직장 선택의 중요한 잣대가 되고 있다. 근래 들어 이러한 점에 대한 인식이 강화되면서 국가나 지방자치단체 및 공공기관의 경우도 퇴직설계교육 등과 같은 퇴직자 복지를 강화하는 추세에 있다.

특히 경찰공무원은 공공의 안녕과 질서에 대한 위험방지를 그의 임무로 하는바, 그러한 임무를 수행하는 과정에서 일반 공무원들에 비하여 상대적으로 많은 생명 신체 등에 손해를 입을 가능성이 높다. 공상, 순직 등이 다른 어떤 직종보다도 자주 발생하고 있으며, 이를 위해 자체 병원(경찰병원)도 별도로 운영하고 있다. 그럼에도 사이버범죄나 드론 등 신기술을 활용한 신종범죄 등에서 볼 수 있는 것처럼 치안수요는 확대일로에 있으며, 국민들은 날로 흉포화되는 범죄에 대한 적극적 대처를 경찰에게 요구하고 있다. 이로 인한 업무의 과중으로 업무상 재해 또한 빈발하고 있는 실정이다. 또한 내부적으로 경찰은 극심한 인사적체를 안고 있으며, 그를 해소하기 위한 방안의 일환의 하나로 계급 정년제까지 운영하고 있다.

이러한 사정으로 인하여 경찰공무원은 다른 어떤 직종의 공무원보다도 본인의 의사에 반하거나 조기에 경찰공무원으로서의 신분을 상실하게 될 가능성에 상시 노출되어 있다. 따라서 경찰공무원에게는 퇴직 후의 복지제도가 그만큼 더 절실히 필요하고, 앞서 예시로 거론한 2023년 경찰청 명예퇴직금 소진에 따른 명예퇴직 제한과 같은 타 부처에서는 들어보지 못한 대형 복지사고는, 경찰에 대한 내부구성원의 신뢰를 회복하기 어렵게 실추시켰다고 보아야 한다.

2. 퇴직 경찰공무원 복지제도의 유형

(1) 퇴직 경찰공무원 취업 등 지원

국가는 퇴직 경찰공무원(퇴직 예정자를 포함한다)의 원활한 사회복귀와 생활안정을 위하여 퇴직 경찰공무원에게 진로·직업 상담, 취업알선, 채용박람회 개최 등의 취업지원을 실시할 수 있다. 경찰청장은 퇴직 경찰공무원에게 사회적응교육 및 직업교육훈련을 실시할 수 있으며, 이러한 비용의 전부 또는 일부를 예산의 범위에서 지원할 수 있다. 국가는 예산의 범위에서 퇴직 경찰공무원의 창업을 지원하기 위하여 필요한 창업상담, 창업교육 등의 사업을 실시할 수 있다(「경찰공무원 보건안전 및 복지 기본법」 제11조).

현재 퇴직예정 경찰관 대상 전직지원교육에는 퇴직설계과정 교육(퇴직 예정 5년 이내, 4박 5일, 제천경찰수련원), 전직 심화과정 교육(퇴직 예정 1년 이내, 3박 4일, 횡성 휄리힐리파크)이 있다. 전직역량개발 교육비 지원은 5년 이내 퇴직 예정자 중 퇴직지원교육을 받은 자에 대하여 관련 훈련 교육비의 90%를 1회 100만원 한도 내에서 이루어진다. 귀농/귀촌/창업과 관련한 위탁교육은 3년 이내 퇴직예정자를 대상으로 하며, 4박 5일간 농식품공무원교육원과 산림조합중앙회에서 이루어진다.

(2) 퇴직자 후생복지

인사혁신처장은 퇴직공무원의 후생복지를 위하여 퇴직공무원 상조회의 설치·운영, 퇴직공무원의 현금자산 운용 등 필요한 대책을 마련하여야 한다(「공무원연금법」 제85조).

(3) 공무원 연금과 보훈

연금에 관하여는 이미 제5장에서 경찰공무원의 연금청구권과 관련하여 상설한 바 있으므로 본장에서는 보훈(報勳)에 대해서만 이하에서 상설하기로 한다.

II. 보 훈

보훈(報勳)이란 국가를 위하여 희생하거나 공헌한 국가유공자 등의 애국정신을 기리어 국가가 국가유공자나 그 유족에게 그들의 훈공에 대한 보답을 행하는 것을 말한다. 이러한 보훈제도는 대한민국의 오늘은 전몰군경(戰歿軍警)과 전상군경(戰傷軍警)을 비롯한 국가유공자의 희생과 공헌 위에 이룩된 것이므로 이러한 희생과 공헌이 우리와 우리의 자손들에게 숭고한 애국정신의 귀감(龜鑑)으로서 항구적으로 존중되고, 그 희생과 공헌의 정도에 상응하여 국가유공자와 그 유족의 영예(榮譽)로운 생활이 유지·보장되도록 실질적인 보상이 이루어져야 한다는 사고에 기초하는 것이다(「국가유공자 등 예우 및 지원에 관한 법률」 제2조 참조). 한편 국가유공자나 유족에게 최소한의 자긍심을 갖게 해주는 이러한 보훈제도의 필요성에 대하여서는 국민적 합의가 존재하며, 이를 바탕으로 하여 종래의 국가보훈처를 2023년 6월에 부로 승격시켜 국가보훈부를 창설하기에 이르렀다(「정부조직법」 제26조 참조).

다만 이곳에서는 보훈제도 전반에 관한 논의를 행하지는 않으며, 경찰공무원으로서 보훈의 대상이 되는 경우를 생명·재산 보호에 대한 유공의 직접 관련성을 기준으로 ① 경찰공무원으로서 국가유공자가 되는 경우와 ② 경찰공무원으로서 보훈보상대상자가 되는 경우로 나누어 고찰한 후, 그들에 대하여 행해지는 지원에 관하여 간단히 논하도록 하겠다.

1. 국가유공자

국가유공자란 국가를 위하여 희생하거나 공헌한 사람으로서 「국가유공자 등 예우 및 지원에 관한 법률」 등에서 그 적용대상자로 규정한 자를 말하는바, 경찰공무원으로서 국가유공자가 될 수 있는 사람으로는 전몰군경, 전상군경, 순직군경,[22] 공상군경[23]이 있다(「국가유공자 등 예우 및 지원에 관한 법률」 제4조). 한편 동법이 규정하고 있는 국가유공자의 유족 또는 가족의 범위는 다음과 같다: 배우자, 자녀, 부모, 성년인 직계비속이 없는 조부모, 60세 미만의 직계존속과 성년인 형제자매가 없는 미성년 제매(弟妹)(동법 제5조).

현행법상 국가유공자에 대한 지원(보훈)의 유형은 다음과 같다.

---

22) 군인이나 경찰·소방 공무원으로서 국가의 수호·안전보장 또는 국민의 생명·재산 보호와 직접적인 관련이 있는 직무수행이나 교육훈련 중 사망한 사람(질병으로 사망한 사람을 포함)을 말한다.

23) 군인이나 경찰·소방 공무원으로서 국가의 수호·안전보장 또는 국민의 생명·재산 보호와 직접적인 관련이 있는 직무수행이나 교육훈련 중 상이(질병을 포함한다)를 입고 전역하거나 퇴직한 사람 또는 6개월 이내에 전역이나 퇴직하는 사람으로서 그 상이정도가 국가보훈처장이 실시하는 신체검사에서 상이등급으로 판정된 사람을 말한다.

(1) 보훈급여금

보훈급여금은 보상금, 수당, 사망일시금으로 구분한다. 수당은 다음과 같다: 생활조정수당, 간호수당, 무공영예수당, 6·25 전몰군경 자녀수당, 부양가족수당, 중상이(重傷痍)부가수당, 4·19혁명 공로수당, 기타 수당(동법 제11조).

(2) 보상금

전상군경, 공상군경, 전몰군경, 순직군경은 경찰공무원으로서 보상금 지급 대상이다. 전상군경과 공상군경의 보상금은 상이등급별로 구분하여 지급한다. 보상금의 지급수준은 「통계법」에 따라 통계청장이 지정하여 고시하는 통계 중 가계조사통계의 전국가구 가계소비지출액 등을 고려하여 국가유공자의 희생과 공헌의 정도에 상응하게 결정하여야 한다(동법 제12조).

(3) 교육지원

국가는 국가유공자와 그 유족 또는 가족이 교육기관[24]에서 필요한 교육을 받음으로써 건전한 사회인으로 자립할 수 있도록 교육지원을 실시한다(동법 제21조, 제22조의2, 제25조의2).

(4) 취업지원

국가는 국가유공자와 그 유족 등의 생활안정 및 자아실현을 위하여 취업지원을 한다(동법 제28조). 취업지원을 실시할 취업지원 실시기관은 다음과 같다: 1. 국가기관, 지방자치단체, 군부대, 국립학교와 공립학교 2. 일상적으로 하루에 20명 이상을 고용하는 공·사기업체 또는 공·사단체. 다만, 대통령령으로 정하는 제조업체로서 200명 미만을 고용하는 기업체는 제외한다. 3. 사립학교(동법 제30조).

한편 취업지원 실시기관이 행하는 취업지원의 유형으로는 다음과 같은 것이 있다.

① **가점의 부여**: 취업 지원 실시기관이 그 직원을 채용하기 위하여 채용시험을 실시하는 경우에는 전상 및 공상군경 본인, 전몰 및 순직군경의 배우자와 자녀에게는 만점의 10%를, 전상 및 공상군경의 배우자와 자녀에게는 5%를 가점하여야 한다. 다만, 취업지원

---

24) 중고등학교, 대학교(대학원은 제외한다), 평생교육시설, 기타 교육훈련기관(외국인학교는 수업료 등 일부만 보조한다).

대상자의 점수가 만점의 40% 미만인 과목이 있거나 점수로 환산(換算)할 수 없는 시험인 경우에는 그러하지 아니하다. 가점을 받아 채용시험에 합격하는 사람은 그 채용시험 선발 예정 인원의 30%를 초과할 수 없다. 다만, 응시자의 수가 선발예정 인원과 같거나 그보다 적은 경우에는 그러하지 아니하다(동법 제31조).

경찰기관 또한 경위 이하 채용시 가점을 부여하여야 한다(동법 제48조 및 별표8).

② 일반직 공무원 등으로 채용: 취업지원 실시기관으로서 일반직 공무원등의 정원이 5명 이상인 기관은 일반직 공무원 등의 정원에 대하여 대통령령으로 정하는 채용비율 이상으로 취업지원 대상자를 일반직 공무원 등으로 채용하여야 한다(동법 제32조).

③ 취업지원대상자 우선고용: 취업지원 실시기관은 전체 고용인원의 3% 이상 8% 이하의 범위에서 대통령령으로 정하는 대상업체별 고용비율 이상으로 취업지원 대상자를 우선하여 고용하여야 한다. 국가보훈처장은 필요하면 취업지원 대상자가 그 능력에 상응한 직종에 취업할 수 있도록 하기 위하여 다음 기관의 고용비율을 9%까지 확대할 수 있다: 공공기관, 지방공단, 기타 취업지원 실시기관으로 대통령령으로 정하는 기업체 또는 단체. 취업지원 실시기관 중 교원을 제외한 교직원의 정원이 5명 이상인 사립학교는 교원을 제외한 고용인원의 10% 이상으로 취업지원 대상자를 우선하여 고용하여야 한다(동법 제33조의2).

(5) 의료지원

국가는 국가유공자와 그 유족 등이 건강한 생활을 유지하고 필요한 진료 등을 받을 수 있도록 의료지원을 한다(동법 제41조). 의료지원의 구체적 내용은 다음과 같다.

① 국가 등의 의료시설에서 진료: 전상군경, 공상군경이 그 상이처에 대한 진료를 필요로 하거나 질병(부상을 포함한다)에 걸린 경우에는 대통령령으로 정하는 바에 따라 국가의 의료시설(보훈병원을 포함한다) 또는 지방자치단체의 의료시설에서 진료한다. 국가는 진료를 국가나 지방자치단체 외의 의료시설에 위탁할 수 있다.

② 보훈병원 진료와 비용감면: 전상군경, 공상군경 중 상이등급 미만으로 판정된 사람이 그 상이처 외에 질병에 걸려 이와 같은 의료시설에서 진료를 받는 경우에는 그 진료 비용의 일부를 본인에게 부담하게 할 수 있다. 다음 어느 하나에 해당하는 사람에 대하여는 보훈병원에서 진료하고, 그 비용은 감면한다.

㉠ 의료지원 대상자가 아닌 국가유공자

㉡ 국가유공자의 가족 중 배우자

ⓒ 국가유공자의 유족 중 선순위자 1명. 이 경우 선순위자가 국가유공자의 부 또는 모인 때에는 선순위자가 아닌 모 또는 부를 포함한다.

③ **보훈병원 이외의 의료기관 진료와 비용감면**: 무공훈장을 받은 본인, 75세 이상으로서 전몰·순직군경의 유족 및 6·25전몰군경의 자녀수당을 지급받는 사람 중 선순위자에 해당하는 사람은 보훈병원 외에 국가보훈처장이 지정하여 진료를 위탁한 의료기관에서 진료를 받을 수 있다(동법 제42조).

(6) 대 부

국가는 국가유공자와 그 유족 등의 자립과 생활안정을 위하여 장기저리로 대부를 한다. 대부의 종류는 1. 농토구입대부 2. 주택대부(주택구입대부, 대지구입대부, 주택신축대부, 주택개량대부, 주택임차대부를 말한다) 3. 사업대부 4. 생활안정대부 등이다(동법 제46조, 제49조).

(7) 양로지원

국가유공자나 그 유족(자녀는 제외한다)으로서 65세 이상의 남성 또는 60세 이상의 여성 중 부양의무자가 없는 자에 대하여는 국가의 양로시설에서 지원할 수 있다. 이 경우 국가유공자의 배우자는 국가보훈처장이 정하는 바에 따라 양로지원을 받게 되는 국가유공자와 함께 지원할 수 있다(동법 제63조).

(8) 양육지원

국가유공자의 미성년 자녀와 미성년 제매 중 부양의무자가 없는 사람 또는 부양의무자가 양로지원을 받고 있는 사람에 대해서는 국가의 양육시설에서 지원할 수 있다. 다만, 양육지원을 받고 있는 사람으로서 19세가 된 사람이 고등학교·대학 또는 이에 준하는 학교에 재학 중이거나 19세가 되는 해에 고등학교·대학 또는 이에 준하는 학교에 입학하게 되는 경우에는 그 학교를 졸업할 때까지 계속 지원할 수 있다(동법 제64조).

(9) 수송시설의 이용지원

전상군경과 공상군경 등에게는 국가·지방자치단체 및 공공기관의 수송시설(輸送施設) 이용료를 받지 아니하거나 할인할 수 있다(동법 제66조).

(10) 고궁 등의 이용지원

국가유공자, 그 유족 또는 가족에게는 국가나 지방자치단체가 관리하는 고궁과 공원 등의 시설 이용료를 받지 아니하거나 할인할 수 있다(동법 제67조).

(11) 주택의 우선 공급

국가유공자와 그 유족 중 대부 대상자에게 국가나 지방자치단체에 의하여 건설되거나 국가 또는 지방자치단체의 재정이나 주택도시기금의 지원을 받아 건설·공급되는 주택을 무주택기간, 생활수준 등을 고려하여 우선 공급할 수 있다. 「주택법」에 따라 민영주택을 건설·공급하는 사업주체는 국가유공자와 그 유족 중 대부 대상자에게 그 민영주택 건설·공급량의 일부를 우선 공급할 수 있다(동법 제63조).

(12) 생업지원

국가와 지방자치단체, 그 밖의 공공단체는 소관 공공시설 안에 식료품·사무용품·신문 등 일상생활용품의 판매를 위한 매점의 운영이나 자동판매기 등의 설치를 허가 또는 위탁하는 경우 국가유공자와 그 유족 등의 신청이 있는 때에는 이를 우선적으로 반영하여야 한다. 이 경우 공공단체의 범위, 매점의 규모 등에 필요한 사항은 대통령령으로 정한다(동법 제68조의2).

(13) 상이등급의 판정을 받지 못한 경찰공무원 등에 대한 의료지원

국가는 국민의 생명·재산 보호와 직접적인 관련이 있는 직무수행이나 교육훈련 중에 상이를 입고 퇴직하였으나 상이등급의 판정을 받지 못한 경찰·소방공무원 등에 대하여 보훈병원 또는 국가보훈처장이 지정하여 진료를 위탁한 의료기관에서 그 상이처에 대한 진료를 받게 할 수 있다(동법 제73조의2).

(14) 보훈심사위원회의 설치

국가유공자의 등록, 상이정도의 판정 및 추가인정 등에 관한 심사를 위해 국가보훈처장 소속으로 보훈심사위원회를 둔다(동법 제74조의5).

2. 보훈보상대상자

보훈보상대상자란 국가의 수호·안전보장 또는 국민의 생명·재산 보호와 직접적인 관련이 없는 직무수행 및 교육훈련 중 사망 또는 부상을 당한 군인, 경찰 및 공무원(질병으로 인한 사망과 부상을 포함한다)을 말한다. 전술한 국가유공자와 구분하여 지원하기 위하여 2012년에 보훈보상 체계를 개편하면서 신설되었는바, 보훈보상대상자와 그 유족 또는 가족 등에게 합당한 지원을 함으로써 이들의 생활안정과 복지향상에 이바지하기 위하여 「보훈보상대상자 지원에 관한 법률」이 제정되었다.

경찰공무원으로서 보훈보상대상자는 재해사망군경[25])과 재해부상군경[26])인데, 보훈보상대상자와 그 유족 또는 가족은 이 법에 따른 지원을 받는다(「보훈보상대상자 지원에 관한 법률」 제2조).

「보훈보상대상자 지원에 관한 법률」에 따라 지원을 받는 보훈보상대상자의 유족이나 가족의 범위는 다음과 같다: ① 배우자, ② 자녀, ③ 부모, ④ 성년인 직계비속이 없는 조부모 그리고 ⑤ 60세 미만의 직계존속과 성년인 형제자매가 없는 미성년 제매(弟妹)(동법 제3조).

현행법상 보훈보상대상자에 대한 지원의 유형은 다음과 같다.

(1) 보훈급여금

보훈급여금은 보상금(報償金), 수당 및 사망일시금(死亡一時金)으로 구분한다. 수당은 다음과 같다: ① 생활조정수당, ② 간호수당, ③ 부양가족수당, ④ 중상이(重傷痍)부가수당, ⑤ 기타 수당(동법 제10조, 제13조, 제17조 내지 제19조).

---

25) 군인이나 경찰·소방 공무원으로서 국가의 수호·안전보장 또는 국민의 생명·재산 보호와 직접적인 관련이 없는 직무수행이나 교육훈련 중 사망한 사람(질병으로 사망한 사람을 포함한다).

26) 군인이나 경찰·소방 공무원으로서 국가의 수호·안전보장 또는 국민의 생명·재산 보호와 직접적인 관련이 없는 직무수행이나 교육훈련 중 상이(질병을 포함한다)를 입고 전역(퇴역·면역 또는 상근예비역 소집해제를 포함한다. 이하 이 조에서 같다)하거나 퇴직(면직을 포함한다. 이하 이 조에서 같다)한 사람 또는 6개월 이내에 전역이나 퇴직하는 사람으로서 그 상이정도가 국가보훈처장이 실시하는 신체검사에서 제6조에 따른 상이등급(이하 "상이등급"이라 한다)으로 판정된 사람.

(2) 보상금

① **보상금의 지급대상**: 보상금의 지급대상은 ⓝ 재해부상군경, ⓛ 재해사망군경의 유족 중 선순위자 1명, ⓒ 재해부상군경 중 일정 상이등급 이상으로 판정된 사람이 사망한 경우 그 유족 중 선순위자 1명이다. 여기서 유족 중 자녀는 25세 미만인 자녀로 한정하되, 그 자녀가 생활능력이 없는 정도의 장애가 있으면 25세가 된 이후에도 25세 미만인 자녀의 예에 따라 지급한다. 생활능력이 없는 정도의 장애가 있는 미성년 제매가 성년이 된 경우에도 또한 같다.

② **보상금의 지급**: 보상금은 상이등급별로 구분하여 지급한다.

③ **보상금의 지급수준**: 보상금의 지급수준은 「통계법」 제3조 제2호에 따라 통계청장이 지정하여 고시하는 통계 중 가계조사통계의 전국가구 가계소비지출액 등을 고려하여 보훈보상대상자의 희생 정도에 상응하게 결정하여야 한다. 보상금 지급수준은 「국가유공자 등 예우 및 지원에 관한 법률」에 따른 공상군경, 순직군경의 유족 또는 공상군경이 사망한 경우 그 유족이 받는 보상금의 70% 이상으로 한다(동법 제11조).

(3) 교육지원

국가는 보훈보상대상자와 그 유족 또는 가족이 교육기관에서 필요한 교육을 받음으로써 건전한 사회인으로 자립할 수 있도록 교육지원을 실시한다(동법 제24조 내지 제26조, 제29조, 제30조).

(4) 취업지원

국가는 보훈보상대상자와 그 유족 또는 가족의 생활안정 및 자아실현을 위하여 취업지원을 한다(동법 제32조 내지 제35조, 제37조, 제39조).

(5) 의료지원

국가는 보훈보상대상자와 그 유족 또는 가족이 건강한 생활을 유지하고 필요한 진료 등을 받을 수 있도록 의료지원을 한다(동법 제50조 내지 제51조의2).

(6) 대부

국가는 보훈보상대상자와 그 유족 또는 가족의 자립과 생활안정을 위하여 장기저리(長期低利)로 대부를 한다(동법 제55조, 제56조, 제58조).

(7) 주택의 우선 공급

국가나 지방자치단체는 보훈보상대상자와 그 유족 중 대부 대상자에게 국가나 지방자치단체에 의하여 건설되거나 국가 또는 지방자치단체의 재정이나 「주택도시기금법」에 따른 주택도시기금의 지원을 받아 건설·공급되는 주택을 무주택기간, 생활수준 등을 고려하여 우선 공급할 수 있다. 「주택법」 제54조에 따라 민영주택을 건설·공급하는 사업주체는 보훈보상대상자와 그 유족 대부 대상자에게 그 민영주택 건설·공급량의 일부를 우선 공급할 수 있다. 주택을 공급받으려는 사람은 국가보훈처장에게 신청하여야 한다(동법 제67조의2).

3. 국립묘지에의 안장

순직경찰관의 경우 「국립묘지의 설치 및 운영에 관한 법률」 제5조에 의하여 국립서울현충원이나 국립대전현충원에 유족이 원하는 경우 안장할 수 있다.

그런데 동법 동조 제1항 1호 마목에서는 현역 군인과 20년 이상 군복무자로서 퇴직 후 사망한 사람을 현충원 안장의 대상으로 하고 있다. 이와 유사한 내용을 경찰공무원에 준용하도록 동법의 개정안이 2024년 1월 현재 국회에 상정 중이다.[27)]

---

27) 2023.12.14. 국회 정무위원회 전체회에서 가결된 동법 일부 개정안에 의하면, 경찰공무원으로서 30년 재직한 중 정년퇴직자(배우자 포함)는 정직 이상의 징계처분을 받지 않았다면 호국원에 안장될 수 있도록 하는 내용이 포함되고 있다. 호국원은 2024년 현재 전국 6개소에 있으며, 2029년까지 2개소가 더 마련될 예정이다.

「경찰공무원법」 관련 법령 등의 구분

법률

감사원법

경범죄처벌법

경찰공무원법

경찰공무원보건안전 및 복지기본법

경찰공제회법

경찰관 직무집행법

경찰대학 설치법

경찰제복 및 경찰장비의 규제에 관한
  법률

공공기관의 운영에 관한 법률

공무원 인재개발법

공무원 재해보상법

공무원연금법

공무원의 노동조합 설립 및 운영 등에
  관한 법률

공무원직장협의회의 설립·운영에 관한
  법률

공유재산 및 물품 관리법

공직자윤리법

공직자의 이해충돌 방지법

국가경찰과 자치경찰의 조직 및 운영에
  관한 법률

국가공무원법

국가배상법

국가유공자 등 예우 및 지원에 관한 법률

국가재정법

국고금 관리법

국유재산법

근로기준법

근로자의 날 제정에 관한 법률

근로자참여 및 협력증진에 관한 법률

기간제 및 단시간근로자 보호 등에 관한
  법률

기부금품의 모집 및 사용에 관한 법률

노동조합 및 노동관계조정법

도로교통법

물품관리법

민법

병역법

보조금 관리에 관한 법률

보훈보상대상자 지원에 관한 법률

부정청탁 및 금품등 수수의 금지에 관한
  법률

상훈법

성매매알선 등 행위의 처벌에 관한 법률

성폭력범죄의 처벌 등에 관한 특례법

성폭력범죄의 처벌 등에 관한 특례법

아동·청소년의 성보호에 관한 법률

양성평등기본법

의무경찰대 설치 및 운영에 관한 법률

정부업무평가 기본법

정부조직법

주택도시기금법

주택법

지방공무원법

지방자치단체 기금관리기본법

지방자치단체에 두는 국가공무원의 정원
  에 관한 법률

지방재정법

통계법

행정기본법

행정심판법

형법

회계관계직원 등의 책임에 관한 법률

— 대통령령

경찰공무원 교육훈련규정

경찰공무원 보건안전 및 복지 기본법
  시행령

경찰공무원 복무규정

경찰공무원 승진 임용규정

경찰공무원 임용령

경찰공무원 징계령

경찰대학의 학사운영에 관한 규정

경찰청과 그 소속기관 직제

공무원 성과평가 등에 관한 규정

공무원 여비 규정

공무원 인사기록·통계 및 인사사무 처리
  규정

공무원 인재개발법 시행령

공무원 재해보상법 시행령

공무원 제안 규정

공무원 징계령

공무원 후생복지에 관한 규정

공무원보수규정

공무원수당 등에 관한 규정

공무원연금법 시행령

공무원임용령

공무원직장협의회의 설립·운영에 관한
  법률 시행령

관공서의 공휴일에 관한 규정

국가경찰과 자치경찰의 조직 및 운영에
  관한 법률 제14조제10항에 따른 긴급
  하고 중요한 사건의 범위 등에 관한
  규정

국가경찰위원회 규정

국가공무원 명예퇴직수당 등 지급규정

국가공무원 복무규정

국가공무원법 제3조제3항의 공무원의
  범위에 관한 규정

국가유공자 등 예우 및 지원에 관한 법률

시행령

기부금품의 모집 및 사용에 관한 법률
　시행령

모범공무원 규정

상훈법 시행령

시·도자치경찰위원회에 두는 경찰공무
　원의 정원에 관한 규정

인사혁신처와 그 소속기관 직제

자치경찰사무와 시·도자치경찰위원회의
　조직 및 운영 등에 관한 규정

적극행정 운영규정

전문경력관 규정

정부 표창 규정

지방공무원 수당 등에 관한 규정

행정권한의 위임 및 위탁에 관한 규정

행정기관의 조직과 정원에 관한 통칙

행정안전부와 그 소속기관 직제

—— 총리령/부령

경찰공무원 승진임용 규정 시행규칙
　(행정안전부)

경찰공무원 임용령 시행규칙(행정안전부)

경찰공무원 지급품에 관한 규칙
　(행정안전부)

경찰공무원 특수지근무수당 지급규칙
　(행정안전부)

경찰복제에 관한 규칙(행정안전부)

경찰청과 그 소속기관 직제 시행규칙
　(행정안전부)

공무원 제안 규정 시행규칙(행정안전부)

국가공무원 복무규칙(국무총리)

—— 조례

서울특별시 자치경찰사무 및 자치경찰
　위원회의 조직·운영 등에 관한 조례

—— 훈령

경무관 경찰서장 보임 경찰서 운영규칙
　(경찰청)

경찰 비상업무 규칙(경찰청)

경찰 소관 회계직 공무원 관직 지정 및
　회계사무 취급에 관한 규칙(경찰청)

경찰 체력단련장 운영 규칙(경찰청)

경찰공무원 교육훈련규칙(경찰청)

경찰공무원 근속승진 운영규칙(경찰청)

경찰공무원 사격 규칙(경찰청)

경찰공무원 상시학습제도 운영에 관한
　규칙(경찰청)

경찰공무원 지급품에 관한 규정(경찰청)

경찰공무원 직장훈련 규칙(경찰청)

경찰공무원 체력관리 규칙(경찰청)

경찰관사 운영규칙(경찰청)

경찰기관 상시근무 공무원의 근무시간
　등에 관한 규칙(경찰청)

경찰대학 학비 등 상환에 관한 규칙
　(경찰청)

경찰병원 기본운영규정(경찰청)

경찰수련원 운영 및 이용 규칙(경찰청)

경찰위로·복지기금 운영에 관한 규칙
　(경찰청)

경찰장비관리규칙(경찰청)

경찰제도발전위원회의 설치 및 운영에 관한 규정(국무총리)

경찰청 공무국외출장 업무처리규칙(경찰청)

경찰청 공무원 제안 제도 운영규칙(경찰청)

경찰청 무기계약근로자 및 기간제근로자 운영규칙(경찰청)

경찰청 사무분장 규칙(경찰청)

경찰청 정부업무평가 운영에 관한 규칙 (경찰청)

경찰청 직무대리 운영 규칙(경찰청)

경찰청과 그 소속기관 조직 및 정원관리 규칙(경찰청)

경찰표창 및 경찰공무원 기장 수여 등에 관한 규칙(경찰청)

고용노동부 공무직근로자 운영규정(노동부)

수사경찰 인사운영규칙(경찰청)

안보경찰 인사운영규칙(경찰청)

경고·주의 및 장려제도 운영 규칙(경찰청)

경찰 위촉 성직자 운영규칙(경찰청)

경찰공무원 승진시험 시행규칙(경찰청)

경찰공무원 인사운영 규칙(경찰청)

경찰공무원 채용시험에 관한 규칙(경찰청)

경찰병원 원무감독에 관한 규칙(경찰청)

공무상 질병 판정기준(인사혁신처)

공무원 성과평가 등에 관한 지침 (인사혁신처)

공무원 임용규칙(인사혁신처)

공무원보수 등의 업무지침(인사혁신처)

국가공무원 복무·징계 관련 예규 (인사혁신처)

—— 지침

2023년 경찰표창 업무지침(경찰청)

2023년도 예산 및 기금운용계획 집행 지침(기획재정부)

경찰관 가슴표장 발급관리 등에 관한 지침(경찰청)

치안종합성과평가 계획(각 시도경찰청)

—— 예규

6급 이하 실무직 공무원 대외직명제 운영 지침(인사혁신처)

참고문헌

Ⅰ. 단행본

경찰대학, 경찰관직무집행법, 2020.

경찰청(기획조정관실), 2012 성과관리 시행계획, 2012.5.

공무원연금공단, 해외 주요국 공무원연금제도, 2022.

류지태, 박종수, 행정법 신론 제18판, 박영사, 2021.

법제처, 국가공무원법 주해, 2006.12.

심동철, 이한나, 공무원 정년연장 논의와 향후 개선방안, 정책연구용역보고서, 국회입법
　　조사처, 2020.8.

전주열, 김수홍, 김봉철, 김성배, 서보국, 해외 주요국의 국가공무원에 관한 법제분석, 법제
　　분석지원 연구 15－21－7, 한국법제연구원, 2015.11.13.

Ⅱ. 논문

강지은, 공무원의 비밀엄수의무와 비밀의 범위, 연세법학 제41호, 2023.2.

강화연, 공무원을 대상으로 한 징계재량권 남용의 심사기준과 강도, 행정법연구 제71호,
　　행정법이론실무학회, 2023.8.

김영식, 프랑스 경찰노조의 법적 지위와 역할, 경찰연구논집 제8호, 2011.

김용섭, 공무원법의 제문제, 국가법연구 제7집 3호, 한국국가법학회, 2021.10.

김용섭, 공무원의 개념과 구분 및 공무원법의 체계, 이화여자대학교 법학논집 제26권 1호,
　　2021.9.

김유환, 징계의결요구과 법적 효력, 법학논집 제15권 5호, 이화여자대학교 법학연구소,
　　2011.6.

김은기, 경찰의 노동기본권 보장방안에 관한 연구, 한국경찰학회보 제20권 4호, 2018.8, 16-18면.

김형훈, 독일공무원법에 있어서의 성과주의, 한독법학 제19호, 2014.

김형훈·서정범, 사권보호를 위한 경찰개입에 관한 연구, 경찰대학, 경찰학연구 제22권 3호, 2022.

노호창, 공무원이 정년퇴직일에 발생한 재해로 사망한 경우 공무원 신분 인정 여부, 노동판례리뷰 제72호, 2019.12.

노호창, 음주운전 교통사고를 일으킨 시보임용 경찰공무원에 대한 직권면직처분의 정당성, 노동판례리뷰 제69호, 2019.3.

라광현, 이병도, 미국 및 영국경찰의 복지정책 및 시사점, 한국공안행정학회보 제73호, 2018.12.

박보영, 공무원의 성실의무와 징계제도에 관한 연구, 입법과 정책 제14권 3호, 국회입법조사처, 2022.12.

박상진, 현행 검찰조직 및 검찰권의 문제점과 개선방안, 사회과학연구 제15집, 건국대학교 사회정책연구소, 2002.

박선영, 한국 경찰협의회와 미국 경찰노조에 관한 비교, 한국경찰연구 제17권 제1호, 2018.3.

박한호, 경찰의 성과평가 지표 논의, 한국융합과학회지 제9권 2호, 2020.5, 173-174면.

백창현, 경찰공무원의 품위유지의무에 관한 법적 고찰, 경찰학연구 제16권 2호, 2016.6.

성수영, 김상운, 경찰공무원 육아휴직제도의 문제점 및 개선방안에 관한 연구, 문화와 융합 제43권 1호, 2021.1.

성홍재, 경찰공무원법상 징계처분의 위헌·위법성 여부에 대한 법리적 검토, 홍익법학 제17권 제3호, 2016.

손윤석, 공무원의 개념과 종류에 대한 법적 고찰, 국가법연구 제17집 2호, 2021.6, 48면.

신현기, 김정일, 미국과 일본의 순직·공상 경찰공무원 보상제도에 관한 연구, 한국민간경비학회보 제14권 5호, 2015.12.

신현기, 김정일, 순직·공상 경찰공무원의 복지향상을 위한 공무원 재해보상법, 경찰복지연구 제6권 1호, 2018.6.

신현기, 양재열, 국가경찰의 맞춤형 복지제도 실태 및 개선방안, 경찰복지연구 제4권 2호, 2016.12.

신형석, 불문경고의 법적성격에 대한 고찰, 조선대학교 법학논총 제20집 1호, 2013.4.

우미형, 공무원의 복종의무와 그 한계, 일감법학 제38호, 2017.10.

우태식, 공무원 성과급제도의 문제 및 개선에 관한 연구, 사법행정, 2019.12.

윤 황, 한국경찰복지제도의 운영실태 분석, 동북아연구 제24권 2호, 조선대 동북아연구소, 2009.

이동규, 경찰 공무원법 해설, 법제처 지식창고, 2009.1.1.

이선우, 최일환, 공무원연금법 개정에 따른 공무원 정년 후 소득공백 문제 대응방안 연구, 한국공공관리학보 제34권 1호, 2020.3.

이영무, 수정재결이 이루어진 경우 소송의 대상과 피고적격, 법조 611호, 2007.8.

이재용, 공무원인 근로자의 근로삼권과 국가공무원법 제66조의 집단행위의 금지, 법학연구 제49집, 2013.3.

이진수, 공무원의 성실의무에 대한 재검토, 행정법연구 제60호, 2020.2.

이혜진, 공무원의 집단적 표현행위 제한의 정당성, 행정판례연구 23집－2, 2018.12.

임준배, 조민주, 영국 국가공무원연금 개혁과 후속조치, 외국 입법·정책 분석 제30호, 국회입법조사처, 2023.2.22.

장우성, 공무원의 노동법상 지위에 관한 연구, 고려대학교 노동대학원 석사학위 논문, 2012.

정상익, 무단이탈의 의미와 적용에 관한 연구, 부산대학교 법학연구 제61권 1호, 2020.2.

정상익, 징계의 특성에 관한 연구, 홍익법학 제19권 1호, 2018.

정영철, 공무원의 직위해제와 관련된 행정절차법의 적용범위에 대한 재검토, 공법학연구 제16권 2호, 2015.5.

정진경, 공무원에 대한 직위해제와 행정절차법의 적용, 노동법연구 제36호, 2014.

조성일, 최근 공무원노사관계 제도 개정과 향후 입법방향에 대한 검토, 사회법연구 제47호, 2022.8.

조성혜, 공무원 직장협의회제도의 존재 의의와 개선과제, 노동법논총 제33집, 2015.4.

채준호, 영국경찰의 노사협의제도에 관한 연구, 경찰학논총 제9권 제2호, 2014.7.

최선웅, 경찰공무원 징계재량에 대한 사법심사의 판단 기준, 한국경찰연구 제6권 3호, 2007.

파스칼 바쉬텐 저, 김형훈·서정범 공역, 경찰실무에서의 사법, 박영사, 2021.10.30.

하이너 드립부쉬, 페터 비르케, 독일의 노동조합, 프리드리히 에버트 재단, FES Information Series 2014－3, 2014.5.

황성기, 공무원의 표현의 자유에 대한 제한과 그 한계, 법학논총 제34집 3호, 2017.9.18.

황정순, 김상겸, 공무원 직장협의회 활성화를 위한 헌법적 연구, 비교법연구 제21권 1호, 2021.4.

사항색인

판례색인

━ 하급심

저자약력

김형훈

학력
경찰대학교 법학과 졸업
일본 에히메(愛媛)대 법문학부 연구생 과정 수료
고려대학교 법무대학원 경찰법 석사
서울대학교 법과대학원 행정법 박사 수료
독일 프라이부르크(Freiburg) 대학 법과대학원 공법 석사(LL.M.)
독일 프라이부르크(Freiburg) 대학 법과대학원 공법 박사

경력
경찰종합학교(現 경찰인재개발원) 정보학과/방범학과 교관
경찰대학교 경찰학과 교관
경찰대학교 치안정책연구소 국제경찰지식센터장
광주경찰청 112치안종합상황실 상황팀장
(現) 광주북부경찰서 경무과장

주요 저서
경찰비용법, 좋은땅, 2013
이탈리아에서의 집회의 자유(서정범 공역), 상상나눔, 2014
외국 자치경찰제도 연구(공저), 치안정책연구소, 2020(Homepage, PDF 공개)
외국경찰교육제도 연구(공저), 치안정책연구소, 2020(Homepage, PDF 공개)
경찰실무에서의 사법(서정범 공역), 치안정책연구소, 박영사, 2021
비교예방경찰법(공저), 치안정책연구소, 박영사, 2021

서정범

학력
고려대학교 법과대학 졸업
고려대학교 대학원 법학과 석사/박사
독일 만하임(Mannheim) 대학 Post Doc.(국비유학)
독일 프라이부르크(Freiburg) 대학 객원연구원

경력
안암법학회장
한국공법학회 부회장
한국행정법학회 부회장
경찰청손실보상위원장
(現) 경찰대학 법학과 교수

주요 저서
경찰법연구(공저), 세창출판사, 2018
경찰행정법, 세창출판사, 2022
일반행정법(공저), 세창출판사, 2022
쿠겔만의 독일경찰법(박병욱 공역), 세창출판사, 2015
경찰실무에서의 사법(김형훈 공역), 박영사, 2021
독일집회법 모범초안(박원규 공역), 세창출판사, 2022

경찰공무원법

초판발행	2024년 1월 31일
지은이	김형훈·서정범
펴낸이	안종만·안상준
편 집	사윤지
기획/마케팅	정연환
표지디자인	Ben Story
제 작	고철민·조영환
펴낸곳	(주) **박영사**
	서울특별시 금천구 가산디지털2로 53, 210호(가산동, 한라시그마밸리)
	등록 1959. 3. 11. 제300-1959-1호(倫)
전 화	02)733-6771
f a x	02)736-4818
e-mail	pys@pybook.co.kr
homepage	www.pybook.co.kr
ISBN	979-11-303-4619-9 93360

copyright©김형훈·서정범, 2024, Printed in Korea

정 가   20,000원